Harald Böhmer

NOMADEN IN ANATOLIEN

Begegnungen mit einer
ausklingenden Kultur

Lektorat: Renate Böhmer (Ganderkesee / Istanbul),
Ulrike Böhmer (München), Annette Böhmer (Berlin)
Layout: Bernhard Eckstein, Würzburg
Druck: Weppert, Schweinfurt

Printed in Germany

ISBN 3-936713-02-2

Harald Böhmer

NOMADEN IN ANATOLIEN

unter Mitarbeit von
Josephine Powell und
Dr. Şerife Atlıhan

Begegnungen mit einer ausklingenden Kultur

Inhalt

Nomadenlager in Ost-Anatolien am frühen Morgen (Foto: J. Böhmer)

Yayla der Yürüken vom Stamm der Karakoyunlu, im Vordergrund ein Nomaden-Friedhof, im Hintergrund rechts einige Zelte, Zentraltaurus (1985)

Faszination Nomaden

Nomaden. Schon das Wort gesprochen oder nur gedacht - steht nicht für sich allein. Es knüpfen sich gleich Assoziationen an zu Begriffen wie „Stolz“, „Freiheit“, „Wildheit“, „Unbeugsamkeit“, verbunden mit nebulösen Vorstellungen und unscharfen Bildern. Das Wort weckt bei Menschen aus der westlichen Welt Urwünsche nach Befreiung aus den engen Banden und Fesseln des zivilisierten und überregulierten Lebens. Nomaden, das sind in unserer romantisch umhauchten Vorstellung Menschen, deren Leben sich auf das Ursprüngliche, Wesentliche konzentriert, die der Natur ganz nahe sind, die im Rhythmus der Natur mit dem Wechsel der Tages- und Jahreszeiten leben. Nomaden erleben mit ihren Herden und in ihren immer drei Generationen umfassenden Familienclans den ewigen Zyklus von Geburt, Jungsein, Werben, Zeugen, Altern und Sterben. Ihr Besitz ist tragbar, zweckmäßig und schön, bewußt schön gemacht aus einem offenbar ursprünglichen Bedürfnis nach dem Schönen. Es gibt keinen Ballast in ihrem Leben. Ihre Habe ist tragbar. Ihre Welt ist überschaubar, verstehbar und erklärbar. Nur die Naturgewalten, denen sie unmittelbar ausgeliefert sind, verlangen nach Erklärungen, die aus ihrem täglichen Leben und Erleben allein nicht ableitbar sind. Das im Kern unerklärliche Walten der Natur nährt den Glauben an höhere Mächte, die nur durch magische Mittel zu beeinflussen und gnädig zu stimmen sind. Nomaden haben keine sichtbaren Zäune um sich herum. Sie scheinen frei in ihren Entscheidungen, mit wem sie enger zusammen sein und wen sie meiden wollen. Sie scheinen auch frei in ihrer Entscheidung, ob sie sich in eine Hierarchie einordnen oder ob sie ausbrechen wollen, um anderen charismatischen Anführern zu folgen. Bedingungslose Loyalität und Unterwürfigkeit scheint ihnen fremd.

Harald Böhmer mit einer Kelimweberin vom Stamm der Karakoyunlu vor ihrem Zelt auf der Yayla

Immer, wenn ich Nomaden gesehen habe auf meinen Reisen durch verschiedene Länder Asiens und Nordafrikas, ging von ihnen eine Anziehung aus, eine Ausstrahlung und erweckte bei mir den Wunsch, ihnen näher zu kommen, mit ihnen zu sprechen und für eine kurze Zeit auch teilzuhaben an ihrem Leben, ohne es zu stören. Der Sprachbarriere wegen blieb es bei den verschiedenen Begegnungen meistens bei diesem Wunsch. Nur in der Türkei konnte ich diese Barriere überwinden und mit einigen Nomadengruppen seit den 80er Jahren ein vertrauliches Verhältnis entwickeln. Ich verbrachte meine Freizeit und meine Ferien jahrelang in Anatolien als „Ethnotourist“ und dokumentierte mit Fotos und Videofilmen die Lebensweise der wenigen noch verbliebenen Nomaden und war - und bin - fasziniert von ihren Textilarbeiten. Das hier nun vorliegende Buch ist ein sehr persönliches Werk; es enthält auch einige Passagen aus meinem Tagebuch, das ich bei den ethnotouristischen Unternehmungen und botanischen Exkursionen in der grandiosen Kulturlandschaft Anatolien führte.

Möge durch dieses Buch beim Leser und besonders beim Beschauer auch etwas spürbar werden von der Faszination Nomaden. Mögen die vielen Bilder etwas ausstrahlen von der immer noch erlebbaren Selbstsicherheit der Nomaden und der kargen Schönheit ihres Lebens.

Lebenswelt Nomadentum

An den Anfang sei der Versuch einer kurzen Definition von Weiden-Nomadismus gestellt - in Anlehnung an den international bekannten Nomadenforscher Khazanov:
„Nomaden sind Gruppen von Familien, nicht nur einzelne Hirten, die jahreszeitlich mit ihren Herden von Schafen, Ziegen, Rindern und Pferden - manchmal auch Kamelen - in Abhängigkeit von den Jahreszeiten zu entfernt voneinander liegenden Weidegründen wandern, selbst keinen Ackerbau betreiben und vorwiegend von ihren frei grasenden Herden leben in einer nahrungserzeugenden, extensiven Wirtschaftsweise."
(Khazanov 1984, S. 17f.)

Kirgisen-Familie auf der Wanderung, Illustration aus TURKISTAN, Schuyler, 1877

Bei dem Übergang von der Stufe der Wildbeuter zur Stufe der spezialisierten Sammler, Jäger und Fischer und weiter zur Stufe der Ackerbauern und Viehhalter in der sogenannten neolithischen Revolution ist der Nomadismus keine Zwischenstufe, sondern ein Seitenzweig der Stufe der Ackerbauern und Viehhalter (Bobek 1959, S. 263). Bei einem Nomadismus auf der Basis der Haltung und Weiterzüchtung von Vieh wie Ziegen, Schafen und Rindern, ist eine Unabhängigkeit von Getreide produzierenden Bauern nur schwer vorstellbar. Alle jetzt noch existierenden - und auch solche aus der früheren Menschheitsgeschichte bekannten nomadischen Gesellschaften - brauchen zur menschlichen Ernährung Getreide, das nur durch Tausch, Kauf oder auch Raub von Ackerbau betreibenden Gesellschaften erworben werden kann. So konnten zum Beispiel die Nomaden-Konföderationen der Akkoyunlu und Karakoyunlu des 16. Jahrhunderts in Ostanatolien nur existieren, weil von ihnen beherrschte, seßhafte Bauern Getreide für Brot liefern mußten. Eine Ernährung nur mit tierischen Produkten, Wildgemüse und Wildfrüchten ist zwar denkbar, aber in nomadischen Gesellschaften wohl nicht realisiert worden. Das Reitervolk der Skythen zum Beispiel, das im heutigen Südrußland im 7. Jahrhundert v. Chr. nomadisierte und seine Behausungen (Yurten) auf Wagen mit sich führte, hatte Beziehungen zu skythischen Ackerbauern in der Steppenwaldzone, die sich nördlich an die Grassteppe Rußlands anschließt. Diese skythischen Ackerbauern exportierten sogar Weizen über das Schwarze Meer nach Anatolien und Griechenland. Das Hauptnahrungsmittel der nomadischen Skythen war aber das Fleisch. Darüber beklagt sich bewegt z. B. eine vornehme Chinesin, die mit einem Skythenfürsten aus politischen Gründen verheiratet worden war und in einer Filz-Behausung lebte: „Meine Speise ist Fleisch allein!" (Rolle 1980, S. 124). In seinem Buch „The Barbarians of Asia" schreibt Stuart Legg: „Though they could live on their own resources when necessary, the nomads of Central Asia were not self-sufficient in the long run. Agricultural products were necessary but always scare." (Legg 1990, S. 49).

Nomadenlager in Anatolien

Lebensraum Anatolien

„Dies Land, das dem Kopf einer Stute gleicht,
die im Galopp aus dem fernen Asien kam,
um ins Mittelmeer einzutauchen,
das ist unser Land"

Der türkische Dichter Nazım Hikmet
(aus: „Ich liebe mein Land")

Anatolien - das ist der asiatische Teil der heutigen Türkei, die 1923 von Atatürk, dem „Vater der Türken", gegründet wurde. Die Grenzen sind seit 1939 unverändert. Anatolien deckt sich mit dem geographischen Begriff Kleinasien (Asia minor). Der Name beinhaltet, daß sich auf dieser Halbinsel zwischen Mittelmeer und Schwarzem Meer mit ihrer tiefen Verankerung nach Osten hin zum eigentlichen Asien, alle Landschaftsformen dieses riesigen Kontinents noch einmal - verkleinert - wiederfinden: fruchtbare Küstenstriche, bewaldete Gebirge, kahle Hochgebirge, flache Hochsteppen. Nur richtige Wüsten gibt es in Anatolien nicht (Hütteroth 1982, S. 159).

Tuffkegel in Kappadokien mit dem Vulkanberg Erciyes in der Ferne

Die Taurusgebirge parallel zur Mittelmeerküste, das Pontische Gebirge parallel zum Schwarzen Meer und die flacheren Bergzüge im Westen lassen noch genügend regenträchtige Wolken ins Innere Anatoliens passieren, so daß sogar Ackerbau ohne Bewässerung möglich ist. In den zumeist abflußlosen Becken sind manche Seen im Laufe der Jahrtausende durch die intensive Verdunstung in den heißen Sommern zu Salzseen geworden, wie der große Salzsee *(Tuz Gölü)* im Zentrum des anatolischen Hochlandes. Der größte See der sogenannten Seenplatte zum Südwesten hin, der Beschehir-See *(Beyşehir Gölü)*, ist jedoch ein Süßwassersee. Der große See ganz im Osten, der Van-See *(Van Gölü)*, ist sodahaltig. Einige Fischarten können aber an den Einmündungen der wenigen Zuflüsse leben. Im Südosten ist durch Menschenhand eine neue Seenplatte entstanden. Es sind die Stauseen an den Oberläufen von Tigris *(Murat Nehri)* und Euphrat *(Fırat Nehri)*. Der weit verzweigte See hinter dem Kebandamm (*Keban Barajı)* war der erste, der hinter dem Atatürkdamm *(Atatürk Barajı)* ist der vorläufig letzte. Weitere sind jedoch geplant.
Im äußersten Osten liegt der bekannte, legendenumwobene, 5.137 m hohe Vulkanberg Ararat *(Ağrı dağı)*, im Zentrum Anatoliens ein anderer, weniger bekannter, der 3.916 m hohe Erciyes *(Erciyes dağı)*. Seine frühen Aschenregen haben die berühmte Tufflandschaft von Kappadokien in Zentral-Anatolien entstehen lassen.

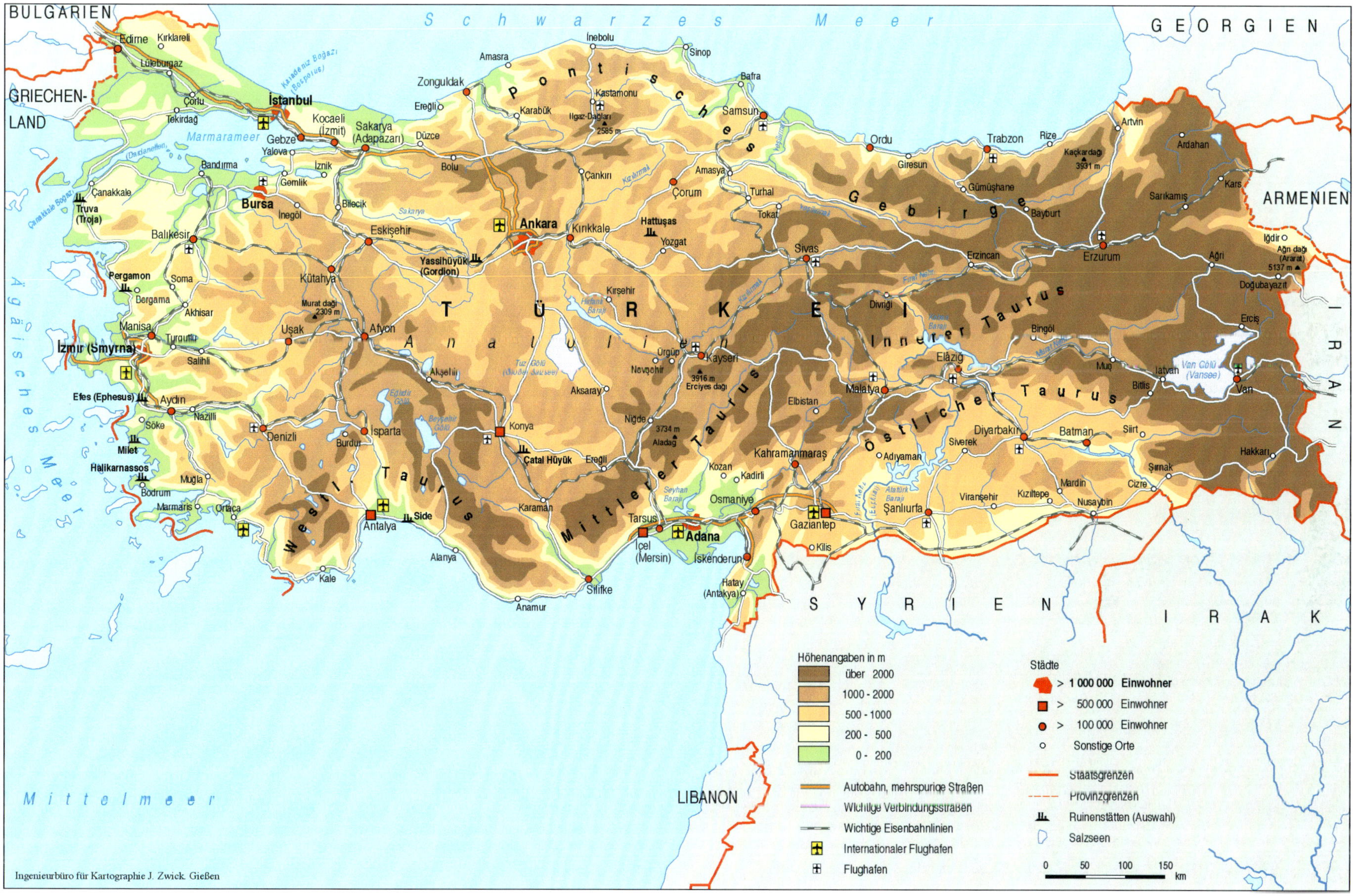

Türkei: Geographie, Städte und Verkehrswege

Zur Schreibweise und Aussprache türkischer Buchstaben

c: dsch, wie in „Dschungel"
ç: tsch, wie „Tschechien"
ğ: längt als „weiches g" den davorstehenden Vokal wie h im Deutschen
ı: wie ein unbetontes e oder kurzes unbetontes ü

s: immer scharf, wie in „Fuß"
ş: wie sch
y: wie j
z: wie weiches s in „sanft"

Oft verwendete türkische Wörter und Namen sind zum Teil verdeutscht gebraucht: *çuval* als Tschuval, *çul* als Tschul, *alacık* als Aladschik, *selcuk* als Seldschuk, *kışla* als Kischla, *kilim* als Kelim, *hotamış* als Hotamisch, *Uşak* als Uschak

Erste Begegnungen in Anatolien

Vollnomaden (Yürüken) und Kamelkarawanen an der Südküste (1960)
Im Herbst 1960 kam ich zum ersten Mal in die Türkei, um dort an der Deutschen Schule für sieben Jahre als Studienrat alle drei naturwissenschaftlichen Fächer zu unterrichten. Ziel einer ersten Reise in das noch unbekannte Anatolien war die gerade in der deutschen Illustrierten „Stern" schon euphorisch als „Türkische Riviera" bezeichnete türkische Südküste. Nach einer Fahrt auf verschlammten, noch nicht asphaltierten Straßen durch Inneranatolien und schließlich über das Taurusgebirge hinab in die Tiefebene von Antalya fanden wir dort nicht die erwarteten Apfelsinen- und Zitronenplantagen, sondern eine Macchie mit verbissenen Sträuchern und niedrigen Bäumen. In der Macchie standen Kamele und benagten die immergrünen Sträucher. Ein Grund für eine Fotopause. An sich waren wir ganz und gar auf römische Ruinen eingestellt, die es an der Südküste in fast unendlicher Vielfalt gibt. Aber ein Kamel-Foto würde später bei einer Dia-Vorführung in Deutschland eine Abwechslung in der Serie von Bildern lebloser antiker Trümmer bringen. Bald tauchte auch ein ausgesprochen freundlicher bärtiger Mann in Filzhose auf, mit Bauchbinde und Schirmmütze, langen Wollstrümpfen und offenbar selbstgemachten sandalenartigen Lederschuhen: eine für uns exotische Erscheinung.

Wir fuhren ganz offenbar durch ein Gebiet mit Winterlagern der türkischen Nomaden, die sich *yürük* nennen. Der Mann hütete seine Kamele. Er deutete mit einer freundlichen, einladenden Gebärde auf das nahe schwarze Ziegenhaarzelt. Aber wir waren noch zu unsicher, diese Einladung anzunehmen, zumal mit unseren noch sehr begrenzten Türkischkenntnissen. Auf späteren Reisen haben wir dann diese Scheu sehr schnell überwunden und wurden in vielen Zelten sehr freundlich empfangen mit der türkischen Willkommensformel *Hoş geldiniz* (ihr seid mit Freundlichkeit - in friedlicher Absicht - gekommen). Bald beherrschten wir die Antwortformel *Hoş bulduk* (wir haben hier Freundlichkeit gefunden).
An der Südküste bei Alanya begegneten uns auf Schotterstraßen und auch am Sandstrand die ersten Kamelkarawanen. Viele waren mit Sandsäcken beladen - wahrscheinlich Material für den Beton der ersten Hotelbauten. Die Yürüken vermieteten offensichtlich ihre im Winter arbeitslosen Kamele für den gerade zaghaft beginnenden Bauboom.

Jahrelang waren unsere Anatolienreisen „trümmerfixiert", geleitet von der Idee, den ganzen vergangenen kulturellen Reichtum Anatoliens im Dia-Kasten mit in die Heimat bringen zu können. Das Auto verschaffte die nötige Mobilität, sofern man sich auf die immer wieder erforderliche Reifenflickerei verstand und auch bei schwereren Pannen und kleineren Unfällen nicht gleich in Panik geriet. Selbst in einem Nirgendwo waren hilfreiche Hirten bald da und konnten z. B. mit ihrer Muskelkraft einen umgekippten Volkswagen-Käfer im Nu wieder auf die Räder stellen oder ein Ochsengespann aus dem nächsten Dorf besorgen, um ein im Schlamm steckengebliebenes Auto auf tragfähiges Terrain zu schleppen. Geld wurde für solche Hilfsdienste in der Regel nicht angenommen. Es war wohltuend, als Deutscher (*Alman*) in der Türkei zu reisen. Das Ansehen der Deutschen war von der fatalen Waffenbrüderschaft im ersten Weltkrieg her ungebrochen, die Nazi-Greuel wenig bekannt und die ersten türkischen Gastarbeiter in Deutschland berichteten in Briefen, oder wenn sie per Auto - gar mit einem Mercedes - im Urlaub im heimatlichen Dorf auftauchten, nur Positives. Einmal schleppte ein Bauer mit seinem Traktor unseren steckengebliebenen Ford-Taunus aus einem Flußbett an der Südküste und gestand uns dann, daß er diesen Hilfsdienst für Engländer nicht gemacht haben würde - oder nur für viel Geld. Die Engländer hätten ja im ersten Weltkrieg von den Dardanellen her die Türkei erobern und zerstückeln wollen.

Kamelkarawane vor dem Burgberg von Alanya (1960)

Kamelkarawane an der Südküste bei Alanya (1960)

Kurdische Nomaden am Van-See (1965)

Über Jahrzehnte blieb Ost-Anatolien für Ausländer gesperrt - aus Sicherheitsgründen, wie es offiziell hieß. Erst 1965 waren Reisen für Ausländer mit Privatautos möglich. Für unsere kleine Reisegruppe standen die Ruinen armenischer Kirchen auf dem Programm - ganz oben die relativ gut erhaltene, um 920 erbaute Kirche auf der Insel Achthamar im Van-See. Vor der Insel mit der hoch aufragenden Basilika stießen wir am Rande des Sees auf das erste kurdische Zeltlager und waren beeindruckt - nicht nur von den malerischen Ziegenhaarzelten, sondern auch von der Schönheit der schlanken kurdischen Frauen, die nicht - wie in türkischen Dörfern damals üblich - vor den Kameras davonliefen. Diesen Unterschied im Verhalten kurdischer

Frauen und Mädchen zu dem türkischer hat schon der schottische Diplomat Sir John Macdonald Kinneir beschrieben, als er auf seiner Reise von Erzurum nach Mardin 1845 kurdisches Gebiet durchquerte: „In Hinsicht der Frauen sind sie nicht so strenge wie die Türken: Sie dürfen ausgehen, ohne das Gesicht zu verschleiern und fliehen nicht, wenn sie einen Mann sehen" (Kellner-Heinkele 1990, S. 402). Diese Kurden am Van-See waren Halbnomaden, die im Winter in festen Häusern lebten, den Sommer aber mit ihren Rindern und Zelten auf den auch im Hochsommer noch saftig grünen Wiesen am Ufer des Van-Sees verbrachten.

Kurdische Nomaden am Tigris (1966)
Für eine Südost-Anatolien-Reise im April 1966 war die alte Stadt Hasankeyf am Tigris mit islamischen Bauten aus der Ortokidenzeit (12. Jahrhundert) das Hauptziel. Es hatte heftige Frühjahrsregen gegeben. Als wir östlich von Diyarbakır an einen Nebenfluß des Tigris kamen, war die Brücke weg - über Nacht in den Fluten versunken. Während wir ratlos am Ufer standen, tauchte an der anderen Seite eine Karawane auf und zog am Fluß entlang: beladene Kamele und Maultiere, Männer zu Pferde, Frauen zu Fuß. Eine junge Frau mit einem Kind auf dem Rücken und ein beladenes Maultier an der Leine hinter sich her ziehend führte den langen Zug an. Sie watete in den Fluß, fand schließlich eine geeignete Furt und gab dann der ganzen Karawane ein Handzeichen zu folgen. Dieser Moment ist in einem Foto festgehalten. Es waren Kurden auf dem Zug von dem Winterquartier zur Sommerweide im östlichen Taurusgebirge. Daß es Kurden waren, haben wir erst später beim genauen Ansehen der Fotos festgestellt aus der Art der Beladung der Kamele. Es waren wahrscheinlich noch Vollnomaden. Auf späteren Reisen haben wir in Ost-Anatolien keine mit Kamelen ziehenden kurdischen Nomaden mehr gesehen.

Kurdischer Hochzeitszug vor der persischen Grenze bei Yüksekova (1966)
Im Sommer 1966 durchquerte unsere kleine deutsch-österreichische Reisegruppe Ost-Anatolien auf dem Wege nach Persien. Kurz vor der türkisch-persischen Grenze bei Yüksekova begegnete uns ein kurdischer Hochzeitszug mit Pferden mit bis zu drei Personen auf einem Pferd. Ein junger Mann führte das Pferd mit der völlig verschleierten Braut. Die Reiterinnen waren festlich gekleidet. Ein Maultier mit der Aussteuerkiste bildete den Schluß des malerischen Zuges. Offenbar wurde die Braut in das Haus - oder in das Zelt - ihres zukünftigen Mannes geführt.

Kurdischer Hochzeitszug bei Yüksekova in Ost-Anatolien (1966)

Transport-Kamel-Karawanen in West- und Nordwest-Anatolien
Kamelkarawanen mit Stroh, Holzkohle oder Feuerholz beladen waren in West- und Nordwest-Anatolien noch bis ins neue Jahrtausend zu sehen: in der Regel abseits der Straßen, aber manchmal auch auf den Straßen. Sie waren in Dörfern stationiert, verdienten für die Kamelhalter einen bescheidenen Lebensunterhalt durch Transporte oder auch als Leihtiere für traditionelle Hochzeitsriten in Yürükendörfern und für Beschneidungsumzüge. Die Kamelställe in den Dörfern konnten an den besonders hohen Türen leicht erkannt werden. Inzwischen sind auch die letzten Ställe leer, die Kamele, einst der ganze Stolz ihrer Besitzer, verkauft und meist in Ungarn - so geht die Mär - zu echter Salami verarbeitet.

Transport der Aussteuer zum Haus des Bräutigams auf Leihkamelen im Yürükendorf Çamkalabak (1992)

Umzug auf Kamelen zum Fest der Beschneidung, Dorf Erecek (1995)

Kamelführer mit seinen Transportkamelen im Yuntdağ-Gebiet beim Dorf Pınar, West-Anatolien (1983)

Kamelkämpfe

In den Wintermonaten Januar und Februar gibt es einen ganzen Reigen von Volksfesten: Kamelkämpfe. Obwohl es bei diesen Kämpfen nicht auf Leben und Tod geht und in der Regel nichts Dramatisches passiert, sind diese Veranstaltungen sehr gut besucht, nicht nur von Männern. Minibusse und Traktoren bringen ganze Familien auch aus abgelegenen Dörfern zu den Schauplätzen der Kämpfe, die nur zur Brunftzeit zwischen den männlichen Kamelen ausgetragen werden. Es werden Wetten abgeschlossen. Manche Kampfkamele sind so populär wie Fußballspieler, ihre Namen in aller Munde. Ein siegreiches Kamel bringt dem Besitzer Ruhm und Ansehen, eins, das kneift und wegläuft dagegen Schande und Spott. Die Kamele versuchen, sich gegenseitig auf den Boden zu drücken, vorwiegend mit den Hälsen. Sie beißen sich gegenseitig in die Beine und Füße und müssen deshalb in der Regel einen Maulkorb tragen. Pattähnliche Situationen sind häufig, der unparteiische Schiedsrichter muß dann entscheiden, welcher Kamelbulle gesiegt hat und welcher unterlegen ist. Kampfkamele werden von ihren Besitzern gepflegt, gut ernährt und prächtig herausgeputzt. Sie brauchen keine gewöhnlichen Arbeiten zu verrichten wie Transporte von Feuerholz, Holzkohle oder Stroh. Sie werden nur für den Kampf gezüchtet. Die Kamelkämpfe gehen auf alte nomadische Traditionen der Türken zurück. Im kurdischen Osten Anatoliens sind Kamelkämpfe nicht populär.

Kampfkamel

Kamelkampf

Kampfkamel mit Besitzer, bereit zum Kampf auf dem Kampffeld im Mäandertal (1974)

Zigeuner - ein wanderndes Volk

Menschen, die unstet umherziehen, dabei oft einem Gewerbe nachgehen, sind nach der Definition von Khazanov keine Nomaden, sondern Wanderer (Khazanov, S. 16). Zu solchen Wanderern gehören die Zigeuner Anatoliens, die von Dorf zu Dorf - oder aber zu den Yaylas - ziehen als Korbmacher, Siebmacher, Silberschmiede, Verzinner, Musikanten, Wahrsagerinnen oder früher auch als Tanzbärenhalter. Manches malerische Zigeunerlager mit den vierrädrigen Wagen im Kreis und weißen Leinenzelten dazwischen hielten wir anfangs, unwissend wie wir waren, für Nomadenlager. Die zumeist wenig zurückhaltenden Kinder ließen uns einen kleinen Unterschied sehr bald erkennen: Zigeunerkinder werden gelegentlich recht aufdringlich und beginnen zu betteln, Kinder der Nomaden nicht.

Tanzbären mit ihren Führern bei Bursa (1961)

Musikantinnen im Dorf Karagömlek bei Ayvacık (1992)

Korbmacher bei Ayvacık (1993)

Auf der Straße nach Bursa läßt eine Zigeunergruppe für uns die Bären tanzen (1961)

Die Wiederentdeckung der Yurten in Zentral-Anatolien (1978)

Yurten - diese Urbehausungen der Nomaden in Zentralasien - seien aus der anatolischen Landschaft schon seit dem 19. Jahrhundert verschwunden, so schrieb noch 1982 Hütteroth in seiner Länderkunde der Türkei (Hütteroth 1982, S. 204). Im Mai 1978 bereisten meine Frau und ich Zentral-Anatolien auf der Suche nach Färbepflanzen. Unser Interesse an Naturfarben und Naturfärberei war gerade erwacht, und wir wollten herausfinden, womit das schöne Gelb in den alten Konya-Teppichen wohl gefärbt worden sein könnte. Die Färbepflanze für das inzwischen berühmte Konya-Gelb haben wir nicht gefunden - übrigens bis heute nicht. Wir fanden aber in der Steppe bei der kleinen Stadt Bor etwas anderes, sehr Auffälliges: Yurten. Zwar waren nur noch wenige davon mit weißem Filz bedeckt, die Mehrzahl schon mit Segeltuch, aber die übrige Konstruktion war noch authentisch: die Scherengitter, das runde, wagenradförmige Dach und die gebogenen Dachsparren als Verbindungen zu den Scherengittern. Die dort im Sommer lebenden Familien kamen aus dem nahen Dorf Kızılca. Sie sagten, sie seien Turkmenen, und sie kannten auch noch ihren Stammesnamen: Bektik. Über zehn Jahre haben wir im Sommer diese so urtürkisch anmutende Yurten-Yayla immer wieder besucht und wurden jedesmal als alte Bekannte freudig begrüßt und zum Bleiben aufgefordert, was wir auch des öfteren taten. Ende der 80er Jahre sind aber die letzten Yurten aus dieser so zentralasiatisch aussehenden Landschaft Anatoliens verschwunden und inzwischen verkauft an Liebhaber in der Türkei und im Ausland. Die Yurten-Yayla ist zum Teil zu einem bewässerten Zuckerrübenfeld geworden.

Anmerkung zum Begriff Stamm

Ich verwende in den folgenden Texten der Einfachheit halber den Begriff „Stamm" - türkisch: *aşiret* - obwohl Stämme genau genommen nicht die organisatorische Lebenseinheit der Nomaden in Anatolien waren und sind. Ihre Lebens- und Wirtschaftseinheit besteht vorwiegend aus einer Gruppe von Familien - türkisch: *kabile* - oder der Großfamilie - türkisch: *aile* (Hütteroth 1982, S. 209). Ein Stamm wird gebildet aus solidarischen unilinearen Gruppen von Verwandten, die sich von einem gemeinsamen Ahn blutsmäßig herleiten können. Die Zugehörigkeit zum Stamm wird bei nomadischen Gruppen vor allem zur Abgrenzung von Nachbarstämmen erwähnt (Thiel 1977, S. 72 ff).

Josephine Powell, die Nomadenforscherin und Fotografin

Erst durch den Kontakt in Istanbul mit Josephine Powell Ende der 70er-Jahre und die Gespräche und Diskussionen mit ihr sind meine Frau und ich zu ernsthafteren Kennern der Nomaden in Anatolien und ihrer Textilien geworden. Josephine hatte mit vielen Umwegen ihren Weg gefunden von Manhatten zu den Firuzkohi-Nomaden (Mandersloot/Powell 1971) und den Turkmenen in Afghanistan und schließlich bis zu den Yürüken vom Stamme der Saçıkara in Anatolien. Sie sagte uns, worauf ihrer Meinung nach besonders zu achten und wonach zu fragen sei. Ihr Fragebogen umfaßte 11 Themen, darunter die Stammeszugehörigkeit, die Lebens- und Arbeitsweise der Frauen und besonders ihre Textilien: woraus, wie und wofür sie diese herstellen und wie sie diese benennen und mehr.

Josephine Powell portraitiert ein Kampfkamel (1987)

Durch ihre Mitarbeit, ihre Ratschläge und ihre Kritik ist dieses Buch erst zu dem geworden, was es nun ist. Ich hatte das Privileg, einige unvergeßliche Anatolienreisen mit Josephine Powell zusammen zu machen.

Josephine Powell konnte mit ihrem VW-Bus zwar selbst auf viele Yaylas „klettern", aber nicht auf jede. Sie animierte meine Frau Renate und mich 1984, doch einmal die von alters her wegen ihrer Größe berühmte Anamas-Yayla im Taurus-Gebirge aufzusuchen mit unserem geländegängigen Auto, oder auch zu Fuß.

Yurte der Bektik-Turkmenen und Schafe unter einem Sonnenschutz auf der Yayla bei Bor (1978)

Die Suche nach den Karakoyunlu-Yürüken (1984)
Die Anamas-Yayla sollte - soweit ich in Erfahrung bringen konnte - südlich vom Beyschehir-See liegen. Wir wählten die Anfahrt von diesem See aus und kamen bald in ein wunderbares „Off-Road"-Gelände mit kleinen Waldstücken, vielen bizarren Felsgruppen und genügend befahrbarem Gelände dazwischen. Es war ein Irrgarten und die Gefahr, im Kreise zu fahren, nicht auszuschließen. Von schwarzen Ziegenhaarzelten keine Spur, auch waren keine Schafe oder Ziegen zu sehen. Nur zu hören war etwas: Das Kreischen von Motorsägen. Wir folgten schließlich nach viel Fahrerei diesem Geräusch und kamen zu professionellen Holzfällern, die mit staatlicher Lizenz riesige abgestorbene und zu Boden gefallene uralte Kiefern und Zedern zersägten und per LKW abtransportierten. Bei den Holzarbeitern ruhte sich ein 16jähriger Junge aus, der Yoghurt von der Anamas-Yayla gebracht hatte, ein Karakoyunlu. Er war gleich bereit, uns auf seine Yayla zu führen, stieg ins Auto ein und auf ging es nach seinen Richtungsangaben durch die schöne Tausrus-Bergwelt. Nach etwa einer halben Stunde gebot er uns aber auszusteigen, das Auto stehen zu lassen und mit ihm zu Fuß weiter zu gehen. Es sei noch gut eine Stunde bis zur Yayla, der Weg aber unbefahrbar - auch für einen Geländewagen. Wir nahmen nur leichtes Gepäck mit, legten noch eine Melone in den Schatten unter das Auto und folgten leicht keuchend diesem Jungen über Stock und Stein stetig bergan. Nach einer Paßhöhe öffnete sich der Blick auf ein weites Hochtal mit schneebedeckten Bergen im Hintergrund: die Anamas-Yayla, das Ziel unserer Wünsche, 2.200 m hoch gelegen. Wohl 100 Zelte seien dort, sagte der sympathische, tief braun gebrannte Junge. Beim Abstieg sahen wir aber erst nur wenige. Das erwartete große Nomadenlager mit 100 Zelten und noch mehr Kamelen war jedoch nicht zu sehen. Die Zelte der Karakoyunlu standen zerstreut über die ganze riesige Yayla verteilt, oft in Senken versteckt, höchstens mal drei oder vier zusammen. Wir erfuhren bald, daß die Zelte der Yürüken auf den Yaylas nie dicht zusammenstehen, damit sich die großen Schafherden nicht vermischen, wenn sie am Morgen von dem nächtlichen Weidegang zurückkommen, gemolken werden und dann meist in Zeltnähe tagsüber ruhen. Die Kamele waren schon in den 70er Jahren verkauft worden. Nur eine Familie vom Stamme der Honamli, die auch auf der Anamas-Yayla weilte, hatte noch ihre Kamele. Bei den Karakoyunlus waren seit dem Verkauf der Kamele Lastwagen das Transportmittel für Zelte und Hausrat vom Winterlager (*kışla*) an der Südküste bis zu dem Bergdorf Yaka unterhalb

Karakoyunlu-Mann mit schwarzen Schafen

Filzen im Zelt

Renate Böhmer mit Karakoyunlu-Begleitung im Yayla-Gebiet der Karakoyunlu-Yürüken, der Esel muß zu seiner üblichen Last auch noch unsere Rucksäcke und Schlafsäcke tragen (1984)

der Yayla. Dort wurde dann alles umgeladen auf angemietete Maultiere und Esel für den Rest der Reise durch unwegsames Berggelände.
Im Zelt der Famile unseres jugendlichen Führers wurden wir mit dem „hoş geldiniz“ aufgenommen und gleich zu Tee und dem traditionellen Getränk Ayran eingeladen - das ist mit Wasser verdünnter Yoghurt mit Salz. Es ist das beste Getränk an heißen Sommertagen. Im Zelt war gelockerte Wolle für einen Filz ausgelegt. Es sollte ein *kepenek* werden, ein Filzumhang für Hirten, Schutz gegen Kälte und Regen. Wir besuchten die Nachbarzelte und sahen und fotografierten Kelimweberei - das, was wir gesucht und kaum gehofft hatten zu finden: Weben in Nomadenzelten! Hier existierte es noch so wie in den Jahrhunderten davor. Nur die Farben waren nicht mehr die von vor 100 oder mehr Jahren, es waren synthetische Farben. Von Naturfarben, *kökboya*, wußte niemand mehr. Wir sollten über Nacht bleiben, Platz sei genug in den großen Zelten und Decken zum Zudecken gäbe es auch. Wir aber meinten, zurück zum Auto gehen zu müssen, das in der Wildnis der Taurusberge zurückgelassen war. So wanderten wir mit Karakoyunlu-Begleitung bergab und fanden das Auto in der Dämmerung mit der Melone hoch oben auf dem zusammengeklappten Dachzelt, dazu einen Zettel, von einem Hirten geschrieben, er habe die Melone nach oben gelegt, damit sie nicht von Tieren gefressen werden könne. Im übrigen könnten wir beruhigt sein, hier im Gebiet der Karakoyunlu würde dem Auto und uns nichts Böses passieren. Wir haben diese Anfahrt in den folgenden Jahren noch mehrfach benutzt, das Auto im Gelände stehen lassen und den Rest des Weges zu Fuß zurückgelegt, bis dann eines Tages die Yayla von der anderen Seite her auch über einen neu angelegten Geröll- und Erdweg befahrbar wurde.
In fast regelmäßigen Abständen haben wir dort bis jetzt die Karakoyunlu auf ihrer Yayla besucht, fotografiert, gefilmt und mit einigen Familien Freundschaft geschlossen . Durch Augenschein und durch Erzählungen erfuhren wir viel über ihr Leben. Einiges davon ist in diesem Buch zu lesen und zu sehen.

Großer Kelim der Karakoyunlu

Unter dem Schutz der Karakoyunlu: unser Range Rover mit Dachzelt

Junge Kelimweberin in einem Karakoyunlu-Zelt (1984)

Die Suche nach den Sarıkeçili-Yürüken (1990)

In „Oriental Carpet and Textiles" erschien 1989 ein Aufsatz von Hilmi Dudakır, dem *Halk Eğitim Müdürü* (der lokale Vertreter des Bildungsministeriums) in Mut im südlichen Anatolien über den Yürükenstamm der Sarıkeçili, der immer noch wie seit Urzeiten mit Kamelen ziehe (Dudakir 1989). Dudakır, der sich offensichtlich gut auskennt, schreibt, daß die Sarıkeçili-Familien im Mai von ihren Winterquartieren an der Küste zu den Taurus-Yaylas aufbrechen und dann den Hauptkamm des Taurus nur auf wenigen

Begegnung mit den Ziegenherden der Sarıkeçili im Taurus (1990)

Familie Bakırcıoğlu der Sarıkeçili auf dem Weg zur Yayla (1990)

Wegen überqueren würden. Ich legte mich an einem dieser Yürüken-Wanderwege Ende April 1990 mit dem Auto auf die Lauer, und dort kamen sie schließlich auch. Erst füllte sich die geschotterte Bergstraße mit zumeist schwarzen Ziegen, und dann folgten die Kamelkarawanen der einzelnen Familien, immer geführt von einem jungen Mann oder einem jungen Mädchen im heiratsfähigen Alter.

Sie kamen aus ihrem Winterlager, wo sie in ihren Zelten gelebt hatten, die über eine Strecke von mehr als 100 km an der Südküste bei Silifke verteilt und versteckt aufgestellt waren. Ihr Ziel jetzt war nicht eine bestimmte Yayla jenseits vom Kamm des Taurus-Gebirges, sondern ein großes Gebiet bis Karaman und Konya. Die Sarıkeçili haben keine eigene Yayla mehr mit Besitzdokumenten aus osmanischer Zeit wie die Karakoyunlu und Akkoyunlu. Die Sarıkeçili gaben mir ihren ungefähren Wanderweg im Sommer an und dazu die Stellen und Zeiten, wo ich sie im Sommer treffen könnte.

Ein Zeltplatz ist gefunden, die Kamele werden von ihren Lasten befreit

Ich folgte dieser Gruppe noch für zwei Tage mit dem Auto, soweit das ging, und blieb eine Nacht bei ihnen. Sie mieden die Hauptstraßen, zogen auf Nebenwegen oder auch frei durchs Gelände. Ich folgte der Familie Bakırcıoğlu jeweils bis zur Mittagszeit, dem Ende der Tageswanderung, und sah zum erstenmal den Lager- und Zeltaufbau. Faszinierend: Jeder in der Familie wußte, was zu tun war. Es gab nicht viel Gerede, nur kurze Zurufe, alle Griffe saßen und in einer halben Stunde war das Zelt aufgebaut, ein Feuer entfacht und bald auch die Milchsuppe mit Reis zum Mittagsessen gekocht. Jeder löffelte aus dem großen Topf, so auch ich.

Im Sommer desselben Jahres habe ich die Sarıkeçili wieder aufgesucht und seitdem nahezu jährlich, auch in ihren stationären Winterlagern. Sie hatten schon bald keine Einwände mehr gegen mein Fotografieren und Filmen, bedingten sich aber aus, daß kein Film im Türkischen Fernsehen gezeigt werden dürfe und daß ich Fotos auch für die fotografierten Personen in ausreichender Zahl immer beim nächsten Besuch mitbringen sollte. Das ist geschehen. In vielen der dekorierten Transport- und Aufbewahrungssäcke, den Ala Tschuvals, befinden sich seitdem Papiertaschen mit Farbfotos und dem Datum auf der Rückseite.

Vorbereitungen für die erste Mahlzeit am neuen Platz

Das Ziegenhaarzelt wird aufgebaut, die Transportsäcke werden aufgereiht

Einladung zum Tee im Zelt der jungen Generation der Bakırcıoğlus

Vor dem Zelt der Göbüt-Familie vom Stamme der Sarıkeçili im Winterlager. Zülfü Göbüt betrachtet Fotos von meinem letzten Besuch (1991).

Gezielte Reisen zu den Nomaden Anatoliens

Nach den ersten Begegnungen und Suchaktionen folgten mehr und mehr gezielte Reisen zu den Yürüken, den Turkmenen und den Kurden in Anatolien mit wechselnder Begleitung: mit der Amerikanerin Josephine Powell, meiner Frau Renate, unseren Kindern Jochen, Ulrike und Annette, Dr. Şerife Atlıhan, der Türkin und Mitarbeiterin an diesem Buch, dem Engländer Dr. Jon Thompson, der dänischen Botanikerin Birgitte Jensen und anderen. Sehr oft fuhr ich jedoch auch alleine.

Ein kleiner Teil der fotografischen Ernte aus diesen Reisen ist im Kapitel „Aus dem Leben der Nomaden in Anatolien“ enthalten.

Mittagshitze über dem Lager der Sarıkeçili-Familie des Mehmet Canbaş im nördlichen Taurus (1992)

Zur Geschichte des Nomadentums in Anatolien

Hirtennomadentum

Folgt man dem Autor von „Yörük" und seiner Quellenauswertung, dann gab es schon Nomadentum im Hethiterreich (1600 v. Chr.) in Anatolien (Kunze 1994, S. 68) und ebenso im römischen Reich: „Cicero berichtet von dauerhaft nomadischen Gruppen bei Antalya" (Kunze 1994, S. 67). Cicero war um 50 v. Chr. Statthalter der süd-anatolischen Provinz Kilikien. Planhol interpretiert Cicero aber anders: „Ciceros Text über die phrygischen, pisidischen und kilikischen Hirten, die die Ebenen sommers wie winters durchziehen, bezieht sich auf eine Bevölkerung, die – im Gegensatz zu den später erwähnten Bauern des lykischen Tieflandes – der Viehzucht eine besondere Bedeutung beimaß, doch meint er nicht notwendigerweise Halbnomaden". (Planhol 1975, S. 230).

Über die Hethiter schreibt Planhol: „In Anatolien kennen die hethitischen Texte des 2. Jahrtausends v. Chr. überhaupt keine Nomaden. Dagegen gibt es die Begriffe für Almweide und Hirt, die auf eine von den seßhaften Siedlungen ausgehende Sommerweidewirtschaft auf kurze Distanz an den Gebirgshängen zu deuten scheinen" (Planhol 1975, S. 229 f).

Auch die römische und spätere byzantinische Landwirtschaft in Anatolien war eine Weidewirtschaft (Haldon, S. 69), die ohne Hirten nicht denkbar ist. Hirten hatten sicher auch Behausungen: Zelte oder Hütten.

Es ist bekannt, daß der Apostel Paulus aus der Stadt Tarsus, die am Südrand des Taurus liegt, ein Zeltmacher war, also einen Beruf ausübte, den es bis heute noch in der Türkei unter der Berufsbezeichnung *muhtaf* gibt.

Ich entdeckte 1993 oberhalb des Dorfes Yaka bei Aksu im zentralen Taurus Hirtenhütten, die jeden Sommer von halbwüchsigen Hirten-Jungen bewohnt werden, die mit ihren Ziegen und Schafherden durch die Berge ziehen und Esel als Reittiere benutzen.

Solche Hirtenhütten haben wahrscheinlich eine alte Tradition. Sie können schon in vortürkischer Zeit in Anatolien existiert haben.

Hirtenhütten oberhalb des Dorfes Yatak bei Aksu im zentralen Taurus (1993)

Hirtenhütten

(Zeichnerische Darstellung von Gerd Schneider nach Fotos des Autors)

❶ *Feuerstelle mit Dreifuß*
❷ *Feuerholz*
❸ *Gerätschaften zur Yoghurt- und Käseherstellung*
❹ *Filzumhang*
❺ *Dekorierter Vorratssack*
❻ *Bettzeug, abgedeckt mit einem Kelim*
❼ *Ziegenhaargewebe*
❽ *Halbierter Baumstamm mit zentraler Rille zur Aufnahme der Wandbretter*
❾ *Rindenstück als Firstabdeckung*
❿ *Petroleumlampe*

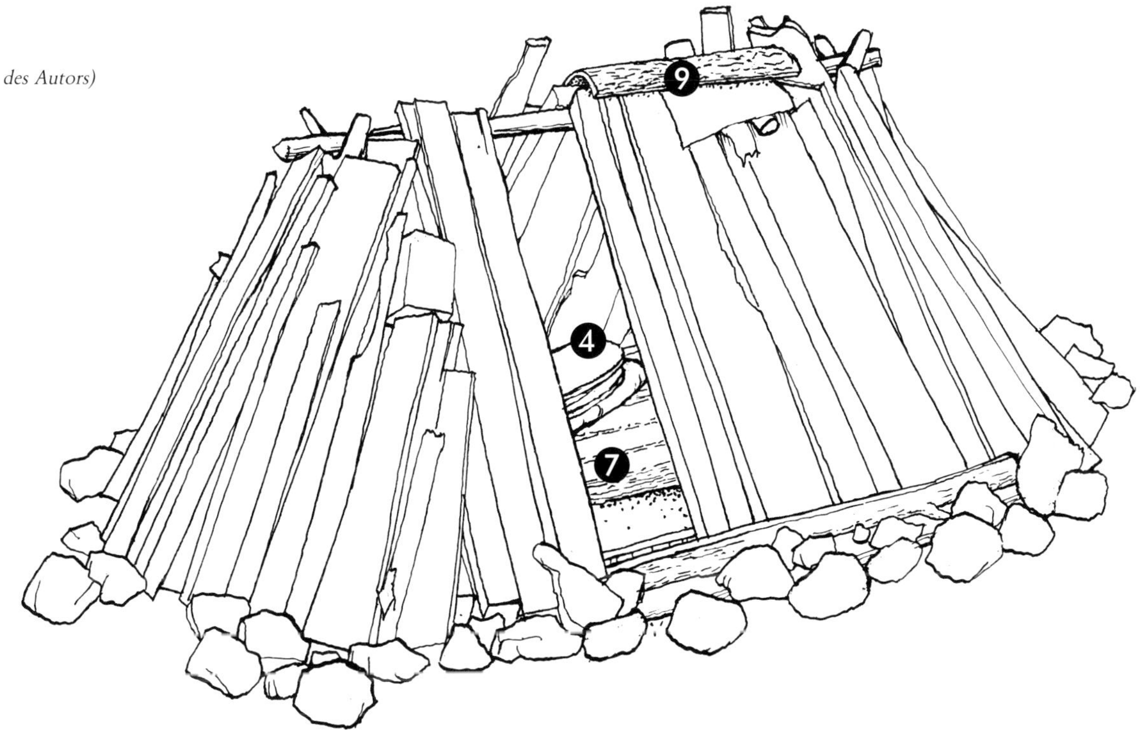

Kurden und kurdisches Nomadentum in Anatolien

Xenophon spricht in seinem berühmten Bericht „Anabasis" über den „Zug der Zehntausend" von dem wilden Bergvolk der Kaduchen im südost-anatolischen Gebirgsland (Xenophon, 1959, S. 75ff).
Die Zehntausend waren griechische Söldner, die Kyros, der Bruder des persischen Großkönigs Ataxerxes, für den Kampf gegen seinen Bruder um den persischen Königsthron angeheuert hatte. In der entscheidenden Schlacht 401 v. Chr. bei Kunaxa im nördlichen Mesopotamien am Tigris fand Kyros den Tod. Die Führer des Griechen-Kontingents fielen dann noch einer persischen List zum Opfer und wurden ermordet. Die nun total führerlosen Söldner wählten Xenophon, der bis dahin keine militärische Funktion inne hatte, zu ihrem Anführer für den langen Weg zurück nach Griechenland. Xenophon entschied sich für einen Marsch nach Norden zum Schwarzen Meer. Dort, wo der Tigris aus dem Hochgebirge in die mesopotamische Tiefebene eintritt, behinderten die Kaduchen bald den Marsch der Griechen von ihren Bergfestungen aus. Die Kaduchen waren dem Persischen Großkönig nicht untertan, ihm also nicht verpflichtet, aber sie verhielten sich dennoch sehr feindlich gegen die Griechen und reagierten nicht auf ihre Bitte um friedlichen Durchzug. Sie rollten Felsen von den Bergen und griffen immer wieder die Nachhut des langen Zuges aus Fußsoldaten, Reitern, Lasttieren und Gefangenen an. Nur dem Geschick und den Listen des Xenophon ist es zu verdanken, daß die Griechen schließlich das rettende Schwarze Meer erreichten.
Wahrscheinlich sind die Kaduchen Xenophons die Vorläufer der späteren Kurden.
Andere Autoren halten die Kurden für einen Zweig der Meder, die im 6. Jahrhundert v. Chr. in den äußerst unzugänglichen Südosten Anatoliens einsickerten (Hauser 1990, S. 48). Ihre Stämme bewahrten ihre Unabhängigkeit über viele Jahrhunderte und diversifizierten sich in den abgeschlossenen Gebirgstälern. Die später von Osten kommenden Invasoren Anatoliens umgingen diese schroffe Gebirgsregion mit Gipfeln über 4.000 m entweder auf der nördlichen Hochebene, die sich vom Van-See zum Ararat-Massiv hin erstreckt, oder südlich von den Ebenen Mesopotamiens aus. Xenophon schreibt von Kaduchen-Dörfern mit reichlichen Vorräten an Lebensmitteln. Es ist anzunehmen, daß diese Stämme schon einen Bergnomadismus mit festen Winterdörfern und Zeltlagern auf den Bergweiden entwickelt hatten, lange vor der Ankunft der Türken in Anatolien im 10. Jahrhundert (Hütteroth 1982, S. 207). Auch der kurdische Vollnomadismus kann in die Zeit vor der Türkeninvasion zurückreichen. Die Winterquartiere werden im nördlichen Mesopotamien, dem jetzigen Irak, aufgeschlagen worden sein - wie noch bis 1923, bis zum Vertrag von Lausanne mit der Festlegung der bis jetzt gültigen irakisch-türkischen Staatsgrenze. Die Sommerweiden lagen - wie bis in die Gegenwart - im Hochgebirge der heutigen türkischen Provinzen Hakkari und Bitlis und den sich daran nach Norden und Westen anschließenden Hochebenen. Durch die Nutzung des Rindes als Lasttier und auch Reittier hatte dieser frühe kurdische Nomadismus noch nicht die mobile Militanz wie der spätere Reiter-Nomadismus der Türken und Mongolen (Hütteroth 1982, S. 207). Das autochthone Kurdische besaß auch gegenüber den türkischen und mongolischen Invasoren eine starke Assimilationskraft. In der Region von Kirkuk im Nordirak führt ein kurdisierter türkischer Stamm den kurdischen Namen Bayat. Mongolische Ortsnamen in kurdischen Siedlungsgebieten deuten sogar auf die Assimilation von mongolischen Eindringlingen hin, die später als die Türken nach Anatolien kamen (Planhol 1975, S. 246f).
Nur gelegentlich wird seit etwa dem 6. Jahrhundert in der Literatur über kurdische Stämme berichtet. Arabische Geographen und Geschichtsschreiber des 10. Jahrhunderts geben erstmalig geordnete Nachrichten über Kurden als Nomaden, zählen Stämme auf und schreiben, daß diese kaum Pferde haben, also keine Reiternomaden sind wie die Türken (Planhol 1975, S. 235). Woods berichtet, daß kurdische Stämme zeitweise zu den Nomadenkonföderationen der turkmenischen Akkoyunlu und Karakoyunlu stießen (Woods 1976, S. 8). Die Kurden führten über Jahrhunderte ein Leben nahezu weitgehend „inkognito" in ihren schroffen Hochgebirgsrefugien.

Kurdin beim Bandflechten im Zelt, Taku-Yayla (1989)

Ein Kurde trat jedoch in die Geschichte ein: Saladin. Im Westen ist er ein Inbegriff des edlen Ritters und in Lessings Schauspiel "Nathan der Weise" Vorbild für eine Hauptfigur! Saladin fühlte sich aber nicht unbedingt als Kurde, sondern als islamischer Glaubenskämpfer, dem es gelang, Jerusalem 1187 für den Islam von den Christen zurückzuerobern, kurz nach einem Sieg über ein großes Kreuzfahrerheer. Zuvor hatte

Taku-Yayla (Sommer 1989)

Kurdischer Hirte auf der Bercelan-Yayla bei Hakkari (2003)

er 1171 in Ägypten die Dynastie der Fatimiden gestürzt und konnte sich schließlich Sultan von Ägypten und Syrien nennen.
Saladin entstammte einem kurdischen Adelsgeschlecht aus der Stadt Tikrit im heutigen Irak.
Tamerlan, der turkstämmige große Eroberer, verlor auf seinem Kriegszug in Anatolien gegen die Konföderation der Karakoyunlu-Turkmenen seinen zweiten Sohn durch einen Pfeilschuß vor einer kurdischen Bergfeste im Februar 1394 (Grousset 1952, S. 433). Von einer Eroberung dieser kurdischen Feste und einer Massakrierung aller Bewohner - der üblichen Rache des Tamerlan - ist nicht die Rede. Offenbar gelang es Tamerlan nicht, diese Kurden in ihrem Bergnest zu bezwingen.
Nach Auflösung der ganz überwiegend turkmenischen Nomadenkonföderationen der Akkoyunlu und Karakoyunlu und der Abwanderung schiitischer Turkmenenstämme von Anatolien nach Persien füllten Kurdenstämme das entstandene Vakuum in Ostanatolien aus und breiteten sich so über ihre ursprünglichen Siedlungsgebiete hinaus weiter aus. Im 16. und 17. Jahrhundert gewährten die Osmanen diesen Stämmen Steuerfreiheit unter der Bedingung, daß sie Milizen unterhielten, die ein Eindringen der Perser nach Ostanatolien verhindern sollten. Die Armenier in diesem Gebiet wurden von den Osmanen angehalten, für das Vieh der Kurden im Winter in ihren Dörfern Ställe bereitzustellen, damit die Kurden das ganze Jahr über die Wacht im Grenzgebiet zu Persien halten konnten und nicht in der kalten Jahreszeit ins wärmere mesopotamische Tiefland auszuweichen brauchten (Planhol 1975, S. 270f). Die Ausdehnung des kurdischen Siedlungsgebietes - vielfach bedingt durch Zwangsumsiedlungen - führte später auch weiter nach Westen. Südwestlich von Ankara gibt es seit dem 19. Jahrhundert kurdische Dörfer und Kleinstädte wie Haymana und Cihanbeyli.

Die Kurden sind kein einheitliches „Volk“ im europäischen Sinne. Heute sind sie verteilt auf die Türkei, den Iran, den Irak, Syrien und die Nachfolgestaaten der Sowjetunion (Georgien, Armenien, Azerbaidschan). Es ist ihnen nicht gelungen, in ihrer mehr als zweieinhalbtausendjährigen Geschichte unter Ausnutzung der zeitweiligen Schwächen ihrer Nachbarn einen kurdischen Staat, eine politische Einheit, zu gründen. Die unter dem Schutz sowjetischer Truppen gegründete Kurdische Volksrepublik Mahabad im Iran bestand nur von 1945 bis 1946. Sie wurde gleich nach dem Abzug der Sowjets vom persischen Schah liquidiert. Die Kurden blieben über Jahrhunderte aufgesplittet in feudalistisch organisierte Stämme und pflegten - und pflegen bis heute - eine kämpferische Stammestradition mit einem zentralen Ehrbegriff, der auch zu anhaltenden und Generationen überdauernden Blutrachefehden führt (Gassel 2004; Geo 1998, S. 76ff).
Der deutsche Forscher Lehmann-Haupt bereiste 1893 das von Kurden bewohnte Grenzgebiet Türkei/Iran mit dem Ziel, die mehr als 2.800 Jahre alte sog. Kelishin-Stele mit ihrer assyrischen und urartäischen Inschrift zu besuchen und zu untersuchen. In seinem Reisebericht heißt es: „Die hier hausenden verschiedenen Kurdenstämme leben in ständiger, traditioneller Feindschaft miteinander, die sie in häufigen blutigen Fehden zum Ausdruck und zum Austrag bringen. So konnten wir denn hier fast täglich nur wenige Kilometer seitlich von unserem Wege das Gewehrfeuer der im Kampf miteinander befindlichen Kurden hören. Daneben liegen sie fleißig dem edlen Räuberhandwerk ob, berauben sich gegenseitig oder die anwohnenden Christen oder plündern auch die gelegentlich und unvorsichtigerweise sich hierher verirrenden Karawanen und Reisenden“ (Wartke 1993, S. 14). Lehmann-Haupt entging nur knapp zwei Mordanschlägen.

Die Kurden haben keine einheitliche Sprache. Es gibt eine Reihe von kurdischen Dialekten, die alle zu einem westlichen Zweig des Iranischen gehören, stark voneinander abweichen und daher wechselseitig nur schwer verstehbar sind (Strohmeier 2000, S. 31). Die wichtigsten kurdischen Dialektgruppen oder Sprachen sind: Kurmandschi, Sorani und Gorani. In Ost-Anatolien wird vorwiegend Kurmandschi, auch Nord-Kurdisch genannt, gesprochen und seit den dreißiger Jahren des vorigen Jahrhunderts mit lateinischen Buchstaben geschrieben. „Die Einschränkungen, denen das Kurdische in der Türkei - bis hin zum absurden, weil nicht durchführbaren Verbot des

Gebrauchs der Sprache schlechthin – unterlag, haben seine Entwicklung beeinträchtigt" (Strohmeier 2000, S. 32).
Im Frühjahr 2004 ist die erste private Schule für die kurdische Sprache in der Stadt Sanliurfa eröffnet worden. In den letzten Jahren hat die türkische Regierung begonnen, im Zuge der Annäherung an die Europäische Union ihre Minderheitenpolitik zu überdenken und europäischen Standards anzupassen. Das hat zu entsprechenden Gesetzesänderungen geführt, aber erst langsam zu Änderungen in den Kurdengebieten selbst. Die im antikurdischen Geist jahrzehntelang erzogenen Bürokraten in der staatlichen Verwaltung der zentralistisch organisierten Türkischen Republik finden immer wieder Wege, die Verwirklichung der im Parlament gefaßten Beschlüsse zu behindern (Birand, 2004). Aber die Zulassung weiterer privater Schulen, in denen Kurdisch gelehrt wird, ist nicht mehr grundsätzlich zu verhindern. Fernseh- und Rundfunksendungen in kurdischer Sprache sind nun auch vom Gesetz erlaubt und wurden im Mai 2004 erstmals ausgestrahlt.

Das in einigen Provinzen Ost-Anatoliens – Diyarbakır, Sivas, Erzurum – gesprochene *Zaza* ist wahrscheinlich eine eigenständige iranische Sprache (Hütteroth 1982, S. 278). Andrews unterscheidet deshalb in dem von ihm herausgegebenen Atlas zu den ethnischen Minderheiten in der Republik Türkei zwischen Kurdisch und Zaza (Andrews 1987).
Es gibt nur wenig geschriebene kurdische Literatur, aber zahlreiche mündlich überlieferte Volksmärchen, Lieder und Epen (Strohmeier 2000, S. 34). Das Hauptwerk kurdischer Geschichtsschreibung hat bereits in den Jahren 1596/97 Scherefhan ed-Din, Sohn eines Fürsten von Bitlis, in persischer Sprache verfaßt (Feil, 1995, S. 56).
Auf eine Verbreitungskarte der kurdischen Stämme Ost-Anatoliens wird in diesem Buch verzichtet, weil neuere und verläßliche Untersuchungen und Aufstellungen fehlen. Die von Eagleton 1988 publizierten Karten und Stammesnamen (Eagleton 1988, S. 31ff) basieren auf Listen des englischen Reisenden Mark Sykes aus den Jahrzehnten vor dem ersten Weltkrieg, sind also fast 100 Jahre alt (Sykes 1904, Sykes 1908, Sykes 1916).

In den 80er und 90er Jahren des letzten Jahrhunderts führten die bürgerkriegsartigen Auseinandersetzungen zwischen der türkischen Armee, türkischen Sicherheitskräften und der als separatistisch und terroristisch eingestuften orthodox-marxistischen kurdischen PKK (Arbeiterpartei Kurdistans) zur Zwangsräumung und oft auch Zerstörung von mehreren Tausend Dörfern, zu mehr als 30.000 Toten und zu einer innertürkischen Flüchtlingswelle von bis zu zwei Millionen. Kurden wichen aus ihrem eigentlichen Siedlungsgebiet weiter nach Norden und Westen aus, vorwiegend in

Bercelan-Yayla in den Hakkari-Bergen (2003)

die großen Städte. Aber sie drangen auch in das bis dahin christliche Siedlungsgebiet des Tur Abdin in Südost-Anatolien ein. Dort wiederholten sich Szenen, wie sie sich bei jeder nomadischen Inbesitznahme von Dörfern Seßhafter seit Jahrhunderten so ähnlich abgespielt haben: angefangen mit der Verwüstung der Gärten und Äcker durch die großen Ziegen- und Schafherden bis hin zum Mädchenraub (Anschütz 1992).
Es bestand in den Kurdengebieten Ost-Anatoliens für fast 10 Jahre ein Verbot, auf die Sommerweiden zu gehen. Die Schaf- und Ziegenherden schrumpften um 90 % (Deren 2002). Erst seit 2002 dürfen einige Sommerweiden wieder benutzt werden. Der kurdische halbnomadische Bergnomadismus beginnt sich seitdem langsam zu regenerieren

Türken und türkisches Nomadentum

Das Jahr 1071 mit dem Sieg der Türken über die Byzantiner bei Malazgirt in Ost-Anatolien ist für ganz Anatolien eine Zäsur. Hütteroth schreibt dazu: „Das grundsätzlich Neue an der Türkischen Eroberung und Landnahme war das Eindringen der Lebensform des Nomadismus in ganz Anatolien. Natürlich hatte es Weidewirtschaft schon immer gegeben, wahrscheinlich war auch die Fernweidewirtschaft mit Herden- und Hirtenwanderungen zwischen Küstengebieten oder Becken und Hochgebirgen in der Antike schon bekannt. Jedoch war damit nicht die Lebensform des Nomadismus verbunden, es wanderten nicht ganze Bevölkerungsgruppen im Jahresrhythmus, sondern nur Hirten. Mit der Türkisierung traten nun Menschen in einer Lebensform auf, die für Anatoliens Siedlungs- und Wirtschaftsentwicklung nachhaltig wirksam werden sollte" (Hütteroth 1982, S. 202).

Auf der Yayla der Turkmenen bei Akkışla (1992)

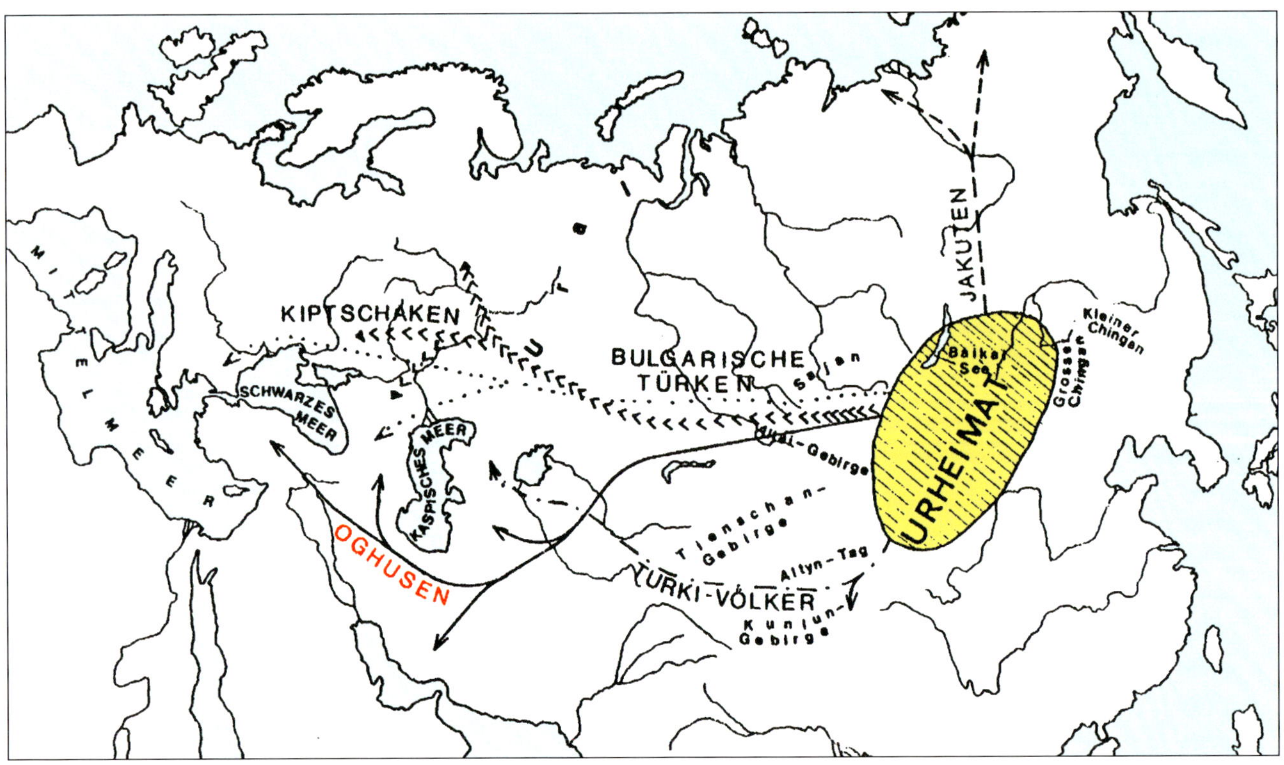

*Die Geschichte der Türken läßt sich bis zum 6. Jahrhundert n. Chr. zurückverfolgen.
Die Türken der Türkei stammen von den Oghusen ab, einem nomadisierenden Türkvolk, das noch im 10. Jahrhundert östlich des Kaspischen Meeres umherzog, Persien eroberte und deren Oberschicht weitgehend die persische Kultur und sogar die Sprache übernahm.
Als Seldschuken drangen sie ab 1071 (Sieg bei Malazgirt über die Byzantiner) nach Anatolien ein.
(Karte nach Matuz 1990)*

Sayacak-Yayla der Karakoyunlu im zentralen Hochtaurus, 2.500 m (1993)

Die Turkmenen
und der Hochlandnomadismus in Zentral-Anatolien

Über Jahrhunderte wurden alle die mit der türkischen Eroberung einströmenden Nomaden Turkmenen oder Turkomanen genannt (*Turcomans* in der englischsprachigen Literatur).
Die Turkmenen bildeten in Anatolien den Hochlandnomadismus aus (Hütteroth 1982, S. 202). Die Stämme zogen von ihren Winterquartieren (Kischlas) in den geschützten Falten am Rande des anatolischen zentralen Hochlandes im Sommer auf eben dieses offene Hochland, auf die Sommerweiden (Yaylas). Die Namen der Stämme (z. B. Salor, Kınık) finden sich manchmal als Namen für Dörfer, die an den Kischla-Plätzen entstanden sind. Ebenso gibt es dort bis heute viele Ortsnamen mit dem Grundwort kışla: zum Beispiel Akcakışla, Akkışla, Ulukışla.
Der türkische Hochlandnomadismus entwickelte sich in einem Bereich potentiellen und ehemaligen Ackerbaues. „At no time they did cease to raid and devaste the adjoining territories of their Christian neighbours for booty and prisoners" (Vryonis 1975, S. 51). Ein Übergang zur halbnomadischen oder gar seßhaften Lebensweise war - mit einem Blick auf die christlichen Nachbarn - jederzeit möglich und wurde sicher auch praktiziert.
Die Küstenregionen wurden in dieser frühen Zeit der türkischen Einwanderung offenbar nicht für Winterquartiere benutzt. Das feuchte Klima mag dort nicht gefallen haben, und die aus Zentralasien überkommene transportable Filzyurte war sicher nicht die ideale Behausung bei starken Winterregen und einem milden, frostfreien Klima.
Bis in die Jetztzeit kann man in Anatolien noch Halbnomaden treffen, die sich selbst als *türkmen* bezeichnen.
Einige Familien in dem kleinen Ort Akkışla zwischen Kayseri und Sivas, verlassen immer noch im Sommer ihre festen Häuser und bauen für einige Wochen ihre Yurten auf den nördlichen Ausläufern der nahen *uzun yayla*, der „Langen Yayla" auf.
Auch Türken vom Stamme der Bektik im Dorf Kızılca bei Bor, südlich von Kayseri, nennen sich *türkmen* und haben noch bis 1989 auf der nahen Yayla Yurten benutzt. Früher - bis zum Ende des 19. Jahrhunderts - hatten sie Kamele und zogen auf die weiter entfernte *üç kapılı yayla*, die Yayla mit den „drei Toren" bei Niğde.
Die Turkmenen vom Stamm der Muslucali am Emirdağ am westlichen Rand des zentralen anatolischen Hochlandes benutzten noch Yurten bis in die 80er Jahre des letzten Jahrhunderts hinein.
Ulrich Türck sah 1986 noch ca. 10 Yurten zwischen Amasya und Samsun (mündliche Mitteilung).

Auftrieb der Schafherden zur Yayla der Turkmenen bei Akkışla (1992)

Als *Türkmen* bezeichnen sich heute noch die bis Anfang des 20. Jahrhunderts die Yurte benutzenden und mit der Holzfällerei beschäftigten Türken im Kaz-Dağ (Ida-Gebirge) in Nordwest-Anatolien. Mit *Türkmen* ist bei ihnen aber gleichzeitig auch ihre Religionszugehörigkeit gemeint. Sie sind Alewis (s. S. 148), die den Schiiten nahestehen und den Islam weniger orthodox auslegen als die Sunniten. Alle anderen vorher genannten Türkmenen sind Sunniten.
Türken vom Stamme der Hotamisch (Hotamış) in den Dörfern auf dem Hochland östlich von Konya und südlich von Karapinar nennen sich auch noch *türkmen*, können sich aber nicht mehr an den Gebrauch von Yurten auf ihren dorfnahen Yaylas erinnern.

Filzyurten auf der Yayla der Turkmenen bei Akkışla (1992)

Die Yürüken und der Bergnomadismus in Süd-Anatolien

Ab dem 16. Jahrhundert taucht die Bezeichnung *yürük* auf und hat wahrscheinlich seinen Ursprung in osmanischen Steuerlisten zur Kennzeichnung solcher Steuerpflichtigen, die keinen festen Wohnsitz haben, sondern wandern *(yürümek)* und sich dadurch von der Mehrheit der Steuerpflichtigen unterscheiden (Lindner 1983, S. 54). Der größte Teil der heute in Anatolien lebenden Nomaden - die wenigen noch mit Kamelen ziehenden Vollnomaden, die vielen im Sommer auf die Yayla ziehenden Halbnomaden oder die schon seit einigen Generationen seßhaft gewordenen Nomaden - bezeichnen sich selbst alle - mit Stolz - als Yürük. Viele dieser Yürüken kennen auch noch den Namen des Stammes, zu dem sie einst gehörten oder noch gehören.
Yürüken betrieben - und betreiben bis heute - den Bergnomadismus. Dieser Nomadismus entwickelte sich im 14./15. Jahrhundert und ist damit jünger als der Hochlandnomadismus in Zentral-Anatolien (Hütteroth 1982, S. 205 ff).
Den aus Zentralasien seit dem 10. Jahrhundert nach Anatolien einströmenden türkischen Nomaden erschien das Hochland offenbar zunächst angemessener zur Fortführung ihrer Lebensweise als die Einbeziehung der feuchtheißen, malaria- und piratengefährdeten Küstenregionen an der Südküste. Später wurden aber auch diese Küstenregionen mit einbezogen. Hier unten liegen die Winterquartiere (Kischlas), die Sommerweiden (Yaylas) liegen oben im Taurus. Durch den Einbezug dieser klimatisch so ganz anderen flachen Küsten fand wohl der Zeltwechsel statt. An die Stelle der massiven kälteresistenten Filzyurte trat das luftige Ziegenhaarzelt in Hausform mit Firstdach und senkrechten Seitenwänden. Von woher es übernommen wurde ist strittig.
Transporttier der türkischen Bergnomaden ist nicht mehr das zweihöckrige baktrische Kamel, sondern eine Kreuzung zwischen diesem und dem einhöckrigen afrikanischen Dromedar. Wahrscheinlich kannten die Türken diese „geländegängige" Kreuzung schon vor der Ankunft in Anatolien.
Die Küstenregionen sind landwirtschaftlich nutzbar - und werden heute auch intensiv genutzt. Ursprünglich gab es dort aber offensichtlich nur wenige, noch auf byzantinische Zeiten zurückgehende bäuerliche Daueransiedlungen. Diese konnten sich in ständiger Abwehr gegen die im Winter auf relativ engem Raum zusammengedrängten Schaf-, Ziegen- und Kamelherden der Nomaden kaum halten und schon gar nicht entwickeln.
Der türkische Dichter Yunus Emre schrieb zu Anfang des 14. Jahrhunderts: „Wir (die Nomaden) stiegen herab in die Länder von Rum, dort verbrachten wir den Winter; viel Gutes und Böses taten wir. Der Frühling kam, wir kehrten zurück, Preis sei Gott".

Mit „Rum" sind die von griechisch sprechenden Bauern - Nachkommen der Byzantiner - bewohnten Landstriche gemeint.
Im Sommer verteilten sich die Herden auf den weitaus größeren Sommerweiden. Es gab und gibt ortsweise noch bis heute ein System mit Zwischenweiden für das Frühjahr und den Herbst. Gelegentlich trieben und treiben die Yürüken auch Ackerbau auf den verschiedenen Yayla-Typen und zeigen damit ihre vitale Flexibilität und die Schwierigkeit, sie in ein Ordnungsschema von Halb- und Vollnomaden und „Yaylabauern" (Hütteroth 1959) zu zwingen. Die Übergänge sind fließend.
Anfang des vorigen Jahrhunderts bauten die Yürüken zuerst in den Winterlagern an der Küste Dörfer mit festen Häusern, die dann im Sommer verlassen wurden. „Sie (die Bewohner der Häuser, Anm. d. Autors) sind zur Yayla gegangen" sagten uns noch in den 60er Jahren die wenigen zurückgebliebenen Wachmänner in den menschenleeren Dörfern. Auch auf den Zwischen-Yaylas und sogar auf nicht extrem hoch gelegenen Sommer-Yaylas entstanden dann Hütten oder sogar ganze Dörfer.
An der Schwarzmeerküste hat sich kein Bergnomadismus entwickelt, wahrscheinlich aufgrund des feuchten Klimas und der dichten Bewaldung.
Nach einer Schätzung von Eröz gab es 1965 noch 3000 bis 4000 Zelte von landlosen Nomaden (Eröz 1991, S. 274), heute im Jahre 2004 dürften es nur noch wenige Hundert sein.
Den Yürüken verschiedener Stämme ist der größte Teil dieses Buches gewidmet.

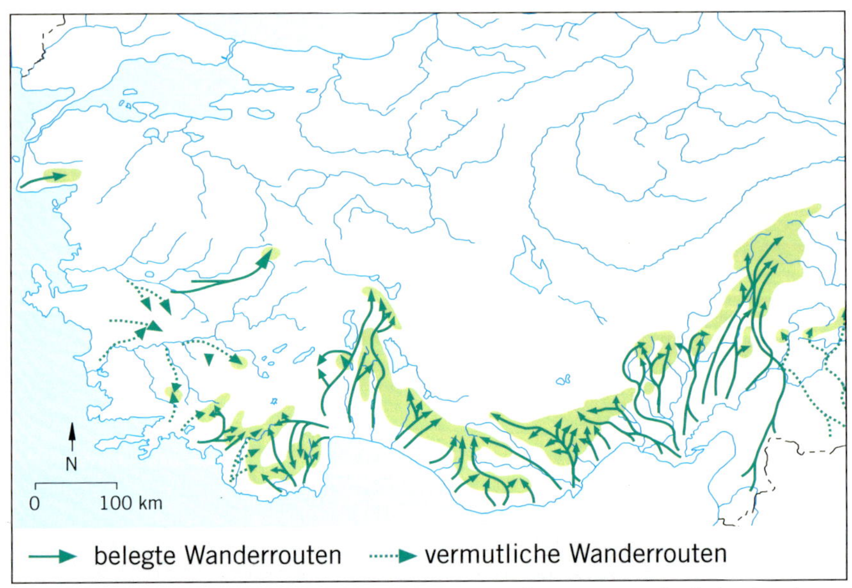

Bergnomadismus in Süd- und West-Anatolien (Karte: Hütteroth 2002, ergänzt durch den Autor)

Zug zur Çatma-Yayla im südlichen Hochtaurus (Foto: Ş. Atlıhan, 1988)

Aus dem Leben der Nomaden in Anatolien

Vom letzten Drittel des 20. bis zum Beginn des 21. Jahrhunderts
Eine Fotodokumentation ohne Anspruch auf Vollständigkeit

Yürüken, Turkmenen, Kurden und ihre Verbreitung in Anatolien

Die Umrißkarte zeigt, wo etwa in Anatolien Nomaden zu finden sind - oder noch am Ende des 20. Jahrhunderts zu finden waren.
Es sind: die Yürüken des Bergnomadismus, mit einem **Y** auf der Karte bezeichnet, die Turkmenen des Hochlandnomadismus, mit einem **T** auf der Karte bezeichnet und die Kurden des Bergnomadismus, mit einem **K** auf der Karte bezeichnet.

Yürüken mit Zelten in Hausform

Die Sarıkeçili-Yürüken

Die Sarıkeçili-Yürüken glauben - wie eigentlich alle Yürüken - daß ihre Vorfahren schon im 11. Jahrhundert mit den ersten aus Zentralasien kommenden türkischen Stämmen nach Anatolien eingewandert sind und sich ihre Lebensweise seitdem nicht wesentlich geändert hat. Einzelne Personen überblicken aber selten mehr als drei Generationen, also etwa 100 Jahre. Die Sarıkeçili gehören nicht zu den Stämmen, die auf eine mehr oder minder glorreiche Geschichte zurückblicken können wie die Karakoyunlu-Yürüken. Der Name des Stammes, Sarıkeçili, heißt frei übersetzt „Der Stamm mit den gelben Ziegen". Es gibt in ihren großen Ziegenherden auch tatsächlich einige gelbe oder gelbbraune, aber die große Masse der Ziegen ist schwarz. Yürüken, die vorwiegend Ziegen haben und wenig Schafe, stehen in der Hierarchie der Stämme unten, gelten als arm. Die Sarıkeçili sind über ganz Süd- und Südwestanatolien verstreut und haben verschiedene Lebensweisen: Viele Familien sind schon seßhaft geworden, andere sind Halbnomaden. Aber die Mitglieder einer größeren Gruppe - heute im Jahre 2004 etwa sechzig Familien - leben noch als Vollnomaden und ziehen mit Kamelen. Sie haben als wohl einzige Stammesgruppe der Yürüken eine Lebensweise bewahrt, die noch vor einem Jahrhundert bei den verschiedenen Yürükenstämmen in Anatolien allgemein üblich war. Den Sarıkeçili ist der größte Teil der folgenden Foto-Dokumentation gewidmet.
Sie brechen von ihren Winterlagern im mittleren Teil der türkischen Südküste Anfang Mai mit Kamelen als Transporttieren auf, überqueren den Tauruskamm und halten sich den ganzen Sommer über in den nördlichen Ausläufern des Taurus auf. Da sie keine eigene Sommerweide (Yayla) mit Besitzurkunden haben, ziehen sie fast jeden zweiten Tag bis zu 20 km weiter oberhalb der Dorfregionen und wechseln ihre Lager in den höheren Berglagen, in denen ihre Ziegen noch genügend Nahrung finden. Die tieferen Lagen mit besserem Futter werden von den Schafherden der Dörfer beansprucht und von deren Hirten auch verteidigt. Die Sarıkeçili haben nur wenige Schafe, aber sehr große Ziegenherden mit bis zu 300 Tieren pro Familie. Wenn sie länger als zwei Tage an einem Ort bleiben wollen, müssen sie in der Regel an das Dorf, zu dem die Gemarkung gehört, in der sie ihre Zelte aufgeschlagen haben, Miete bezahlen, entweder in bar oder in Form von Naturalien: Ziegen, Schafe, Käse. Im Sommer ist das Hüten der Tiere in erster Linie Sache der Männer und Jungen, das Melken der Ziegen und Schafe und die Käsebereitung ist die tägliche Arbeit der Frauen und Mädchen. Die Milch wird vorwiegend zu Käse verarbeitet, der durch Salzzusatz haltbar ist und in Ziegenbälgen verpackt verkauft werden kann. Für den Eigengebrauch wird Yoghurt hergestellt. Die Ziegenschur findet einmal im Jahr im Hochsommer statt; die Schafschur zweimal: im Frühjahr noch im Winterlager und im Spätsommer in den Sommerlagern. Wolle und Ziegenhaar werden im Winter zum Teil selbst zu Textilien verschiedener Art verarbeitet oder auf lokalen Märkten sowie in der Provinzhauptstadt Konya oder in Karaman verkauft. Ende September oder Anfang Oktober ziehen die Sarıkeçili wieder in die Winterquartiere. Die gesamte alljährliche Zugstrecke ist etwa 1000 km lang.
Ihre Zelte sind im Winter einzeln oder in lockeren Gruppen von zwei bis vier über eine Strecke von mehr als 100 km an der mittleren Südküste

Zülfü Göbüt, spinnend, mit dem jüngsten Kind auf dem Rücken, während des Zuges im Sommer (1990)

verteilt, wo es noch keine ausufernden Ferienhausanlagen oder burgartige Touristenhotels gibt. Sie bleiben fünf bis sechs Monate an einem Platz. Die Herdenbesitzer müssen Miete zahlen und auch Futter für die Schafe, Ziegen und Kamele kaufen, da die Berghänge und lichten Wälder keine ausreichende Weide bieten. Ziegen, die sich auch an Bäumen hoch aufrichten können, finden noch am ehesten Freßbares. In den Monaten November und Dezember holen die Sarıkeçili die Webstühle, die den Sommer über in den Dörfern der seßhaften Verwandten untergestellt waren, wieder ab, bauen diese vor oder in den Zelten auf. Einige Wochen lang sind die Frauen und Mädchen dann mit Webarbeiten beschäftigt.

Im Januar und Februar kommen die Lämmer zur Welt, auch die Fohlen der Kamele. Die Kopfzahl der Ziegen- und Schafherden verdoppelt sich nahezu. Ende April sind die Lämmer soweit herangewachsen, daß die männlichen Tiere zu einem guten Preis verkauft werden können – zusammen mit den ältesten weiblichen Tieren, die nicht mehr die optimale Milchmenge geben werden. Zum Aufkaufen kommen Händler mit Kleinlastwagen bis zu den Zelten.

Während des Winters können die Kinder nahe Dorfschulen besuchen. Die Jungen werden dazu auch angehalten, die Mädchen nicht immer. Manche Familien schicken die Jungen nach der Grundschule in weiterführende Schulen, meistens in solche Internate, die von religiösen Stiftungen unterhalten werden und finanziell erschwinglich sind. Die Kinderzahl geht zurück: Während ältere Frauen noch bis zu zehn Kindern hatten, sind es in der jetzigen Generation höchstens vier. Offensichtlich wird Geburtenkontrolle betrieben, obwohl es Sünde *(günah)* sei, wie mir Ali Göbüt, mein Gewährsmann, sagte.

Ärzte kommen nicht zu den Zelten, die Patienten müssen zu ihnen gebracht werden, was im Winter mit dem engen System von Minibusverbindungen an der Küste leicht möglich ist. Im Sommer sind die Wege länger, aber es gibt in dem Gebiet der Sommerwanderung in einigen Dörfern Gesundheitsstationen mit Personen – meist Frauen -, die zwar nicht voll ausgebildete Ärzte sind, aber einfache Fälle behandeln und Medikamente verschreiben können.

Die Sarıkeçili haben keine Gärten oder gar Felder. Hauptnahrung sind Fladenbrot, weißer Käse, Butter, Yoghurt, sehr selten Fleisch. Wildkräuter werden im Frühjahr gelegentlich gesammelt für Kräutertee oder als Käsezusatz. Ihre Getränke sind Tee mit viel Zucker, selten selbst gebrannter Kaffee, viel Ayran. Milch ist sowohl für Kinder als auch für Erwachsene ein wesentliches Getränk, abgekocht und mit viel Zucker versetzt.

Die Männer unternehmen im Sommer häufiger eintägige Touren – zunächst zu Fuß und dann mit Minibussen – zu lokalen Märkten, um Ziegenkäse zu verkaufen und Lebensmittel wie Mehl, Tee, Zucker, auch Obst und Gemüse, einzukaufen. An Freitagen suchen sie gelegentlich ein *hamam* (türkisches Dampfbad) auf und gehen auch in die Moschee. Die Kleidung der Männer ist nicht mehr traditionell, sondern orientiert sich oft – den Reformen Atatürks folgend – an der Kleidung der kleinstädtischen Bürokraten. Manche halbwüchsige Jungen sehen darin aus wie Konfirmanden in Deutschland vor 50 Jahren. Zweckmäßige Berufskleidung gibt es in der Türkei erst seit einigen Jahren. Jeans sind auch bei den Yürüken der jüngeren Generation beliebt. Die Frauen aus mehreren Zelten besuchen gemeinsam im Winter des öfteren in den naheliegenden Dörfern seßhaft gewordene Verwandte und kaufen bei kleinen Händlern Stoffe für ihre Kleider und langen Röcke ein, die sie selbst nähen. Sie haben kleine Nähmaschinen, die sie aber nicht auf den Zug im Sommer mitnehmen, sondern in den Dörfern lassen. Ihre Strickjacken, die sie täglich tragen, sind meistens nicht mehr selbstgestrickt, sondern Konfektion. Der gemeinsame Besuch des Hamams ist dann der Höhepunkt eines solchen Tagesausfluges, der immer nur zu Fuß gemacht wird, nicht mit Minibussen. Frauen gehen nicht in die Dorfmoschee, auch nicht im Sommer, wenn die Karawanen Dörfer mit Moscheen passieren. Ich habe bei meinem Zusammensein mit den Sarıkeçili keinen Mann im Zelt oder im Freien beten sehen, ältere Frauen beteten im Winter jedoch gelegentlich in den Zelten. Alle Frauen und die ins Heiratsalter heranwachsenden Mädchen knüpfen gerne mit Wünschen beladene Stoffetzen in einen *dede*-Baum, wenn ihre Karawane einen *dede*-Platz passiert. Oft ist an diesem Platz ein Grabmal. Ein *dede* ist ein frommer Mann, der in längst vergangenen Zeiten gelebt und Gutes getan haben soll. Ein *Dede* kann dafür sorgen – so glauben die Sarıkeçili – daß Wünsche in Erfüllung gehen.

Alle erwachsenen Männer haben ein Gewehr und Frauen tragen manchmal auch eins. Der Schutz der Herden gegen Wölfe, die es im Taurus tatsächlich noch gibt, ist ein Grund. Die Bewaffnung ist aber wohl mehr als ein Relikt aus vergangenen Zeiten zu sehen, in denen Kämpfe mit anderen Stämmen und mit Dorfleuten – noch bis in die 50er Jahre – um Weideplätze stattgefunden haben. Jagdbares Wild gibt es im Wandergebiet der Sarıkeçili, von Steinhühnern und wenigen Hasen abgesehen, kaum noch. Wildschweine werden nur geschossen, natürlich nicht gegessen. Schlangen können eine Gefahr für Mensch und Tier sein.

Die freie Natur ist im Sommer die Toilette. Die allgegenwärtigen „feinnasigen“ Pillendreher sorgen dafür, daß die Hinterlassenschaften dieser Art schnell von der Erdoberfläche verschwinden. Im Winter heben die Männer oft in einem gewissen Abstand von den Zelten Gruben aus und die Frauen schützen diese mit Ziegenhaargeweben oder Plastikplanen gegen Einsicht.

Vorbereitungen zum Aufbruch am frühen Morgen. Die Seitenwände des Zeltes sind schon abgenommen. Auf einer Zeltwand ist der Filzteppich ausgebreitet mit dem Bettzeug oben drauf. Der junge Mann formt daraus eine Kamellast.

Die Schafherde bricht bereits am frühen Morgen zur Wanderung zum nächsten Lagerplatz auf

Die Lastkamele werden von einem kleinen Jungen herangeführt

Aufbruch am Morgen

Die Großfamilie beim Frühstück

Das Zelt ist schon abgebaut, die Transport- und Aufbewahrumgssäcke (Ala çuval) stehen noch in einer Reihe

Beladen eines Kamels mit zwei Transportsäcken (Ala çuval)

Ein beladenes Kamel, die Ladung ist mit einem ungemusterten Wollgewebe abgedeckt

Lagerplatz mit beladenen Kamelen kurz vor dem Aufbruch

Die Karawane einer Familie, fertig zum Zug

Zug, die Karawane einer Familie und deren Ziegen (Foto: B. Jensen)

Zug durch die Steppe

Auf dem Zug

Das Brett zum Ausrollen des Fladenbrots ist auf einem Kamel verschnürt

Ein Kind, sicher verschnürt auf einem mit zwei Transportsäcken und Bettzeug beladenen Kamel

Zug der Sarıkeçili im Taurus

Die Herden ziehen getrennt von der Kamelkarawane

Ein Baum am Wege bei einem Heiligengrab, behängt mit eingeknoteten Wunsch-Stoffetzen der Vorbeiziehenden

Zug und Rast

Ein Hirte mit seinem Esel, beladen mit Bettzeug und einem Hirtenmantel aus Filz (kepenek). In der Hand hält er stolz ein in Stoff verpacktes Transistorradio. Die Karawane zieht bereits weiter.

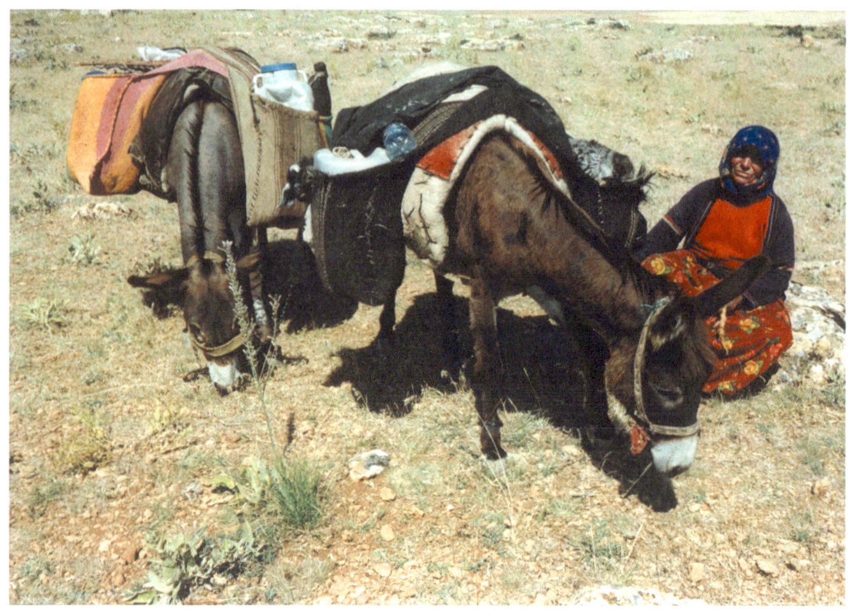

Eine ältere Frau rastet mit ihren beiden Eseln

Aufsammeln von wilden Birnen

Das Kind oben auf dem Kamel bekommt auch eine Birne

Pause auf dem Zug; Männer tragen oft Gewehre

Eine Mutter mit ihrem jüngsten Kind auf dem Zug: Das Kleinkind ist mit gewebten Bändern sicher auf dem Rücken befestigt.

Der Esel wird mit eingesammeltem Feuerholz beladen

Eine junge Frau führt die Karawane ihrer Familie an

Die Ziegen ziehen getrennt von der Karawane und fressen dabei

Während einer kurzen Rast waschen die Frauen das erst wenige Tage alte Kind (Foto: J. Powell)

Tränken der Tiere in einer Pause: Der Zug wird so gewählt, daß Tränken am Wege liegen

Ein Kind ist oben auf dem Kamel sicher verschnürt. Einen großen Kessel für die Zubereitung von Ziegenkäse führt jede Familie mit.

Ankunft am neuen Lagerplatz, das Zeltdach ist schon abgeladen und ausgebreitet

Das Zeltdach steht auf fünf Pfosten, die Halteseile werden gespannt

Am neuen Lagerplatz

Das Bettzeug hat seinen Platz an einer Längsseite des Zeltes

Das Zelt mit zwei Seitenwänden, die mit Holznadeln an der Traufe des Daches festgesteckt sind

Das Zelt der Sarıkeçili ohne Seitenwände auf fünf Pfosten mit den aufgereihten und abgedeckten Transportsäcken

Erste Erfrischung am neuen Lagerplatz mit Wasser für den kleinen Jungen. Die Mutter hat den in einer Babytasche aus Filz verpackten Säugling bereits von ihrem Rücken abgeschnallt (Foto: B. Jensen)

Die von der Ladung befreiten Kamele sind entlassen und können grasen

Ausrollen des Filzteppichs auf dem mit einem Gewebe aus Ziegenhaar bedeckten Zeltboden (Foto: B. Jensen)

Entzünden des Herdfeuers

Ein in einer Filztasche verpacktes Kleinkind ist im Zelt abgelegt

Ein Witwer bereitet seine erste Mahlzeit am neuen Lagerplatz

Musa Bacak ißt mit seinen Enkeln

Eine junge Frau an einem Transportsack (ala çuval). Ihre Familie hat der Hitze wegen kein Zelt aufgestellt

Das Zelt der Sarıkeçili mit fünf Pfosten
(Zeichnerische Darstellung von Gerd Schneider nach Fotos des Autors)

1. *Ziegenhaargewebe mit einer Zierborte*
2. *Filzteppich*
3. *Reihe mit dekorierten Säcken*
4. *Kelims*
5. *Milchzentrifuge*
6. *Feuerstelle*
7. *Feuerholz*
8. *Kamelpacksattel*
9. *Ziegenbälge mit Schafskäse*
10. *Bandwebgerät mit Schlagbrett*
11. *Yufka-Brett*
12. *Küchengefäße*
13. *Kämmbrett*
14. *Beutel mit Ziegenkäse*

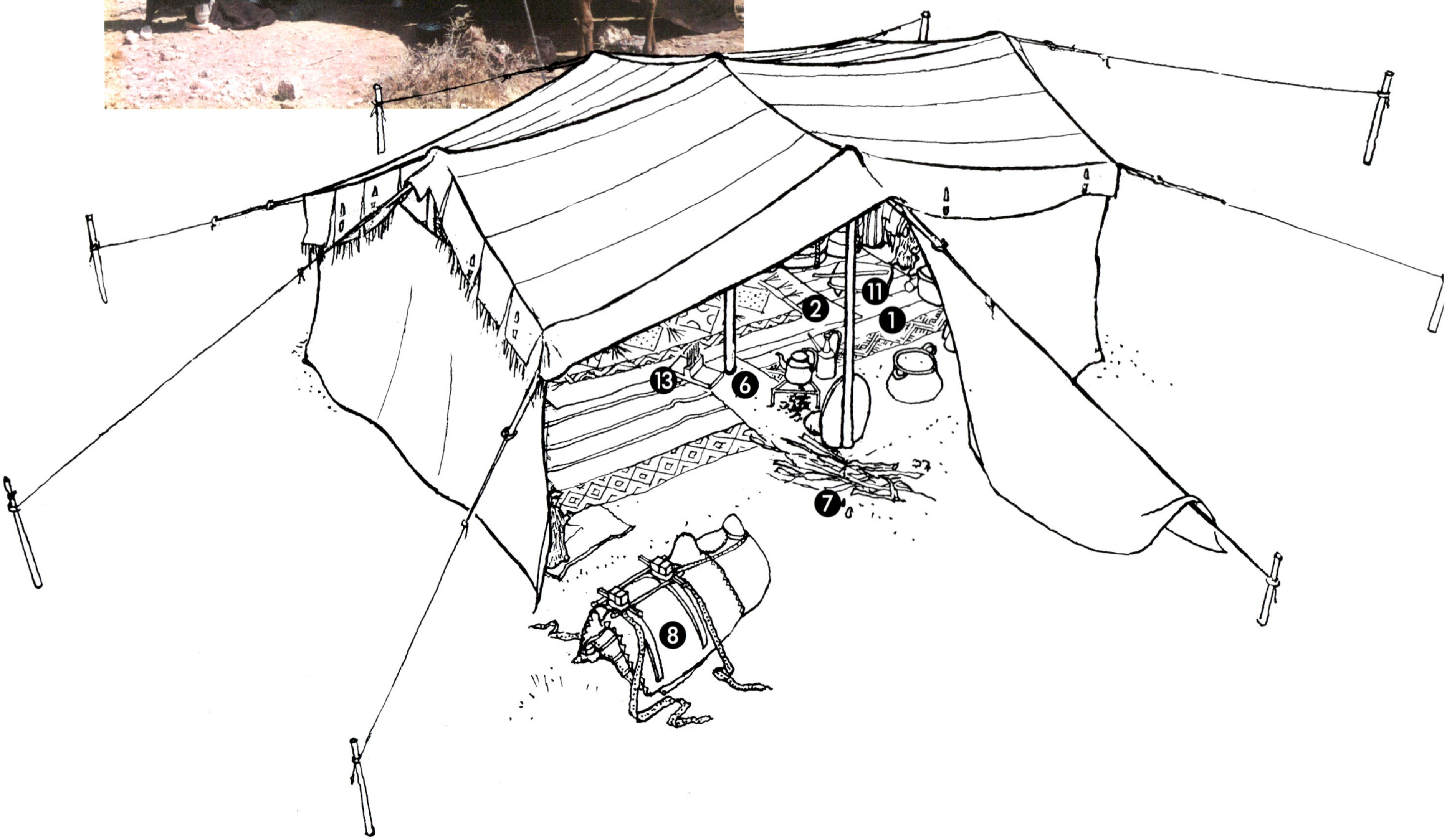

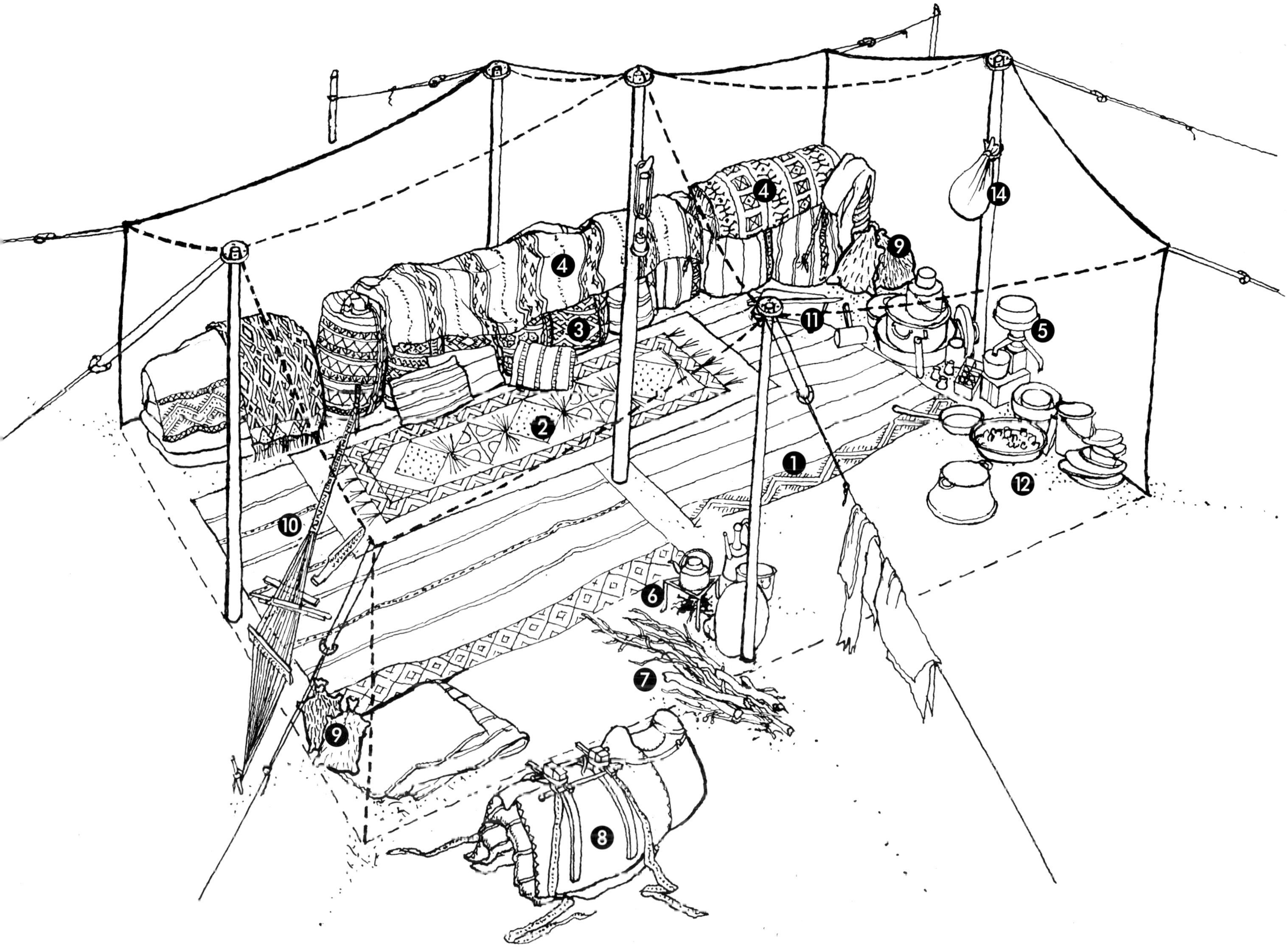
1
2
3
4
4
5
6
7
8
9
9
10
11
12
14

Eine Nacht im Zelt des Mehmet Göbüt
(nach meinem Tagebuch von 1993)
Die mir vertrauten Yürüken vom Stamme der Sarıkeçili sind im Sommer während ihres Zuges etwa so leicht zu finden wie eine Nadel im Heuhaufen. Von Ali Göbüt, einem Yürüken, den ich schon mehr als drei Jahre kenne, hatte ich den Rat erhalten, ich solle in Konya zum alten Weizen-Basar fahren und da einfach warten, ein paar Stunden, einen Tag oder im ungünstigsten Fall auch mehrere. Das sei die Stelle, wo fast alle Sarıkeçili das Mehl für ihr Fladenbrot kaufen, also ein sicherer Treffpunkt und auch Auskunftsort. Diesem Rat folgte ich im Juli und erfuhr dort von den Händlern gleich, daß der Ali Göbüt gerade gestern da gewesen sei und wohl so schnell nicht wiederkommen würde. Am Morgen sei aber ein anderer Sarıkeçili-Yürük, ein alter Mann, vorbeigekommen, habe einen Sack mit Eingekauftem hinterlassen und würde diesen sicher gegen Abend abholen. Es erschien ein stattlicher weißhaariger Mann mit tiefliegenden blauen Augen und großen Backenknochen, bepackt mit schweren Taschen. Er hörte sich mein Anliegen stumm an, nickte mit dem Kopf, als ich den Namen Ali Göbüt erwähnte und verschwand dann wieder. Nach einer halben Stunde war er wieder da. Ein kräftiger junger Mann hinter ihm schleppte einen Sack voller Melonen heran. Der alte Mann sagte, ich solle mein Auto holen, wir würden zu seinem Zelt fahren. Die Melonen, zwei 50-Kilo-Säcke mit Mehl, viele Kilo Paprika, Tomaten und anderes Gemüse wurden in den Gepäckraum geladen, und dann ging die Fahrt los, raus aus dem Gassengewirr des alten Konya. Er zeigte nur mit dem Finger, wohin ich fahren sollte und war sich des richtigen Weges offenbar sicher. Langsam bekam ich heraus, daß er Mehmet Göbüt heißt, ein Onkel des Ali Göbüt sei, aber nicht mit dem zusammen ziehe, sondern mit zwei anderen Familien. Er hatte von meinem Käsetransport zwei Jahre vorher gehört (s. Seite 74ff).
Die Fahrt ging in Richtung Taurus. Immer seinen Anweisungen folgend, verließ ich zunächst die Asphaltstraße, dann auch die Schotterstraße, schließlich ging es querfeldein und danach nur durchs Gelände bis zu einer Stelle, wo nicht wegräumbare Steine jede Weiterfahrt verhinderten. Es war schon dämmerig. Er pfiff und sofort kam von hoch oben eine Antwort. Drei Dorfhirtenhunde mit Stachelhalsbändern gegen Wolfsbisse umkreisten uns bellend, die gar nicht fernen Dorfhirten unterließen es, ihre Hunde - wie sonst üblich - zurückzupfeifen; sie sind den Yürüken nicht wohl gesonnen, wenn diese für die karge Weide nichts zahlen. Aber allein unsere Gebärde des Steineaufhebens zum Werfen reichte schon, die Hunde auf eine größere Distanz zu bringen. Dieses Bücken und schließlich das Steinewerfen sind ein sicheres Mittel gegen Hirtenhunde überall in Anatolien. Nach einer knappen halben Stunde erschien ein junger Mann, Mehmets Sohn, mit einem Packesel, der schwer beladen wurde, und dann ging es zu dritt mit dem Esel steil bergauf. Ich hatte kein Gepäck bei mir, ließ alles bis auf eine kleine Kamera im Auto zurück und gedachte zur Übernachtung im Dachzelt den Berg wieder hinunterzusteigen. Im Zelt erwartete uns die junge Frau des Sohnes, und bald erschien ein Hirtenjunge mit einer riesigen Ziegenherde, die sich zur Nachtruhe zusammen mit den Kamelen rund ums Zelt niederließ. Die junge Frau fütterte die Hunde, reichte dann den Tee und bereitete auf dem offenen Feuer schnell ein vegetarisches Abendessen aus dem frischen Gemüse aus Konya und trockenen weißen Bohnen. Als diese mir noch bislang unbekannte Familie bald merkte, daß ich einiges über ihr Leben weiß und verstehe, kam sofort ein Gespräch über das Alltagsleben in Gang. Licht lieferte nur das offene Feuer an der vorderen Längsseite des Ziegenhaarzeltes, die Petroleumlampe wurde nicht angezündet. Selbstverständlich mußte ich im Zelt übernachten, sollte nicht in der Finsternis zu meinem Auto absteigen. Meinetwegen mußte der Hirtenjunge, ein Verwandter der Familie, draußen übernachten. Rechts von mir streckte sich der alte Mann unter einer Baumwollsteppdecke aus, ich erhielt auch solch eine Decke, und links von mir kroch das junge Paar mit Geflüster unter eine größere. Besondere Schlafunterlagen gibt es nicht in einem Yürükenzelt. Der Erdboden im Zelt ist mit einem Ziegenhaargewebe bedeckt. Darauf liegt ein großer Filzteppich, der genügend wärmt. An der Rückwand des Zeltes sind die großen Transport- und Vorratssäcke aufgereiht und schützen gegen Zugluft von hinten. Man zieht sich nicht aus zum Schlafen, höchstens partiell und zeitweise (sonst wären die Yürüken wohl schon längst ausgestorben).
Noch vor Sonnenaufgang stand die junge Frau auf, entfachte das Feuer, brühte den Tee auf und bereitete das Frühstück aus Fladenbrot und trockenem, weißen Ziegenkäse. Als ich unter meiner Decke hervorkam, brachte der junge Ehemann gleich die Metallkanne mit dem in der Asche lauwarm gehaltenen Wasser zum Waschen der Hände und des Gesichts. Bei Sonnenaufgang bot sich ein grandioses Bild: hoch über dem Tal das schwarze Zelt, drum herum mehr als 200 Ziegen, 8 Kamele, 3 Hunde und ein Esel. Nach dem Frühstück verschwanden der Junge und der alte Mann mit den Ziegen im Gelände, der junge Mann zog mit den Kamelen in eine andere Richtung. Drei Tage wollte diese kleine Gruppe von drei Zelten dort noch bleiben, dann 15 bis 20 km weiterziehen. Ich stieg ab zu meinem Auto, das ich dem Schutz der Sarıkeçili anvertraut hatte. Der Anlasser tat's, und weiter ging die Fahrt, um die Familie des Ali Göbüt zu besuchen. Ich wußte jetzt von Mehmet Göbüt so ungefähr, wo diese zu finden sein würde.

Zeltlager der Familie des Mehmet Gobut

Alltagsleben in den Sommerlagern

Bei den Sarıkeçili-Yürüken im Sommer

(nach meinem Tagebuch 1994)

Diesesmal gab es in Konya keine lange Wartezeit. Ich traf auf dem alten Weizenmarkt drei mir bekannte Männer vom Stamme der Sarıkeçili, die von ihren Lagerplätzen aus erst zu Fuß zu einem Dorf gelaufen und dann von dort aus per Minibus nach Konya gekommen waren zum Einkaufen, zum Klönen in den Teehäusern und anderen Treffpunkten und Läden. Die Einkäufe waren schon in tragbaren Säcken verpackt. Nach kurzer interner Diskussion war offenbar umdisponiert worden, und nach einer guten Stunde fuhren an meinem Parkplatz von allen Richtungen beladene motorgetriebene Dreiradfahrzeuge vor. Der Laderaum meines Autos füllte sich schnell mit mehreren 50-Kilo-Mehlsäcken und etlichen Kilos an Melonen, Bohnen und Zwiebeln. Die Fahrt ging viele Kilometer nach Süden und auf dem letzten Stück über Stock und Stein zu einer Gruppe von schwarzen Zelten. Ich blieb einige Tage, um zu filmen und zu fotografieren.

Bei einer zweiten Gruppe - der des Musa Bacak - wurde ich Zeuge der Behandlung eines Schlangenbisses bei einer Ziege. Das schon recht apathisch wirkende Tier war kurz vorher in die Backe gebissen worden. Ein älterer Mann brannte mit einem glühenden Eisenstab einen Ring um die Bißstelle in Haut und Fleisch. Medizinisch betrachtet macht solch eine Behandlung nicht viel Sinn. Aber der arg blökenden Ziege hat es schließlich geholfen. Sie lief nach dieser Tortur auf sicheren Beinen zur Herde zurück. Hart ist das Leben - nicht nur für die Ziegen der Yürüken, sondern auch für die Yürüken selbst. Beim Abbau des Zeltes frühmorgens bei Sonnenaufgang wurde es einer älteren Frau übel. Sie mußte sich erbrechen und legte sich dann auf den Erdboden, stöhnte leise vor sich hin, hatte offenbar heftige Magenschmerzen. Die abziehenden Yürüken ließen die Frau im Schatten eines dürren Strauches mit einem Kissen unter dem Kopf zurück und wollten auch nicht, daß ich sie im Auto nach irgendwohin mitnähme. Sie würde wieder zu Kräften kommen, in der Abendkühle zu Fuß nachkommen; sie kenne den Weg zum nächsten Lagerplatz. Am nächsten Morgen war sie tatsächlich da und ging ihrer gewohnten Arbeit nach.

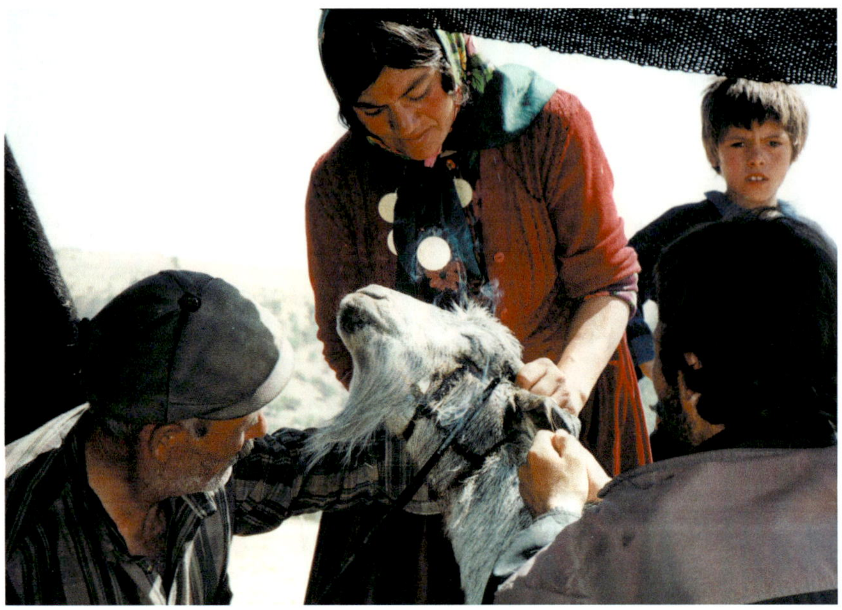

Umbrennen eines Schlangenbisses

Ein Stein dient als Unterlage zum Waschen mit dem Schlagbrett

Blick aus dem Zelt: die Kamele fressen eine Portion Kraftfutter

Kinder spielen in der Morgensonne im Zelt mit Steinchen und harten Galläpfeln vor den mit einem Kelim bedeckten Transportsäcken

Ziegenbesuch im Zelt, der männliche Besucher bekommt ein Stück Melonenschale

Musa Bacak, das Großfamlienoberhaupt, zerschneidet das Fett eines Fettschwanzschafes auf dem umgedrehten Fladenbrotbrett

Ein Ast wird zu einem Handstock gebogen

Dorfhirten mit ihren Hunden, die die Dorfregion gegen die Herden der Yürüken schützen sollen. Stachelhalsbänder bewahren die Hunde gegen Bisse von Rivalen und Wölfen.

Yufka – das Fladenbrot

Fladenbrotbäckerei im Zelt

Gesiebtes Weizenmehl, Wasser und Salz sind die Zutaten.

Der Teig muß tüchtig geknetet werden, ...

... wird anschließend in Portionen zerteilt ...

... und auf dem Yufkabrett mit dem Yufkastock sehr dünn ausgerollt. Die junge Frau trägt die Kette mit Goldmünzen, ein Brautgeschenk ihres Mannes, auch während der Arbeit.

Das in jedem Zelt vorhandene konkave, runde Blech ist das Backblech. Es steht auf dem Dreifuß, die Flammen kommen von unten.

Fast wie die Großen: die fünfjährige Fatma knetet „Brotteig" aus Schlamm.

Die Odyssee des weißen Ziegenkäses (1991)
Sie beginnt an einem Junitag schon vor Sonnenaufgang. Mein Dachzeltlager befindet sich in einem gehörigen Abstand von den schwarzen Zelten der Sarıkeçili-Yürüken, die sich untereinander auch kaum näher kommen als etwa 400 m. Hirtenhunde mit eisernen Stachelhalsbändern bewachen und beschützen jeden einzelnen Lagerplatz mit dem Zelt in der Mitte und den Ziegen, Schafen, Kamelen, Eseln und Pferden drum herum gegen die immer wieder vorkommenden Angriffe von Wölfen. Nachts herrscht keine himmlische Ruhe im Yürükenlager. Hunde bellen immer und Bellen ist ansteckend.

Beladen des Autos mit Säcken voller Ziegenkäse

Schon vor Sonnenaufgang kommt Leben ins Lager: Die meist draußen schlafenden Hirten pellen sich aus ihren Filzmänteln, Rauch steigt aus den Zelten, Tee wird gekocht. Mich wundert nur, daß die Frauen noch nicht mit dem Packen anfangen, heute sollte gezogen werden und dann muß bis kurz nach Sonnenaufgang alle Habe auf den Kamelen, Eseln, Maultieren und Pferden verstaut sein. Im nächsten Zelt erfahre ich, daß es sich die Männer beim gestrigen späten Tee-Palaver doch anders überlegt haben. Im nächsten, nur 12 km entfernten Ort ist Markttag, eine gute Gelegenheit, wie mir versichert wird, den in der letzten Woche produzierten weißen Ziegenkäse zu verkaufen und Obst, Gemüse, Mehl und Zucker einzukaufen. Anstrengend würde es schon sein, bei der zu erwartenden Hitze mit schwer bepackten Eseln stundenlang über Stock und Stein zu ziehen. Es gäbe auch einen bequemeren Traktorweg, der sei erheblich länger, aber mit meinem „Jeep" leicht befahrbar. Ich lese Gedanken und schlage von mir aus vor, Käse und Menschen mit meinem Auto zum Markt zu transportieren, was nach einer Phase des Zierens freudig begrüßt wird. Fünf Minuten später steht mein „Jeep" vor dem ersten Zelt, und ein großer triefender Sack aus Ziegenhaar mit etwa 10 kiloschweren Käseballen wird in den Laderaum gehievt. Diese Aktivitäten sind im Lager natürlich nicht unbemerkt geblieben und schon setzt sich vom nächsten Zelt ein schwer beladener Esel in Bewegung. Höflich werde ich gefragt, ob ich nicht auch ... könnte! Natürlich kann ich und weitere feuchte Ballen verschwinden im Laderaum. Innerhalb der nächsten halben Stunde habe ich an die 125 Kilo weißen Ziegenkäse im Auto und dazu 5 Männer, auf den Beifahrersitz quetschen sich gleich zwei.
Auf geht's zum Markt auf holprigen Wegen. Die Stimmung ist gut: 10.000 Lira (damals etwa 2 Euro) mindestens würde es wahrscheinlich pro Kilo geben. Mit dem Erlös ließen sich dann die köstlichsten, schon länger entbehrten Sachen einkaufen. Die Prognose „Markt" stimmt: großes Gedränge, Autos mit gelber Nummer fallen auf. Gastarbeiter aus Holland sind auf Sommerurlaub in ihrem Ursprungs-Dorf. Neue rote Ziegeldächer zeugen von einem gewissen Wohlstand. Der Käse wird ausgeladen. Die 5 Männer und der Käseberg sind sofort umringt und ein vielstimmiges Palaver beginnt. Ich verstehe nur immer wieder „Holstein" und kann mir daraus zunächst keinen Vers machen. Bald aber doch: In den ziegelgedeckten Ställen des kleinen Städtchens gibt es seit kurzem viele Holstein-Kühe, deren Milch zu weißem Käse verarbeitet wird. An Käse also kein Bedarf! Nur ein Gastarbeiter aus Holland, der Ziegenkäse bevorzugt, bietet einen Preis: 8.000 Lira. Er will aber nur 10 Kilo haben. Meine Yürüken sind empört über den geringen Preis und auch bald deprimiert über die geringen Verkaufsaussichten. Ramazan, der kleine drahtige Pfiffige, der schon die Idee mit dem Range-Rover-Transport vorsichtig als erster am frühen Morgen an mich herangetragen hatte, beginnt von „Karaman" zu schwärmen. Dort habe er vor drei Wochen Käse für 10.000 Lira pro Kilo verkauft und ärgere sich noch heute, nicht mehr verlangt zu haben. Damit ist das nächste Stichwort gefallen: Karaman. Ich blicke verstohlen auf die Straßenkarte: ca. 80 km bis Karaman, meist Asphalt, in gut einer Stunde könnte ich da sein. Ich muß den armen Leuten helfen, die haben ja sicher kein Geld mehr, können kein Gemüse kaufen und wohl auch kein Weizenmehl für das tägliche Fladenbrot. Mein Angebot, nach Karaman weiter zu fahren, wird mit Freude, Schulterklopfen und Beschwörungen der deutsch-yürükischen Freundschaft angenommen. Das Angebot, Benzin zu zahlen, schlage ich natürlich aus.
Es geht nun über geschmolzenen Asphalt nach Karaman, einer richtigen Stadt mit Läden aller Art. Ramazan kennt dort einen Bakkal (das ist ein Gemischtwarenladen für den täglichen Bedarf). Auf dem Bürgersteig vor dem Bakkal wird der Käse entladen. Weil es hier so viele Einkaufsmög-

lichkeiten gäbe, müßte ich mich leider mit der Rückfahrt einige Stunden gedulden. Die Besichtigung der „Kale“ (Burg) wurde empfohlen. Die Kale kannte ich aber schon. Die Karte zeigte mir, daß der Ort Taşkale im Taurus in etwa einer Stunde zu erreichen sein müßte. Da wollte ich immer schon mal hin. Taşkale liegt an einer steilen Felswand, in deren Höhlen kürzlich mumifizierte Leichen aus dem 5. Jahrhundet n. Chr. gefunden worden sind. In der trockenen Luft haben sich auch Gewänder mit farbenprächtigen Stickereien erhalten. Gewänder und Mumien hatte ich schon beim letzten Besuch im Museum Karaman gesehen. Auf ging es ohne Käse und Yürüken-Männer nach Taşkale und danach zu einer Siesta unter einem einsamen Baum.

Am späten Nachmittag parkte ich wieder vor dem Bakkal in Karaman: Käse und Yürüken weg! Dann taucht Ramazan auf, sichtlich bedrückt, und erzählt eine lange Geschichte mit viel wörtlicher Rede. Was war passiert: Die kleinen Ladenbesitzer in der Nachbarschaft, die natürlich auch weißen Ziegenkäse in ihrem Sortiment haben, hatten sich darüber aufgeregt, daß die fünf Männer dort an einem Nichtmarkttag Käse verkaufen wollten. Es war zuerst zu mündlichen und dann zu tätlichen Auseinandersetzungen gekommen. Schließlich ist die Polizei auf die Schlägerei aufmerksam ge-

Der pfiffige Ramazan

worden, hat geschlichtet aber auch eine Geldstrafe von den fünf Männern kassiert für den Versuch des Käseverkaufs an einem Wochentag, der nicht der Karaman-Markttag ist. Ramazan erwähnte mit Genugtuung, daß auf der Seite der Ladenbesitzer mehr Blut aus Platzwunden geflossen sei als auf der Seite der Yürüken. Aber wo waren die übrigen vier? Die hatten sich samt Käse mit lokalen Minibussen wieder auf den Weg gemacht zu dem ersten Marktflecken in der Hoffnung, den guten Ziegenkäse doch noch an den Türken aus Holland verkaufen zu können. Auf der Rückfahrt mit mir zu diesem Marktflecken wird Ramazan wieder zuversichtlich und meint, 8000 Lira sei auch noch ein akzeptabler Preis.

Es dämmert schon, als wir den Markt wieder erreichen. Unsere Sarıkeçili-Männer hocken dort inmitten von großen Säcken mit Melonen, Paprika, Auberginen und Tomaten. Zum Empfang wird gleich eine riesige Wassermelone zerteilt und das größte Stück tropfend ins Auto gereicht. Mit quietschenden Reifen fährt ein offener Lieferwagen ganz dicht an meinen Wagen heran. Auf der Ladefläche liegen fünf große Säcke mit je 50 Kilo Weizenmehl. Ohne viel zu fragen wird von dem Fahrer des Lieferwagens der Laderaum meines Wagens geöffnet und kräftige Männer hieven die Säcke hinein. Dann kommen noch meine Yürüken mit den Melonen- und Gemüsesäcken; sie müssen einsehen: Es geht nicht alles hinein. Die Blicke richten sich fragend nach oben, „da müßte sich doch noch ein Melonensack hoch oben auf dem Dachzelt vertäuen lassen“! Dagegen steht mein Veto. Ich habe mich schon damit abgefunden, daß ich zweimal zum Lager der Yürüken fahren muß. Sie sehen es ein, es geht nicht mit einer Fuhre; „es gibt ja auch noch den Käse“ heißt es etwas kleinlaut. Ich horche auf und schärfe die Augen: In der Dämmerung hatte ich ihn nicht gleich gesehen, aber nun sehe ich ihn: den Berg von Ziegenhaartaschen mit all dem Ziegenkäse! Mir dämmert es: nichts ist verkauft worden! Es kommt heraus, daß sich auch der Türke aus Holland in der Zwischenzeit mit weißem Käse von Holstein-Kühen eingedeckt hatte. Aber arm sind meine Sarıkeçili-Yürüken offenbar nicht. Stolz zeigen sie mir, daß sie trotz der Großeinkäufe immer noch Bündel von Geld in den Hosentaschen haben. Sie leben ja nicht vom Käseverkauf allein. Alljährlich verdoppeln sich die Herden nahezu. Viele Tiere werden verkauft, und gerade Ziegen, deren mageres Fleisch in der ganzen Türkei sehr geschätzt wird, bringen gute Preise.

Als ich mit der zweiten Fuhre im Lager ankomme, ist in Ramazans Zelt von seiner Frau und seinen drei noch nicht verheirateten Schwestern ein Festmahl vorbereitet mit viel Gemüse, frischem Fladenbrot und reichlich weißem Ziegenkäse. Andere Teilnehmer an der Expedition nach Karaman kommen später hinzu und beim Schein des flackernden Feuers werden die Ereignisse des Tages vielmals erzählt, kommentiert und ausgeschmückt. Ganz offensichtlich hat die kleine Rauferei in Karaman auch viel Spaß gemacht. Was den Käseverkauf angeht, so richten sich alle Hoffnungen auf den Markt in der Kleinstadt Hadım. Der Wanderweg führt nach fünf Tagen an Hadım vorbei. Ich werde dann schon über alle Berge sein, aber der Geruch des weißen Käses bleibt als Erinnerung für Wochen in meinem Auto haften.

Das „Lebenselixier" der Yürüken: Milch und Käse

Das tägliche Melkszenarium mit dem Zelt im Hintergrund

Das tägliche Melken der Ziegen – bis zu Dreihundert gehören zu einer Familie. Die abgehängten Seitenwände des Zeltes bilden ein trichterförmiges Gehege. Am Ausgang hält ein Mann die Ziegen fest solange sie gemolken werden und läßt sie dann frei.

Etwas Milch lassen die melkenden Frauen in den Eutern zurück, damit die außerhalb des Geheges wartenden Lämmer auch noch etwas Milch saugen können.

Im Zelt trennt eine handgetriebene einfache Zentrifuge das Fett von der Milch.

Nach dem Aufkochen in einem großen verzinnten Kupferkessel und dem Hinzufügen einer Bakterienkultur fermentiert die Ziegenmilch über Nacht zu Käse. Am nächsten Morgen ...

... füllt die junge Frau den über Nacht fermentierten Käse in Leinenbeutel. Die Molke läuft aus dem Beutel aus, wird entweder aufgefangen und verfüttert oder weggegossen.

Der trockene, mit Salz versetzte Käse wird von Hand zerkrümelt.

Familienoberhaupt Musa Bacak stampft den so vorbereiteten Käse in einen gegerbten Ziegenbalg ein, der in dieser Form unter dem Namen „tulum-peynir“ in den Handel kommt.

Käse im Balg, fertig zum Verkauf.

Ziegenschur

Die Ziegenschur findet einmal im Jahr im Hochsommer statt. Die Ziegen werden nicht so kahl geschoren wie die Schafe. Eine Schur ergibt bis zu einem halben Kilo Ziegenhaar.

Besonders schöne Ziegen und Zeigenböcke erhalten sogar eine dekorative Zierschur.

Der schmuckgeschorene „Ziegenpascha“ bewacht seine Herde beim Melken

Der Abschluß der Ziegenschur ist ein willkommener Anlaß für eine Runde im Zelt mit Kaffee aus frisch gerösteten Bohnen

Wie brüderlich geteilt wird

(Nach meinem Tagebuch 1995)

Ali Göbüt, meinen Gewährsmann vom Stamme der Sarıkeçili, traf ich mit viel Glück gleich auf dem alten Weizenmarkt in Konya, und dann verlief alles wie schon mehrfach gehabt: Das Auto wurde wieder voll geladen mit Mehl, Obst, Gemüse und zwei weiteren Männern vom selben Stamm. Alle drei taten sich während der Fahrt an Haselnüssen gütlich, die sie mit ihren Zähnen knackten. Ich konnte da nicht mittun. Die Fahrt endete nicht bei schwarzen Zelten, sondern unter einem großen Baum im Gelände. Der Wagen blieb dort stehen, und dann ging es noch eine gute halbe Stunde zu Fuß weiter bergan durch ein ausgetrocknetes steiniges Bachtal, das auch der

Ali Göbüt

Range Rover nicht hätte bewältigen können. Dort, wo ich Alis Zelt einsam und allein erwartet hatte, standen jetzt zwei in einem gewissen Abstand. Zwei Jahre lang hatten Alis Familie mit jetzt drei Kindern und die Familie seines jüngeren Bruders mit jetzt zwei Kindern in einem Zelt gelebt. Alis Frau war es nun gelungen, im Winter ein ganzes neues Zelt aus Ziegenhaar zu weben. So konnten die beiden Familien getrennte Haushalte oder besser „Zelthalte" gründen: Das alte Zelt übernahm der jüngere Bruder und dazu die Hälfte der Ziegen und Kamele, auch einige Kameltransportsäcke.

Dies ist die Art und Weise, wie Yürüken neue selbständige Zelthaushalte gründen. Ali Göbüt hatte schon in jungen Jahren als ältester Sohn das Zelt seines Vaters und alle Tiere übernehmen müssen, da der Vater an den Spätfolgen einer Kriegsverletzung früh starb – er gehörte zu dem türkischen Kontingent von Soldaten, das im Koreakrieg den Amerikanern beistand. Eine Teilung aller Habe hatte schon vor drei Jahren einmal stattgefunden, um einem anderen Bruder die selbständige Lebensführung zu ermöglichen.

Durch die erneute Trennung der Familien gab es nun aber weniger helfende Hände. Die Frauen arbeiteten nicht mehr zusammen beim Kochen, Melken, Käse- und Yogurtmachen. Die Männer hüteten nicht mehr abwechselnd die große gemeinsame Ziegenherde.

Zu diesem Clan, der gemeinsam zieht, gehörten in diesem Jahr sechs Zelte. Es war schon beschlossen worden, am nächsten Tag weiterzuziehen. Mir wurde zum Schlafen der Platz links von Ali angewiesen, rechts von Ali ließ sich später seine Frau nieder und noch weiter rechts hatten sich schon früh die drei Kinder unter Decken verkrochen. *„Sabah geldi"* (der Morgen ist gekommen)! Mit diesem Ruf machte Ali mich lange vor Sonnenaufgang wach. Da gab es keine langen Erkundigungen, ob man etwa auf der harten Unterlage, einem Filzteppich, gut geschlafen habe oder nicht. Ali goß für die übliche leichte Morgenwäsche von Händen und Gesicht warmes Wasser über meine Hände aus einer Kanne, die über Nacht in der heißen Asche der offenen Feuerstelle gestanden hatte. So richtig yürükenmäßig prusten und schneuzen konnte ich dabei noch nicht. Nach einem schnellen Frühstück mit Tee, Fladenbrot und weißem Käse machte Ali sich schon mit den Ziegen, die in der Nacht rund ums Zelt gelagert hatten, auf den Weg. Die ständig fressenden Ziegen wandern langsamer als die Kamelkarawane, sind dann aber zur gleichen Zeit am nächsten Lagerplatz. Alis Frau Zülfü, die drei Kinder im Alter von zwei bis sechs Jahren und ich blieben zurück. Zülfü begann sofort zügig mit dem Abbau des Zeltes. Mir wurde klar, daß ich wohl nicht die ganze Zeit nur mit der Video-Kamera herumlaufen könnte, sondern beim Packen der Kamele mit anfassen müßte. Eine Frau allein kann das bis zu 80 Kilo schwere Dach des Zeltes kaum auf ein Kamel laden. So habe ich dann die Kamera kamelsicher gelagert und ein bißchen mit angefaßt. Solch ein Aufbruch mit dem Beladen der Kamele und Esel dauert etwa zwei Stunden. Eine halbe Stunde nach Sonnenaufgang zog die stattliche Karawane aller sechs Familien dann los. Die fünfjährige Fatma führte Alis Familien-Karawane, ihr älterer Bruder ritt auf einem Esel. Der erste Halt war bei meinem Auto, wo die Mehlsäcke und die Taschen mit Obst und Gemüse auf die einzelnen Esel der verschiedenen Familien verteilt wurden. Danach ging es weiter – erst zu einem Brunnen und anschließend durch unwegsames Gelände. Ich folgte eine gute Stunde zu Fuß, verabschiedete mich, kehrte dann zum vereinsamten Auto zurück und machte mich auf die Suche nach einem anderen mir bekannten Clan der Sarıkeçili.

Die fünfjährige Fatma führt die Karawane der Familie, der größere Bruder reitet auf einem Esel hinterher. Das erste Kamel trägt in verzierten Säcken Kleidung und wertvolleren Hausrat, das zweite Hausrat, Mehl und gut verpackt obenauf die Zentrifuge und das dritte Kamel transportiert das bis zu 90 kg schwere Zeltdach. Ganz ohne Last darf das 2jährige Kamel nur noch ein weiteres Jahr mitziehen.

Gesichter der Sarıkeçili

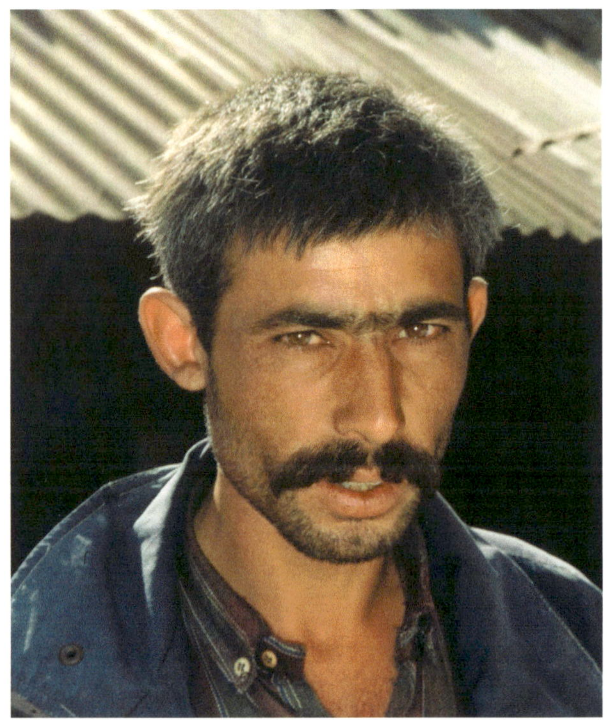

Gesichter der Sarıkeçili

Gesichter der Sarıkeçili

Im Winterlager (*Kışla*) der Sarıkeçili

Ein einsames Zelt der Sarıkeçili auf den zum Mittelmeer abfallenden Hängen des Taurus-Gebirges

In Fett Gebackenes als Energiespender im Winter

Zelt mit den im Winter geborenen Ziegen drum herum

Gerben eines Ziegenbalges mit Galläpfeln

Ali Göbüt näht einen Sack zusammen

Zülfü Göbüt mit einem Ziegenlamm

Im Winterlager (*Kışla*)
der Sarıkeçili

Die im Winter arbeitslosen Kamele bekommen im Winterlager Extrafutter in Trögen

Auch Kamele kommen im Winterlager zur Welt

Feuerholzholen

Zülfü Göbüt näht ein Mädchenkleid

Ali Göbüt repariert einen Kamelpacksattel

Nach einem Waschtag am Mittelmeer

Frisch gepflückte Frühlingsblumen als Angebot an Reisende auf der süd-anatolischen Küstenstraße

Die Karakoyunlu-Yürüken

Die Vorfahren der Karakoyunlu-Yürüken sind wahrscheinlich schon im 11. Jahrhundert mit den ersten aus Zentralasien nach Anatolien kommenden türkischen Stämmen eingewandert. *Karakoyunlu* heißt frei übersetzt: „Der Stamm mit den schwarzen Schafen". Sie haben tatsächlich bis heute vorwiegend schwarze Fettschwanz-Schafe und nur wenige Ziegen. In die Geschichte sind sie eingegangen als „Horde der schwarzen Hammel". Sie gründeten mit anderen türkischen und auch kurdischen Stämmen zusammen im 14. Jahrhundert die Konföderation der Karakoyunlu im Gebiet der heutigen Ost-Türkei und des heutigen Nordwest-Persien, etwa im weiten Umfeld

Winterlager (Kışla) und Sommerlager (Yayla) der Karakoyunlu in Südanatolien

der heutigen Stadt Täbris (s. Karte, S. 294). Die Karakoyunlu-Konföderation war ein nomadisches Staatsgebilde ohne feste Hauptstadt und ohne feste Grenzen, eine Symbiose zwischen dominierenden Nomadenstämmen und der seßhaften Bevölkerung. Die Konföderation unterlag aber im 15. Jahrhundert der ähnlichen, noch mächtigeren Konföderation der *Akkoyunlu*, der „Horde mit den weißen Hammeln", und ging in dieser auf ohne unterzugehen.

Karakoyunlu-Stammesgruppen leben heute in verschiedenen Gebieten der Süd-Türkei, einige Familien auch im äußersten Nordosten. Die meisten sind seßhaft oder zu Halbnomaden geworden. Die wenigen noch voll nomadisierenden Familien haben ihre Winterlager in den Ebenen an der Südküste östlich von Antalya und ihre Sommerlager in den Hochlagen des Taurusgebirges - bis zu 2.500 m - zwischen dem Eğridir-See und dem Beyschehir-See. Seit Mitte der 70er Jahre des 20. Jahrhunderts ziehen sie nicht mehr mit Kamelen, sondern mit Traktoren oder Eseln, Maultieren und Pferden. Im Mai beziehen sie ihre Sommerweiden; für die größte, die Anamas-Yayla, haben sie verbriefte Besitzrechte aus osmanischer Zeit. Ende September steigen sie in Etappen ab auf eine Zwischen-Yayla in 1.200 m Höhe, während die Hirten mit den Schafen noch länger in den Hochlagen bleiben. Ende Oktober beziehen sie wieder ihre Winterlager an der Küste. Während in den 80er Jahren des vorigen Jahrhunderts noch bis zu 80 Familien als Vollnomaden lebten, sind es zu Beginn des neuen Jahrhunderts nur noch einzelne. In den Küstenebenen, wo Ferienanlagen für einheimische und ausländische Touristen flächendeckend wuchern, sind die Karakoyunlu zu Gemüsebauern mit Gewächshäusern geworden.

Schwarze Hammel vor einem schwarzen Zelt

Im heißen Sommer weiden die Schafe nachts in den höheren Berglagen. Morgens kehren die Hirten in ihren Filzmänteln mit den Herden zum Lager zurück (1986).

Schafwäsche zum Ausspülen des Schweißes vor der Herbstschur (1997)

Schafe lecken vom Hirten ausgestreutes Salz von dem Stein ab

Im Sommerlager der Karakoyunlu

Schafschur im Spätsommer

Schaf mit einem geschienten Bein nach einem Bruch

Ein Karakoyunlu-Mann spinnt mit der Hängespindel

Eine Karakoyunlu-Frau mit geschultertem Gewehr spinnt mit der Hängespindel

Im Sommerlager der Karakoyunlu

In der Mittagshitze ruhen die Schafe im Schatten einer großen Kiefer. Das idyllische Tal ist 2003 zum Stausee geworden.

Zeltinneres mit Kelimweberin und Webstuhl, Filzteppichen auf dem Boden und einem großen Kelim auf den aufgereihten Säcken

*Käfige mit zahmen Steinhühnern gehören zu jedem Zelt.
Sie locken den Jägern die wilden Steinhühner vor die Flinten.*

Im Sommerlager der Karakoyunlu

Nasuh Kurt mit seinen beiden Kindern. Er gehörte zur türkischen Nationalmannschaft der Ringer.

Frauen bei der Bulgur-Bereitung. Bulgur ist aufgekochter und dann getrockneter Weizen, ein Hauptnahrungsmittel der Yürüken

Vater und Sohn mit spätgeborenen Lämmern (1984)

Ein Mädchen freut sich über den „exotischen“ Besuch im Zelt

Männer spielen Karten im Zelt

Hassan Su spielt im Zelt auf der langen Hirtenflöte, der Koval

Zubereitung von Gözleme, mit weißem Käse und Kräutern gefüllten Fladenbrot

Transport des zerlegten Webstuhls von der Haupt-Yayla zu einer Zwischen-Yayla im Spätsommer (1987)

Die Zwischen-Yayla der Karakoyunlu bei Aksu im Oktober vor der Kulisse des Hochtaurus (1992)

Im Zwischenlager der Karakoyunlu

Kahlschur auf der Zwischen-Yayla

Das Zelt der Karakoyunlu

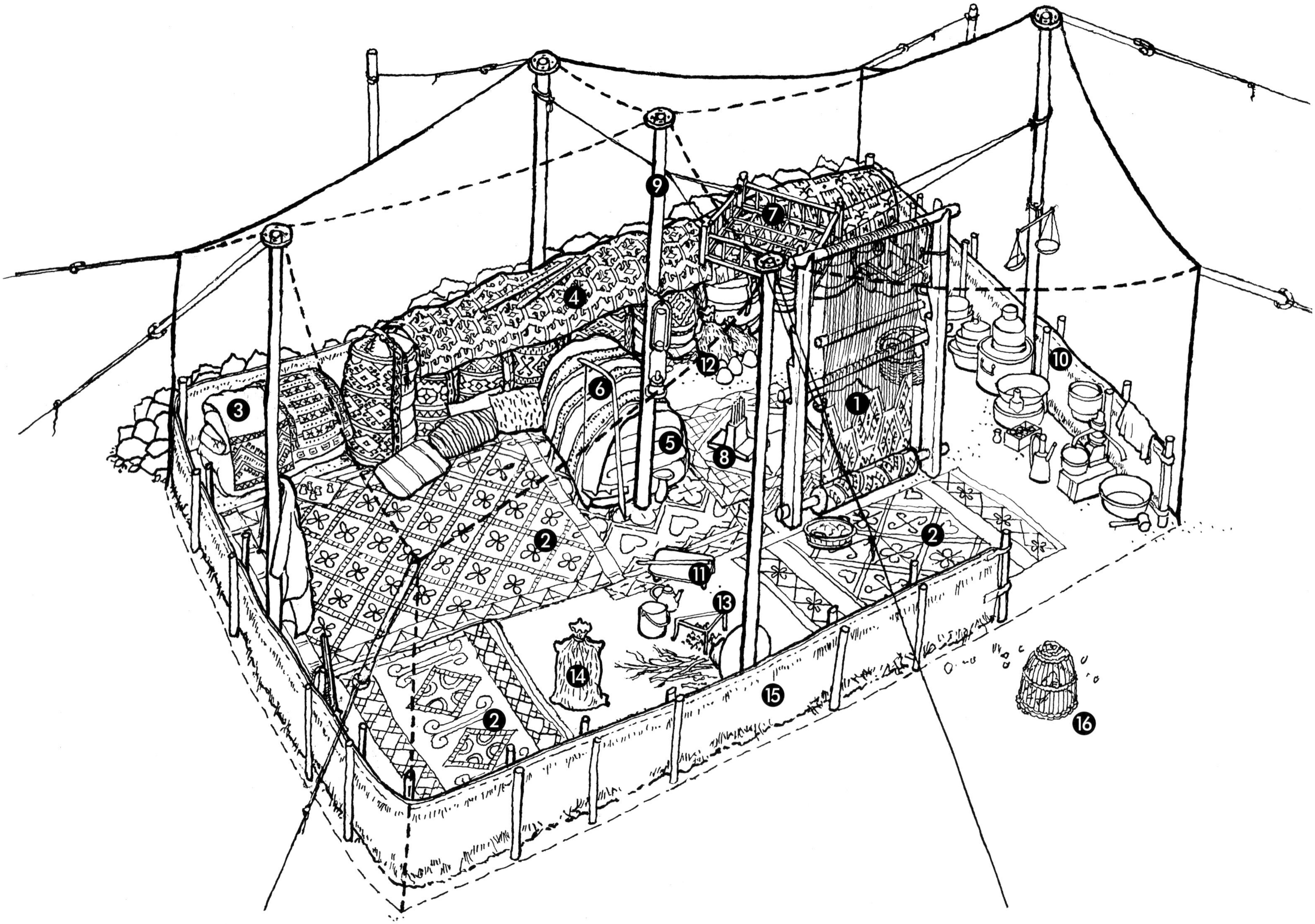

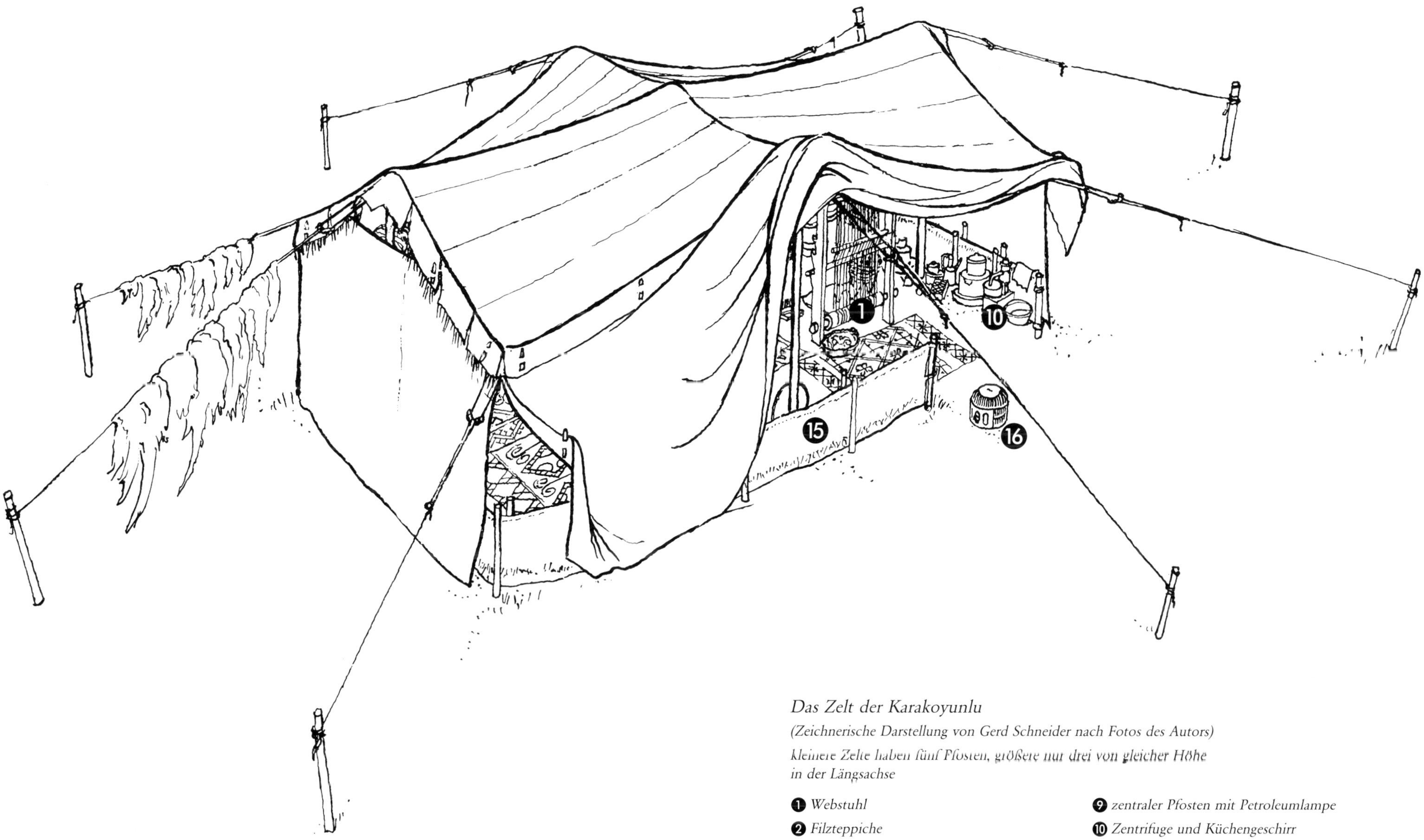

Das Zelt der Karakoyunlu

(Zeichnerische Darstellung von Gerd Schneider nach Fotos des Autors)

Kleinere Zelte haben fünf Pfosten, größere nur drei von gleicher Höhe in der Längsachse

- ❶ *Webstuhl*
- ❷ *Filzteppiche*
- ❸ *Bettzeug, bedeckt mit Kelims*
- ❹ *Transportsäcke, bedeckt mit einem langen Kelim*
- ❺ *Zeltteilung mit abgedecktem Bettzeug*
- ❻ *Bogen zum Auflockern von Wolle*
- ❼ *Hölzerne Wiege*
- ❽ *Kämmbrett*
- ❾ *zentraler Pfosten mit Petroleumlampe*
- ❿ *Zentrifuge und Küchengeschirr*
- ⓫ *Yufkabrett*
- ⓬ *Balg mit Käse*
- ⓭ *Feuerstelle*
- ⓮ *Balg mit Wasser*
- ⓯ *Strohmatte als Zeltumrandung*
- ⓰ *Steinhuhnkäfig*

Im Winterlager der Karakoyunlu

Ayşe Kurt mit einem Lamm

Ein Pferch mit den im späten Winter geborenen Lämmern

Im Winter steht ein Ofen im Zelt, Fladenbrot wird auf offenem Feuer gebacken

Zelte der Karakoyunlu im Winterlager nahe der Mittelmeerküste

Akkoyunlu-Yürüken

Auch die Vorfahren der Akkoyunlu-Yürüken sind wahrscheinlich schon im 11. Jahrhundert mit den ersten aus Zentralasien kommenden türkischen Stämmen nach Anatolien eingewandert. Akkoyunlu heißt frei übersetzt: „Der Stamm mit den weißen Schafen". Sie haben tatsächlich bis heute nur weiße Fettschwanz-Schafe. In die Geschichte sind sie eingegangen als „Horde der weißen Hammel". Sie gründeten mit anderen türkischen und auch kurdischen Stämmen zusammen im 14. Jahrhundert die Konföderation der Akkoyunlu im Gebiet der heutigen Ost-Türkei. Die Akkoyunlu-Konföderation war ebenso wie die Karakoyunlu-Konföderation ein mächtiges nomadisches Staatsgebilde ohne feste Hauptstadt und ohne feste Grenzen, eine Art von Symbiose zwischen dominierenden Nomadenstämmen und der seßhaften Bevölkerung. Die Konföderation der Akkoyunlu besiegte und absorbierte im 15. Jahrhundert unter ihrem legendären Führer und Sultan „Uzun Hassan" (= der lange Hassan) die ähnliche Konföderation der Karakoyunlu. Uzun Hassan mußte sich aber 1478 den Osmanen unterwerfen, die das Reiterheer der Akkoyunlu dank ihrer Artillerie vernichtend schlugen.

Die Reste des einst so mächtigen Stammes der Akkoyunlu sind über die Türkei verteilt. Der größte Teil des Stammes ist in der Ebene von Antalya seßhaft geworden. Das Dorf Yurtpınar östlich von Antalya mit etwa 1000 Häusern ist fast ein reines Akkoyunlu-Dorf.

Nur wenige Akkoyunlu-Familien leben noch als Vollnomaden oder Halbnomaden.

Sommerlager (Yayla) und Winterlager (Kışla) der Akkoyunlu in Südanatolien

Yayla und Kışla – im Sommerlager und im Winterlager

Aus dem Leben der Kurtan-Familie

Ich habe eine Sippe der Akkoyunlu, die Kurtan-Familie, des öfteren - ab 1987 - sowohl auf der Yayla, als auch in der Kışla besucht. Eine Yayla der Akkoyunlu, die Akurca-Yayla, liegt östlich vom Eğridir-See, oberhalb der Kleinstadt Gelendost. Im Mai 1987 gelang es mir zusammen mit Josephine Powell - unter Mitnahme eines dörflichen Führers - diese Yayla mit dem Auto zu erreichen. Es war das erste Auto auf der Akurca-Yayla, und uns zu Ehren wurde deshalb ein Schaf geschlachtet.

Die umgepflügte Akurca-Yayla der Akkoyunlu (1987)

Ein zur Ehre der Gäste von Ali Kurtan geschlachtetes Schaf (1987)

Die Yayla war umgepflügt. Dorfleute aus tiefer gelegenen Dörfern hatten das im April gemacht. Sie meinten offenbar, die Yayla als Ackerland mit einem Traktoren-Handstreich in Besitz nehmen zu können, weil dort statt früher 60 und mehr nur noch 4 Zelte standen. Von Ali Kurtan, dem Sippenführer, erfuhr ich aber, daß die Akkoyunlu seit 1937 einen im Grundbuch abgesicherten Besitzanspruch auf diese Yayla haben. Vor Gericht mußten sich die Traktorleute später geschlagen geben und sind nicht wieder mit Pflügen aufgetaucht, obwohl bei meinem letzten Besuch - 1993 - nur noch 1 Zelt auf der Yayla stand, das des Ali Kurtan.

Die wirtschaftliche Situation stellte sich 1987 nach Ali Kurtan so dar: Mit damals 300 Schafen war ein Wirtschaften mit Überschuß möglich - mit vorher durchschnittlich nur 60 Schafen konnte kaum etwas für den Markt produziert werden. Da ein Mutterschaf im Dezember/Januar bis zu zwei Lämmer zur Welt bringt und diese nach drei Monaten für umgerechnet 40 Euro verkauft werden konnten (1993 war der Preis für Lämmer auf umgerechnet 60 bis 70 Euro gestiegen), hatte sich schon in

Zum Tee im Zelt der Familie Kurtan

den Vorjahren so viel Kapital angesammelt, daß Ali Kurtan Land in der Ebene kaufen und an Gemüsebauern verpachten konnte, einen Traktor anschaffte und auch genügend Tierfutter im Winter dazu kaufen konnte, da die abgeernteten Baumwollfelder als Winterweide nicht zur Ernährung seiner 300 Mutterschafe und mehr als 300 Lämmer ausreichten. Einige der Söhne unter den 9 Kindern waren sommers wie winters die Schafhirten. Ein zusätzliches Einkommen brachte der im Sommer auf der Yayla produzierte Käse, der in fast trockener Form in Schafbälge eingestampft transportabel und haltbar ist und in der ganzen Türkei einen Markt findet. Auch die im Frühjahr geschorene Winterwolle ist verkaufbar und in der Teppichknüpferei begehrt. Die im Herbst geschorene Wolle wird vornehmlich für Filzteppiche gebraucht. Die Frau des Ali Kurtan, Fatma Kurtan, webte im Winter

kleine traditionell gemusterte Kelims auf Bestellung der seßhaften Verwandtschaft und war kürzlich dazu übergegangen, Teppiche auf Bestellung von lokalen Händlern zu knüpfen für Touristenmärkte an der Südküste. Händler brachten Muster von Teppichen aus Dösemealtı, einer Knüpfregion bei Antalya.
Als es noch Kamele gab - bis in die 70er Jahre - webten alle Akkoyunlu-Frauen auf der Yayla große Kelims als Zier- und Schutzdecken für ihre Kamele - bis zu 12 an der Zahl pro Familie. Wenn ein männliches Mitglied der Sippe starb, wurde der Leichnam in einen Kelim gewickelt und auf einem Yaylafriedhof zu Grabe getragen. Der Kelim ging nicht mit ins Grab, sondern wurde gewaschen der Dorfmoschee, wo 30 Tage nach der Beerdigung das *mevlut* (ein Gedenkgebet) gelesen wurde, als Spende übergeben.
Ein Bruder der Fatma Kurtan war Apotheker in Antalya, was zeigt, daß zumindest diese Familie auch Fuß gefaßt hatte in der modernen Welt. Zwar gaben alle Söhne auf Befragen an, daß sie Yürüken bleiben und eigene Zelte haben wollten, aber die Eltern planten schon, die Begabtesten für eine bessere Ausbildung auf Internate zu schicken.
Die Kurtans hatten inzwischen ein Haus gebaut, dieses aber vermietet und wohnten selbst auch im Winter noch im Zelt bei den Schafen.

Fatma Kurtan mit dem jüngsten ihrer neun Kinder

Fatma Kurtan gibt den Lämmern Grünzeug

... zeigt ihren selbstgewobenen Kelim

.... und die selbstgewobene Eselstasche

Im Schafgehege sind nachts die Mutterschafe mit den im Januar geborenen Lämmern zusammen.
Am frühen Morgen werden sie getrennt: Die Mutterschafe führt ein Sohn der Familie Kurtan als Hirte auf die Winterweide, die abgeernteten Baumwollfelder.
Die Lämmer bleiben im Gehege zurück, bekommen gekauftes Kraftfutter und auch frisches Grünzeug. Erst am Abend kehrt der Hirte mit den Mutterschafen von der Winterweide zurück, die Schafe werden gemolken und in das Gehege gelassen. Die unter lautem Geblöke wartenden Lämmer dürfen dann die restliche Muttermilch trinken.

Kelimweben vor einem Zelt der Karatekeli-Yürüken in Südwest-Anatolien (1984)

Şerife Atlıhan

Yürüken verschiedener Stämme in Südwest-Anatolien

Das Gebiet von Fethiye liegt in der Südwest-Ecke der Türkei, dort sind die Sommer lang, heiß und trocken und die Winter kurz, mild und regenreich. Die ganze Region ist ca. 300 Quadratkilometer groß.

In der zweiten Hälfte des 13. Jahrhunderts wurde das Gebiet durch die türkischen Menteşe-Regionalfürsten kontrolliert, die einen nomadischen Ursprung hatten. Später drangen verschiedene andere nomadische Gruppen in diese Region ein. Einige kamen aus der Gegend von Antalya und gehörten zu den Yürükenstämmen der Karakoyunlu, Yeni Osmanli, Honamli, Karatekeli und Sarıkeçili. Andere kamen von Aydın, Denizli, Burdur, Isparta, Konya, Erzincan und sogar aus dem Yemen (Orhanlu 1976). Aber diese zuletzt genannten Zuwanderer können sich nicht mehr an ihre Stammesnamen erinnern.

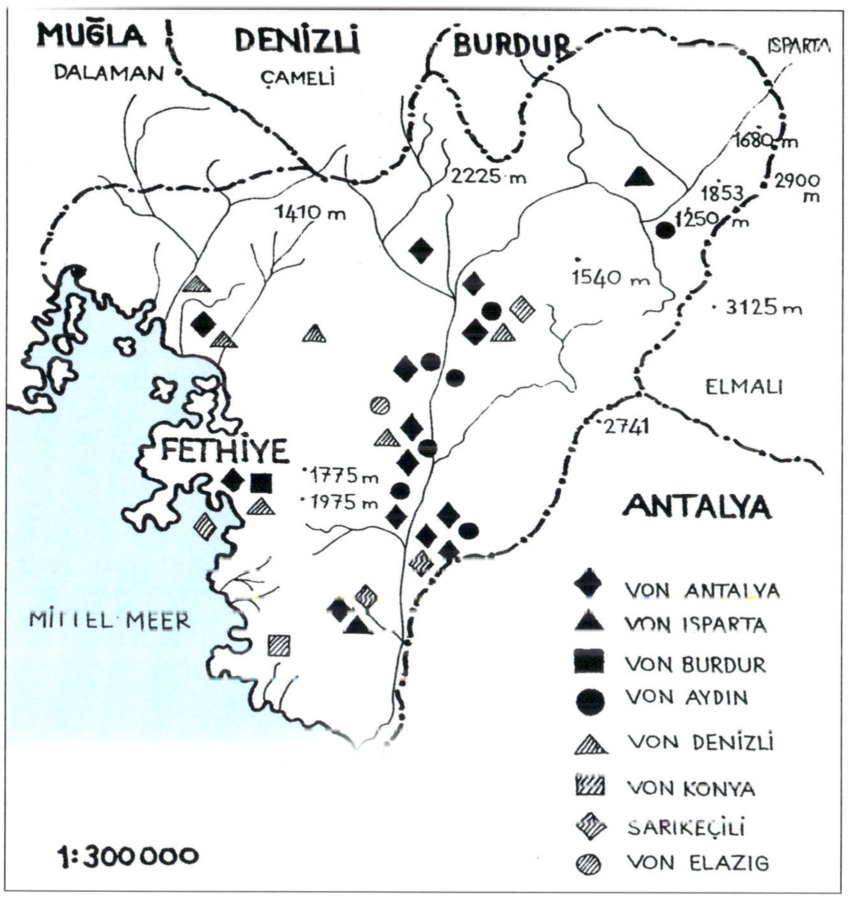

Yürükengruppen in den Dörfern im Gebiet um Fethiye in Südwest-Anatolien und ihre Herkunftsgebiete (Karte: Şerife Atlıhan)

Einige Nomadenstämme verließen diese Region wieder; entweder nach Kämpfen mit rivalisierenden Stämmen um Weidegründe oder um dem Zwang zur Ansiedlung durch die osmanische Regierung zu entgehen.

Die frühe Ansiedlung von Nomaden ist in einer Reihe von Dörfern dokumentiert, die 300 Jahre oder noch älter sind. Die heutigen Dorfbewohner können aber weder ihre Stammesnamen nennen, noch genau sagen, von wo die Vorfahren einst gekommen sind. Nur die Nachkommen der Stämme, die erst vor 100 bis 150 Jahren kamen, können sich an Stammesnamen und geographische Herkunft erinnern. Sie mieteten zunächst Weiden in der Nähe der älteren Dörfer, kauften dann das Gelände und siedelten sich schließlich selbst an den Rändern dieser Dörfer an.

Mindestens 95 % der Bevölkerung in der Fethiye-Region ist seßhaft. Außer den ersten Häusern in den Dörfern haben die Yürüken später auch Häuser auf den Yaylas gebaut, also auch dort Dörfer gegründet. Ursprungsdorf und Yayladorf haben in der Regel den selben Namen.

Es gibt aber immer noch einige Familien, die das ganze Jahr als Vollnomaden in Zelten wohnen und vorwiegend von ihren Herden leben. Sie haben vielfach auch Land gekauft, betreiben etwas Landwirtschaft, bevorzugen aber das freie Nomadenleben, um nicht den dörflichen Restriktionen unterworfen zu sein.

Den Winter verbringen sie in schwarzen Ziegenhaarzelten in der Nähe von Dörfern oder in Wäldern. Im Frühling bauen sie ihre Zelte ab und ziehen in Etappen auf die Sommerweiden (Yaylas), die zwischen 1.500 und 2.000 m hoch liegen. Auf der Rückwanderung im September legen sie einen Halt ein auf einer besonderen Zwischen-Yayla, die sie *güzle* nennen. Hier weiden die Herden auf den abgeernteten Baumwoll- und Getreidefeldern. Im November kehren sie endgültig in die Winterlager zurück. Einige Familien haben Häuser gebaut, sowohl im Winterlager als auch auf der Zwischen-Yayla. Sie leben einige Wochen in diesen Häusern; andere Familien sind immer noch Vollnomaden. Diese verschiedenen Lebensweisen zeigen die Flexibilität der Yürüken. Vor 30 bis 40 Jahren gab es noch keine festen Straßen, und die Yürüken zogen mit Kamelen, Pferden und Eseln. Jede Familie hatte wenigstens 3 bis 4 Kamele. 1990 gab es immer noch Kamele, aber einige Familien fuhren schon mit Traktoren auf die Yayla.

Während des Zuges mit Tieren konnten die Yürüken mit Stolz ihr Eigentum und damit ihren Reichtum zeigen: ihre Herden, ihre Kamele, ihre Pferde und ihre Webarbeiten.

Wenn sie ziehen wollen, werden die Kamele schon am frühen Morgen beladen. Das erste Kamel trägt zwei Vorratssäcke, genannt *ala çuvals*, mit der Zierseite nach außen. Das Bettzeug ist auf die Säcke geladen und die ganze Kamelladung wird schließlich mit einem Kelim bedeckt, der für diesen

Zweck gewebt worden ist. Obendrauf kommt ein großer verzinnter Kupfertopf, in dem auf der Yayla Käse und Yoghurt hergestellt wird. Die anderen Kamele werden ähnlich beladen. Das letzte Kamel transportiert das schwarze Zelt, das nicht mit einem Kelim bedeckt ist.
Auf der Yayla stellen die Fethiye-Yürüken ihre Zelte jedes Jahr immer an denselben Plätzen auf. Das Zelt ist gewoben von Frauen, das Spinnen des Ziegenhaars für das Zeltgarn übernehmen die Männer, auch das Zusammennähen der gewobenen Bahnen zu einem Zelt. Männer und Frauen stellen das Zelt zusammen auf, das auf drei Zeltstangen ruht, die in der Längsachse aufgestellt und etwa 2 m hoch sind. An der Rückwand werden die Vorratssäcke in Reihe aufgestellt, daneben kommt das Bettzeug und über alle schließlich ein Kelim. Der Zeltboden ist mit Ziegenhaargeweben bedeckt, darauf liegen Filzteppiche zur Isolation gegen Bodenkälte.

Morgendlicher Aufbruch zur Yayla (Foto: Ş. Atlıhan)

Der Zug zur Çatma-Yayla (1988)

Ein beladenes, mit einem Streifen-Kelim dekoriertes Kamel, fertig zum Zug

Rast an einer Quelle auf dem Zug

Der Esel trägt ein Mädchen als Reiterin und in der Tasche ein Lamm, das noch nicht stundenlang mitlaufen kann.

Auf der Çatma-Yayla: Das Zeltdach ist aufgebaut, ein Kelim bedeckt die aufgereihten Transportsäcke.

Ein Grab am Wege zur Çatma-Yayla: ÖMÜR BITTER, YOL BITMES.
(übersetzt: Das Leben endet, der Weg endet nie.)

Blick in ein Zelt auf der Çatma-Yayla: Ein Streifenkelim mit Kamelhaar bedeckt das Bettzeug, in den zwei dekorierten Transportsäcken daneben befindet sich Bekleidung, die Mittelsäule dient auch als Gewehrhalter.

Der Familienpatriarch. Er hatte sich ausbedingt, noch einmal mit Kamelen auf die Yayla zu ziehen.

Ein für das Fethiye-Gebiet typisches Flachgewebe aus einem Zelt.

Auf der Çatma-Yayla im südwestlichen Taurusgebirge (1989)

Eine Frau vom Stamm der Kara Kozan spinnt Wolle auf der Yayla im Wald der Murat-Berge in West-Anatolien (1988)

Yürüken vom Stamm der Kara Kozan in den Muratbergen

Leonore Kosswig, die Ehefrau des aus Deutschland in den 30er Jahren in die Türkei emigrierten Zoologen Kosswig, veröffentlichte 1965 in einem kleinen Privatdruck Erlebnisse von ihrer Reise zu den Yürüken in den Muratbergen bei Uschak in West-Anatolien (Kosswig 1965). Dort wollte sie von den Frauen das Brettchenweben lernen. Mit einem lokalen Führer fand sie ihren Weg vorwiegend zu Fuß durch die Wälder der Muratberge. Das Brettchenweben hat sie dort auch gelernt. Aber den Frauen blieb unverständlich, warum diese hergelaufene Person, die fließend Türkisch sprach und doch eine Fremde war – und sogar Schweinefleisch gegessen hatte, wie sie in einem Streitgespräch aus Verärgerung verraten hatte – unbedingt diese Weberei lernen wollte. Den Männern war sie suspekt, sie äußerten sich abfällig über Kosswigs Mann, der seine Frau alleine reisen ließ. Als sie nachts mehrmals im Finsteren außerhalb des Zeltes eine Taschenlampe aufblitzen ließ, um ein Örtchen in der Landschaft zu finden, hielten die Männer sie schließlich für eine Spionin, die heimlich Signale aussandte – wohl an hoch fliegende Flugzeuge. Sie nahmen Frau Kosswig in Gewahrsam und überbrachten sie nach einer längeren Fußwanderung der Gendarmerie in der nächsten Kleinstadt. Dort gelang es Frau Kosswig, den Spionageverdacht zu entkräften, und sie wurde nicht ins Gefängnis gesteckt, wie die Yürüken-Männer wohl gehofft und erwartet hatten. Auch eine Belohnung für den Fang der „Spionin“ blieb aus!

Buttern vor dem Zelt in einem Schafsbalg (1988)

Ein Zelt der Yürüken vom Stamme der Kara Kozan im Kiefernwald der Muratberge in West-Anatolien (1988)

Diese amüsante Geschichte inspirierte Josephine Powell und mich, 1988 – also 23 Jahre später – im Anschluß an eine lange Reise durch Zentral-Anatolien einen Ausflug zu den Yürüken in den Muratbergen zu unternehmen. In den urwaldartigen Kiefernwäldern mit an Almen erinnernden Lichtungen fanden wir schließlich Zelte der Yürüken vom Stamme der Kara Kozan. Eine ältere Frau konnte sich noch an den Besuch der fremden Dame erinnern, den sie als Kind miterlebt hatte. Im Nachhinein waren die Yürüken noch beschämt über ihr damaliges wenig gastfreundliches Verhalten. Die Brettchenweberei – wie fast alle Weberei – hatten die Frauen inzwischen aufgegeben.

Yürüken vom Stamm der Saçıkara

Dem Stamm der Saçıkara hat der Amerikaner Daniel G. Bates 1973 eine Doktorarbeit gewidmet, die auf einem zweijährigen Aufenthalt bei den Saçıkara beruht und die sich ausführlich mit der Sozialstruktur und dem Sozialleben dieser Yürüken beschäftigt. Die materielle Kultur der Saçıkara - besonders ihre Textilien - kommen darin etwas zu kurz im Vergleich mit den langen Ausführungen z. B. über das „Kidnappen" von Mädchen (Bates 1973).

Josephine Powell, die in den späten 70er und in den 80er Jahren diesen Stamm zeitweise während der Wanderung begleitete und sowohl im Winterlager als auch im Sommerlager besuchte, hat sich gerade mit den Kelims der Saçıkara beschäftigt. Die Saçıkara hatten ihre Winterquartiere in der Provinz Hatay und ihre Yaylas in der Provinz Kayseri. Sie wanderten noch bis vor gut 15 Jahren als Vollnomaden mit Kamelen, haben aber inzwischen die nomadische Lebensweise aufgegeben und sind seßhaft geworden.

Über die letzten 150 Jahre läßt sich ihre Geschichte zurückverfolgen. Sie hielten sich noch bis zur Mitte des 19. Jahrhunderts in West-Anatolien auf, in den Provinzen Aydin und Afyon. Sie hatten Herden von langhaarigen schwarzen Ziegen, so erklärt sich wohl auch der Stammesname (*saç* ist das Haar, *kara* ist schwarz). Sie wichen dann in einer zwei Generationen lang dauernden Wanderung nach Osten aus, einmal weil die Weidegründe durch die zunehmende Landwirtschaft im Westen schrumpften und zum anderen, weil der osmanische Staat dringlicher nach jungen Männern für die Armee verlangte und dieses Verlangen unweit der Hauptstadt Konstantinopel auch realisieren konnte. In dieser Zeit des Ausweichens wurden die Saçıkara von Ziegennomaden zu Schafnomaden. Im Osten kam die Wanderung dort zum Stehen, wo das kurdische Siedlungsgebiet begann und immer dichter wurde.

Ich habe Saçıkara-Yürüken nur zweimal besucht: einmal alleine, einmal mit Josephine Powell. Die Anfahrt zu deren Yayla war sehr steil und steinig und auch für den Geländewagen eine Herausforderung. Mehrfach mußte ich Steine wegräumen, der Wagen setzte aber doch einmal heftig mit dem hinteren Differential auf. Auf der Yayla angekommen, stellten wir fest, daß Differentialöl in einem dünnen Strahl auslief, und ich war einer Panik nahe. Was tun auf einer Yayla im Gebirge mit leckem Differential? Josephine behielt die Ruhe und schlug vor, bei den Yürüken einen Topf auszuleihen zum Auffangen des Öls. Wir könnten dann in aller Ruhe die Saçıkara in ihren Zelten besuchen, vor der Rückfahrt das ausgelaufene Öl zurückgießen und hoffen, mit dem lecken Differential im Tale noch eine Werkstatt zu erreichen. So geschah es: Mit heiß und leer gelaufenem Differential erreichten wir eine einfache Werkstatt, in der das Loch in dem Differentialgehäuse zugeschweißt werden konnte.

Im großen Zelt der Saçıkara-Yürüken. Ihre Transportsäcke sind mit senkrechten Streifen dekoriert.

Ein kleiner Kelim der Saçıkara im Zelt. Er wird nach seiner Funktion im Zelt als Yük-Kelim bezeichnet, weil er zum Abdecken des während des Tages aufgestapelten Bettzeugs verwendet wird. Das türkische Wort yük bezeichnet hier transportable textile Haushaltssachen, insbesondere Bettzeug.

Zwischenlager der Saçıkara in einem Flußtal bei Pınarbaşı auf ihrem Weg von der Yayla zu den Winterdörfern. Im Fluß haben sie die im September auf der Yayla geschorene Sommerwolle gewaschen und dann zum Trocken auf die Halteseile der Zelte gehängt (September 1990).

Eine glückliche Mutter im Zelt. Im Hintergrund gewebte Transportsäcke.

Spinnen vor dem Zelt

Yürüken vom Stamm der Honamli

Über die Honamli hat der Dorflehrer Ali Tanyıldız ein kleines Buch geschrieben. Er gehört selbst zu diesem Stamm und zeigt sich mit dem täglichen Leben von Yürüken sehr vertraut und auch mit deren Seßhaftwerden. Die heute verschwundenen Hochzeitsriten und Regelungen beschreibt und erläutert Tanyıldız ausführlich (Tanyıldız 1999).

Der Japaner Masatake Matsubara hat von Ende Juli 1979 bis Oktober 1980 mit einer Honamli-Familie gelebt, im Winter bei Antalya, im Sommer bei Isparta. Er veröffentlichte 1983 in Japan einen Artikel mit dem Titel „Yuboku No Sekai“. Ich habe die Familie, in der der Japaner zu Gast war, mehrmals getroffen. Sie fühlten sich durch den Gast aus dem fernen Land geehrt - Yürüken haben gerne Gäste. In dieser Honamli-Familie sah ich übrigens zum ersten und bislang einzigen mal bei Nomaden einen Mann im Zelt beten. Seine Frauen - er hatte zwei - folgten seinem Beispiel aber nicht. Atatürk hat zwar die Einehe schon 1926 eingeführt, aber bis zu manchen Yürüken ist das nach 60 Jahren noch nicht durchgedrungen. Ein Karakoyunlu-Mann, den ich 1993 auf der Sayacak-Yayla traf, hatte sogar drei Frauen und insgesamt 18 Kinder.

Blick aus einem Zelt der Honamli, Mutter und Tochter backen davor Fladenbrot

Yürüken mit Tunnelzelten

Yürüken in Tunnelzelten sind - oder waren - ein Charakteristikum für die weitere Umgebung von Mut im südlichen Taurus in Höhenlagen von 1.000 bis 1.800 Meter. Einzelne Tunnelzelte konnte man aber in den 80er Jahren auch in Südwest-Anatolien sehen, vorwiegend in Küstennähe. Die Yürüken nennen ihre tunnelartigen Behausungen entweder *kara ev* oder *alacık*. *Kara ev* heißt „Schwarzes Haus", weil diese Behausungen früher mit schwarzem Filz bedeckt waren. Wenn der schwarze Filz durch schwarzes Ziegenhaargewebe ersetzt ist, heißen diese tunnelartigen Zelte in der Regel *alacık* (gesprochen: Aladschik). Das tragende Gerüst besteht aus gebogenen und oft auch längs gespaltenen Wacholderästen (*ardıç*, gesprochen: Arditsch). Diese Äste sind sehr fest und auch elastisch. Arditsch wächst in den trockenen, lichten Wäldern des Taurus fast überall.

Die Feuerstelle ist aus Lehm gemauert, hat einen eingebauten Rost für Kessel und Töpfe und ist mit einer halbmondförmigen niedrigen Mauer umgeben. Damit der Rauch abziehen kann, lassen sich die Filz- oder Ziegenhaardecken oberhalb der Feuerstelle abnehmen. In älteren Tunnelzelten stehen noch einige Ala Tschuvals aufgereiht auf einer hölzernen Unterlage an einer Breitseite des Zeltes, ein Beweis dafür, daß die Vorfahren der jetzigen Besitzer einmal Nomaden waren, die mit Kamelen zogen. Die Stammesnamen sind meistens vergessen. Die Bewohner sind Halbnomaden, haben ihre Dörfer in tieferen Regionen - bis zur Mittelmeerküste hin - und leben in diesen Tunnelzelten nur etwa zwei Monate im Sommer.

Tunnelzelte werden fast immer an derselben Stelle auf der Yayla errichtet. Die aus Lehm gemauerte Herdstelle markiert den Zeltplatz. Sie muß jedes Jahr ausgebessert, aber nicht total erneuert werden. Die in Tunnelzelten lebenden Yürüken haben sowohl Schafe als auch Ziegen. Sobald die Milch- und Käsesaison zu Ende ist - etwa Anfang September - kehren sie wieder zurück in ihre Dörfer. Esel und Maultiere sind die Transporttiere. Neuerdings werden diese ersetzt durch Traktoren. Weberei gibt es noch, aber hat es früher bedeutend mehr gegeben: Flachgewebe und kleinere Kelims. In manchen Tunnelzelten finden sich noch alte Stücke, die aber alle schon Anilin-Farben enthalten.

Inneres eines Tunnelzeltes mit zwei dekorierten Transportsäcken an der Seite (1987)

Tunnelzelt in einem alten Wacholderwald bei Mut (1996)

Tunnelzelt oberhalb von Mut im südlichen Taurus (1987)

Die aus Lehm gemauerte Feuerstelle in diesem Tunnelzelt (1987)

Filzbedecktes Tunnelzelt (1987)

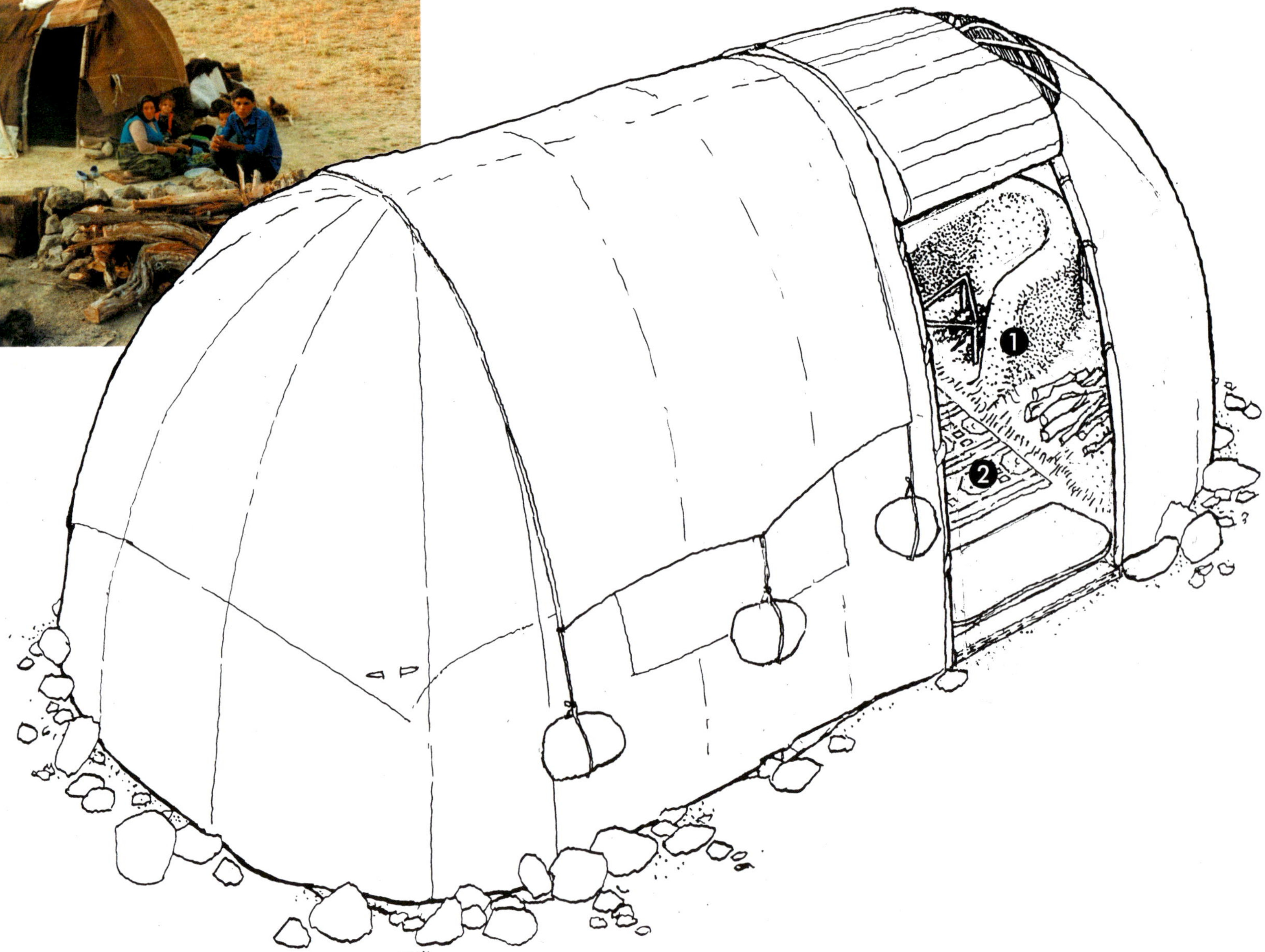

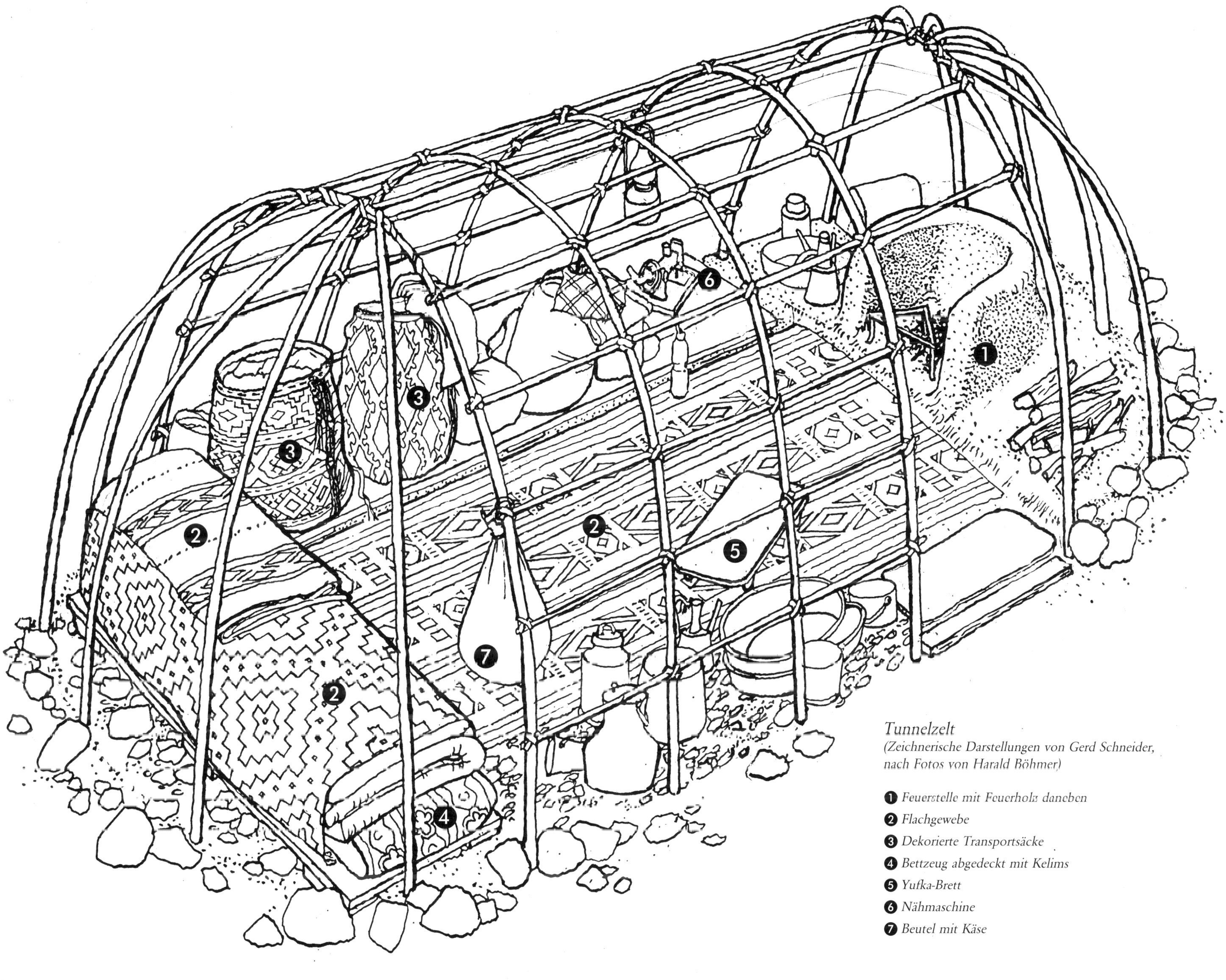

Tunnelzelt
(Zeichnerische Darstellungen von Gerd Schneider, nach Fotos von Harald Böhmer)

❶ *Feuerstelle mit Feuerholz daneben*
❷ *Flachgewebe*
❸ *Dekorierte Transportsäcke*
❹ *Bettzeug abgedeckt mit Kelims*
❺ *Yufka-Brett*
❻ *Nähmaschine*
❼ *Beutel mit Käse*

Buttern in einem Balg vor der Höhle

Yürüken von den Stämmen der Bahsis, Karalar und anderen in Höhlen im Mittleren Taurus

Manche Yürüken, die durchaus noch stammesbewußt sind und die Namen der Stämme kennen, zu denen sie gehören, haben ihre Dörfer an der Südküste und benutzen als Halbnomaden im Sommer auf der Yayla im Mittleren Taurus die dort an steilen Felsabhängen reichlich vorhandenen Höhlen zum Wohnen. Sie haben vor diesen Behausungen oft noch Reste ihrer Zelte - zumeist vom Typ der Tunnelzelte - aufgebaut und mit der Höhle direkt verbunden. In der Höhle sieht es aus wie im Zelt: Es gibt den Stapel mit Bettzeug, es gibt Kelims und Flachgewebe, und es gibt noch Transportsäcke aus der Zeit, als noch mit Kamelen gezogen wurde. Webstühle stehen fast vor jeder Höhle, sogar mit großen Kelims und Flachgeweben darauf, solchen, die ehemals als Kameldecken gebraucht wurden und jetzt immer noch zu einer vollständigen Aussteuer gehören. Sie haben noch einen Prestigewert, auch wenn der Gebrauchswert gesunken ist.

In einer Höhle: Die junge Frau sitzt auf einem tülü, das ist ein Schlafteppich mit eingeknüpften langen Wollbüscheln; rechts ein broschiertes Gewebe zum Abdecken des Bettzeugs; ein Ala Tschuval in der Ecke.

Kelimwebstuhl vor einer Höhle im Taurus (1987)

Yürüken in Häusern

Şerife Atlıhan

Das Yürükendorf Çamkalabak in Norwest-Anatolien

Im äußersten Nordwesten von Anatolien gibt es mehrere Dörfer, deren Einwohner sich *yürük* nennen. Sie kennen aber ihre Stammesnamen nicht mehr. Die Dörfer sind im ersten Drittel des 20. Jahrhunderts gegründet worden von Yürüken, die bis dahin noch in Zelten lebten, jedoch nicht in den bekannten schwarzen, hausförmigen Ziegenhaarzelten der Yürüken, sondern in einfachen filzbedeckten, laubenartigen Behausungen, die bei ihnen unter dem schon bei den Tunnelzelten genannten Namen Aladschik laufen. Diese Art von Aladschik konnte an jedem Ort aus leicht gebogenen Wacholderästen errichtet werden, die auf der Wanderung nicht mitgeführt, sondern jeweils neu geschnitten wurden. Nur die Filze für die Seiten und das Dach mußten auf Eseln, Maultieren oder Pferden transportiert werden.

Die Frauen in Çamkalabak machen noch solche Filze, sogar gemusterte, die das offenbar sehr alte „4 + 1 -Muster“ enthalten: vier gleichartige Motive in je einer Ecke und ein anderes in der Mitte. Vier bis sechs Filze dieser Art bildeten die Seitenwände, ein runder Filz war das Dach.

Der Grundriß der Häuser der nun seßhaften Nomaden spiegelt mit nur einem Raum das traditionelle Wohnumfeld des Zeltes wieder.

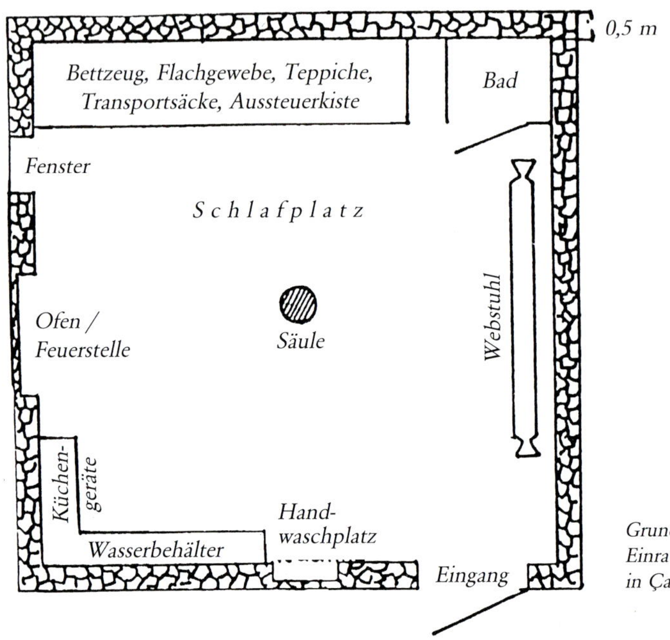

Grundriß eines Einraum-Hauses in Çamkalabak

Kamele gab es in alten Zeiten auch. Das ist daran zu erkennen, daß in jedem Haus noch ein Paar dekorierter Transportsäcke steht. Jede Braut muß bis heute zwei dieser Ala Tschuvals in ihrer Aussteuer haben. An den Zug mit Kamelen konnten sich 1985 auch die ältesten Bewohner nicht mehr erinnern, sehr wohl aber an ihre Aladschiks. Nach ihren Angaben haben wir eine zeichnerische Rekonstruktion gemacht und schließlich auch ein Aladschik nachbauen lassen.

Das Dorf Çamkalabak errichteten die Yürüken im ehemaligen Winterlager auf einem steinigen Plateau unweit der Küste der Ägäis. Die Yayla liegt im Kazdağ-Gebirge, etwa 100 km vom Dorf entfernt. Jetzt ziehen nur noch die Hirten mit den Schafen dahin und wohnen dort einige Monate in provisorischen Plastiklauben. Die Bewohner des Dorfes Çamkalabak und auch die in den umliegenden Yürükendörfern pflegen noch die traditionellen Hochzeitsbräuche der Yürüken, in denen Kelims, Flachgewebe und auch Teppiche eine wichtige Funktion haben (s. Seite 18).

In einem Einraum-Haus: Auf dem yüklük, dem erhöhten Bord für die bewegliche Habe, links die Aussteuerkiste mit Textilien obendrauf, daneben ein Paar dekorierter Transportsäcke mit Tragegurten

Ein Einraum-Haus aus Natursteinen im Dorf Çamkalabak: Das mit einer besonderen Erde bedeckte Flachdach wird nach starken Regenfällen durch Rollen der dort liegenden Steinsäulen wieder verfestigt.

Ein Filzteppich mit traditionellem Muster, früher zum Abdecken der Zelte gebraucht, jetzt in Häusern als wärmender Bodenbelag genutzt

An der offenen Feuerstelle im Einraum-Haus

Yürükendörfer im Yuntdağ in West-Anatolien

Der Yuntdağ ist ein abgelegenes Berggebiet nördlich von Manisa und südlich von Bergama. Zwar wissen die Dorfbewohner nichts mehr von ihrer Yürüken-Vergangenheit und kennen auch keine Stammesnamen mehr, aber die ältesten Häuser in den Dörfern Kara Ahmetli, Yenice und anderen zeigen deutlich, daß sie steingewordene Nomadenzelte sind. Sie haben nur einen Raum und eine Holzsäule in der Mitte. An einer Seite dieses Raumes sind die dekorierten Vorratssäcke aufgereiht wie in den Zelten der Yürüken. Die Säcke sind größer als bei den noch mit Kamelen ziehenden Yürüken und heißen *oturma çuval*, was wörtlich übersetzt „Sitzsack" heißt. Sie werden nicht mehr transportiert, sondern stehen in den Häusern. Die Feuerstellen sind offen mit einem Abzug nach oben, und ein einfacher eiserner

Offene Feuerstelle in einem traditionellen Yuntdağ-Haus

Dreifuß ist das einzige Hilfsgerät zum Aufstellen der Töpfe. Noch bis in die Mitte der 80er Jahre waren die Häuser der Bräute vor der Hochzeit mit der gesamten gewebten Aussteuer dekoriert, zu der immer Paare großer *oturma*-Säcke gehörten und eine Vielfalt von Pferde- und Eselstaschen. Traditionelles Weben und Knüpfen ist in den Yuntdağ-Dörfern bis heute lebendig, obwohl die ehemaligen Yuntdağ-Yürüken schon Mitte des 19. Jahrhunderts gezwungen worden waren, seßhaft zu werden, wie aus in Manisa aufbewahrten Dokumenten hervorgeht.

Einige Dörfer arbeiten im Rahmen von DOBAG, einem Naturfarben-Projekt, das wir 1981 im Yuntdağ gegründet haben und das heute den mehr als 150 Frauen der Genossenschaft mit ihren Familien eine verläßliche Einkommensquelle mit traditionellem Färben, Weben und Knüpfen bietet.

Yuntdağ-Haus behängt mit der selbstgewebten Aussteuer einer Braut

Ein alter Aufbewahrungssack (ala çuval)

In einem alten Yuntdağ-Haus im Dorf Kara Ahmetli: Dekorierte oturma-Säcke sind aufgereiht, ein Florteppich liegt auf dem Boden (1982)

TURKMENEN

Yurten, die Zelte der Turkmenen

Wie sich die Turkmenen von den Yürüken unterscheiden, ist bereits in dem Kapitel „Türkisches Nomadentum" erläutert worden. Die Plätze, wo in Anatolien Türkmenen zu finden sind - oder bis vor kurzem noch zu finden waren - sind auf dieser Karte eingezeichnet. Ich werde zuerst bei den Turkmenen vom Emirdağ verweilen. Ihre Yurten sind zwar seit 1983 von der dorfnahen Yayla verschwunden, aber Josephine Powell konnte noch im Jahre 1982 den Aufbau einer Yurte photographisch dokumentieren, und sie hat in ihrem Tagebuch den Aufbau auch schriftlich erläutert. Folgen wir jetzt Josephine Powell, ihrem Text und ihren Fotos.

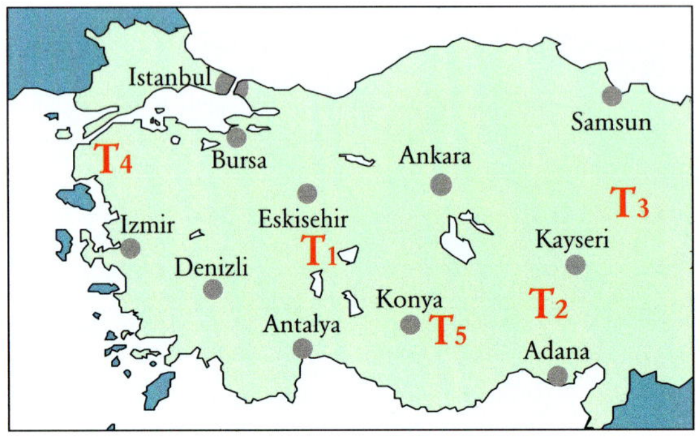

T1 = Turkmenen am Emirdağ
T2 = Turkmenen bei Bor
T3 = Turkmenen bei Akkışla
T4 = Turkmenen am Kazdağ
T5 = Turkmenen östlich Konya (Hotamış)

3. Die übrigen Scherengitter formen dann das komplette Rund, überkreuzen sich ein wenig und ...

... werden an diese Überkreuzungen mit Bändern umwickelt und gehalten.

4. Ein breites gewebtes Band am unteren Rand des Scherengitters von Türpfosten zu Türpfosten gespannt gibt dem ganzen Scherengitter die erste Stabilität.

1. Die Pfosten des Türrahmens geben an, bis zu welcher Höhe die hölzernen Scherengitter entfaltet werden müssen.

2. Wenn der vierteilige Türrahmen aufgestellt ist, werden zwei Scherengitter durch Bänder mit dem Türrahmen an jeder Seite verbunden.

5. Sobald das ganze Scherengitter fest steht, stülpen die Yurten-Aufbauer das Dachgestell auf den zentralen Pfosten, stecken mindestens vier gebogene Dachsparren in die dafür vorgesehenen Aushöhlungen des Dachrandes und bringen das Dach in die Mitte des Kreises aus den vier Scherengittern.
Sodann werden diese Dachsparren - wiederum nur mit Bändern - mit dem Kreis aus Scherengittern an dessen oberen Überkreuzungen verbunden. Diese Verbindungsbänder sind mit einem Ende durch ein Loch in jedem Dachsparren geführt. Danach wird die Stabwand aufgestellt.

6. Wenn das Dachgestell auf dem Scherengitter mit diesen vier Dachsparren steht, können die übrigen Dachsparren in den Dachrand eingefügt und mit Bändern an den oberen Überkreuzungen der Scherengitter befestigt werden. Schließlich wird das Holzgerüst mit weiteren Bändern stabilisiert und das Scherengitter mit drei oder vier großen weißen Filzstücken ummantelt. Auf das Dach kommen mehrere nahezu quadratische Filzstücke auf die Schrägflächen und ein runder Filz zum Abschluß obendrauf. Am Rand des runden Dachfilzes befestigte Bänder und Seile, oft mit Steinen beschwert, halten den Dachfilz in seiner Lage. Mit weiteren horizontal um die Yurte gespannten gewebten Bändern ist dann der Aufbau einer Yurte beendet (s. Seite 137).

Yurte am Emirdağ im Aufbau

Yurte der Muluscali Turkmenen
bei Emirdağ
(Zeichnerische Darstellung nach Andrews (Andrews 1997), in Details modifiziert von G. Schneider)

(© Originalfassung: Reichert Verlag Wiesbaden)

Yurte der Muluscali Turkmenen bei Emirdağ (Foto: J. Powell, 1982)

Backen von Fladenbrot auf der Yayla der Bektik-Turkmenen bei Bor (1981). Die Turkmenen kommen auch mit Pferdewagen und mobilen Holzhütten vom nahen Dorf Kızılca auf die Yayla. Der flach gemauerte Erdofen wird mit getrocknetem Dung (tezek) beheizt.

Sommerleben auf der Yurten-Yayla der Bektik-Turkmenen bei Bor

Südlich der kleinen Stadt Bor erstreckt sich eine Ebene von mehr als 25 km Länge und wohl 5 km Breite. Auf dieser Hochebene standen noch Ende der 70er Jahre mehr als 50 Yurten. Im Laufe der Jahre wurden es immer weniger und 1989 sind die letzten – eingeengt durch eine sich immer mehr vergrößernde Zuckerrübenplantage – verschwunden. Ursprünglich sind die Yurten mit weißem Filz bedeckt gewesen. Dieser wurde aber schon früh durch gekauften weißen Zeltstoff aus Leinen ersetzt. Hunderte von Schafen weideten auf dieser Ebene und auch viele Rinder. Einige Hundert Schafe weiden dort immer noch. Die Milch verarbeiteten die Frauen der Bektik-Turkmenen zu Yoghurt und zu weißem Käse, der in Schafbälgen verpackt in der ganzen Türkei seinen Markt fand. Der Dung der Rinder wurde auf der Yayla zu Brennstoff verarbeitet *(tezek)*. Die mehr oder weniger frischen Rinderfladen werden per Hand mit einem Zusatz von zerkleinertem Stroh und Wasser zu flachen Fladen geformt, die in der Sonne trocknen und dann das einzige Brennmaterial in der baumlosen Steppe sind. Ein Teil des *tezek* wird schon auf der Yayla verbraucht, der größte Teil aber ins Dorf gebracht und für die Winterheizung aufbewahrt.

Das zu der Yayla gehörende Dorf Kizilca liegt nur 15 km entfernt. Die Dorfmoschee ist ausgelegt mit Kelims, die von den Bektik-Frauen gewebt worden sind. Das Kelimweben hörte aber Mitte der 80er Jahre auf. Mehrere ältere Frauen bestätigten mir und Josephine Powell, daß die langen großen Kelims früher als horizontale Umrandung der Yurten gebraucht wurden (s. Seite 205) oder auch als Kameldecken zum Schutz und zur Dekoration der ganzen Kamelladung.

Tränken der Schafe am Abend

Die Dachkonstruktion einer Yurte mit dem zentralen Pfosten

Auflockern der Wolle mit einem Stock für die Füllung einer Schlafunterlage (1981)

Tezek, handgeformte Fladen aus mit Stroh vermengtem Dung, sind das Brennmaterial auf der Yayla und auch im Dorf (1987)

Die Tezek-Fladen trocknen in der Sonne und werden dann zu Haufen aufgetürmt

Die Yurten-Yayla der Bektik-Turkmenen bei Bor am Abend

Ein Bektik-Turkmene auf der Yurten-Yayla

Die große und die kleine Pamukcak-Yayla der Turkmenen bei Akkışla (1992)

Sommerleben auf der Yurten-Yayla der Turkmenen vom Stamme der Kuzu Güden und anderen bei Akkışla

Akkışla, das 100 km nördlich von Kayseri liegt, ist ein von Turkmenen verschiedener Stämme gegründetes großes Dorf. Einige Familien ziehen im Mai immer noch auf die etwa 20 km vom Dorf entfernte 2.000 m hoch gelegene Yayla und bauen dort ihre Yurten auf.

2003 waren es noch 8 Yurten auf der einzigen verbliebenen Yayla, der *Arıcı Oğlunun Yurdu Yayla*.

1988 gab es auf dem Bergzug vier verschiedene Yaylas:
die *Arıcı Oğlunun Yurdu Yayla* mit 10 Yurten,
die *Üsküdar Yayla* mit 10 Yurten,
die *Büyük Pamukcak Yayla* mit 16 Yurten und
die *Küçük Pamukcak Yayla* mit 15 Yurten.

Insgesamt ergibt das über vierzig Yurten. Einige hatten 2003 noch die originale Bedeckung mit Filzdecken, von denen aber viele schon zerfetzt und mit Stoffen geflickt waren. Da es Anfang Mai in den Nächten in dieser Höhe noch empfindlich kalt werden kann, haben viele Yurten hölzerne Türen und innen einen Ofen, der auch gleichzeitig als Herd genutzt werden kann.

Anfang Juli ist die Yayla durch die großen Schafherden weitgehend abgegrast. Die Yurtenbewohner ziehen wieder in ihre Dorfhäuser und transportieren die Yurtenteile wie Scherengitter, Tür und Runddach mit Traktoren ins Dorf Akkışla. Auf den Feldern rund ums Dorf beginnt dann die Getreideernte - vorwiegend Weizen und Gerste - und die Herden finden ihr Futter auf den abgeernteten Feldern.

Sack in einem Haus in Akkışla: ein ala çuval (Kameltransportsack)

Früher hatten diese Turkmenen auch Kamele, können sich jedoch nicht mehr genau daran erinnern. Aber die in manchen Häusern noch vorhandenen Kameltransportsäcke sind ein Beweis dafür. An Kelimweberei konnten sich 2003 noch einige ältere Menschen erinnern, aber nicht genau sagen, wann diese Weberei aufgehört hat.

Kurban-Bayram (Opferfest) auf der Yayla, ein Schaf ist geschlachtet worden (1992)

Schafhirte auf der Yayla, das Leder seines Fellmantels ist mit Ocker rot gefärbt (2003)

Filzbedeckte Yurte auf der großen Pamukcak-Yayla, ummantelt mit einer Stabwand

Yurte auf den Turkmenen-Yaylas bei Akkışla

(Zeichnerische Darstellung von Gerd Schneider nach Fotografien von Harald Böhmer)

❶ *Bettzeug, abgedeckt mit einem Kelim*
❷ *Aufbewahrungs- und Transportsäcke*
❸ *Gerätschaften zur Yoghurt-Herstellung*
❹ *Yufka-Brett mit Rollstab*
❺ *Kleine Fladenbrote auf einem Tuch*
❻ *Beutel mit Käse*
❼ *trocknende Paprikaschoten*
❽ *Stabwand*

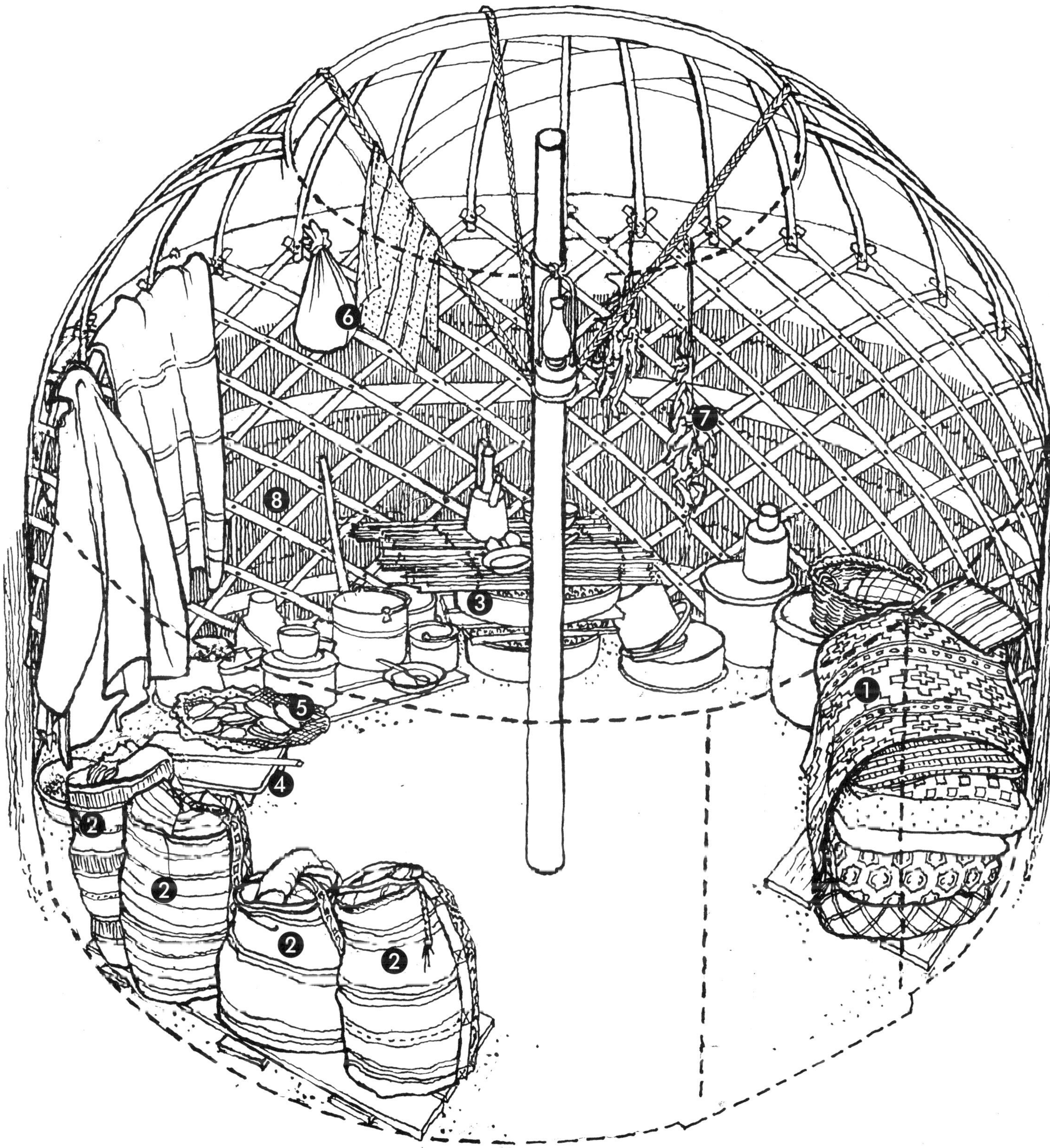
1
2
2
2
2
2
3
4
5
6
7
8

Hier vergärt Schafsmilch zu Yoghurt

Turkmenin vom Stamme der Kuzu Güden

Turkmenen-Mädchen

Hirte und Herd auf der Arıcı Oğlunun Yurdu Yayla (2003). Die Herde zum Kochen werden im Mai zuerst aufgestellt, dann die Yurten drum herum. Wenn es im Sommer heiß genug geworden ist, kommen die Herde vor die Yurten.

Yurte auf der Üsküdar-Yayla der Turkmenen bei Akkışla (1992)

Die Turkmenen im Kazdağ in Nordwest-Anatolien

Sie hatten noch bis zum Anfang des 20. Jahrhunderts Yurten, gaben diese aber auf, da sie als vom Staat bezahlte Holzfäller bald so viel verdienten, daß sie Häuser bauen konnten. Zudem ist die filzbedeckte Yurte für das Klima im Kazdağ-Gebirge, dem Berg Ida der Antike, keine zweckmäßige Behausung, da es dort oft regnet. Das Andenken an die Zeit der Yurten wird wachgehalten durch ein Yurten-Modell in einem kleinen Privatmuseum, das von einem pensionierten Lehrer gegründet wurde.

Bei den Kazdağ-Turkmenen: Aus dem Kaffeesatz lesen nach einem gemeinsamen Essen im Wald, links eine kürzlich verheiratete junge Frau - die Hochzeitsbekleidung wird noch einige Tage getragen

Diese Turkmenen sind Alevis, gehören also zu einer Richtung, die den Islam weniger orthodox auslegt, den Fastenmonat nicht strikt einhält, auch keine Moscheen als Bethäuser benötigt, den Frauen nicht den Schleier aufzwingt und auch Wein und andere alkoholische Getränke nicht verschmäht. Die Alevis stehen den Schiiten näher als den Sunniten und wurden von letzteren immer wieder verfolgt und der Häresie verdächtigt. Das mag ein Grund dafür sein, daß sie sich in dichte Wälder zurückgezogen haben und dort keine Aufmerksamkeit erregten. Sie verehren fromme Männer und halten an bestimmten Tagen im Jahr, z. B. am 6. Mai, ihrem Frühlingsfest, an deren wirklichen oder vermeintlichen Gräbern Opferessen ab: schlachten Schafe bei Sonnenaufgang und bereiten dann ein Festmahl für die ganze Dorfgemeinschaft.

Besondere Zelte auf der Akkuyu-Yayla,
eine Mischung aus Yurte und Aladschik

Auf der *Akkuyu-Yayla* des Dorfes Büyüksöyle bei Elmalı in Südwest-Anatolien fanden Şerife Atlıhan und ich im Juli 1995 Behausungen, die von außen aussahen wie Yurten, innen aber keine Scherengitter hatten, sondern ein System aus gebogenen Ästen wie in den Tunnelzelten und in den Aladschiks der Yürüken aus dem Dorf Çamkalabak in Nordwest-Anatolien. Sieben Filze bilden die Seitenwände. Sie sind unten 2 m breit, verschmälern sich konisch nach oben bis auf 1,5 m und sind 3 m lang. Ein runder Dachfilz schließt das Zelt oben ab. Das Innengerüst besteht aus bis zu 23 senkrechten Bögen, die je aus zwei gebogenen Stöcken bestehen und oben miteinander verbunden sind. In einer Höhe von 1,2 m und 1,6 m verläuft je eine Reihe dünner gebogener Stöcke horizontal. Zwischen Innengerüst und Außenfilz ist eine etwa 1,2 m hohe Stabwand aufgestellt. Die Bewohner bezeichnen sich weder als Yürüken noch als Turkmenen und können sich auch an keine Stammesnamen erinnern. So bleibt offen, wer sie sind. Diese Art von Yayla-Behausungen hätten sie seit je gehabt, hieß es. Die Hirten tragen Mäntel aus einem wollenen Grundgewebe, in das langes Ziegenhaar eingewebt ist. Das Ziegenhaar soll Regen abweisen und das Wasser vom tieferen Eindringen abhalten. Diese sehr speziellen Hirtenmäntel heißen *kilaba* und sind im übrigen Anatolien offenbar nicht bekannt.

Auf der Akkuyu-Yayla bei Elmalı in Südwest-Anatolien (1995)

Gehege aus Steinen als Melkplatz für die Ziegen auf der Akkuyu-Yayla (1995)

Ziegenmelken

Ziegentränke in einem alten Baumstamm

Hirte mit einer kilaba, einem Wollmantel, in den Ziegenhaar als Regenschutz eingewebt ist

Kurden

Die Faszination der frühen Begegnungen mit Kurden in den 60er Jahren hat mich, meine Familie und Freunde bis heute in Bann gehalten und führte viele Jahre später zu weiteren Reisen und Begegnungen.

Die tägliche Arbeit mit dem weißen Schafskäse

Auf den Yaylas der Kurden in Ost-Anatolien

Der äußerste Südosten ist das Kerngebiet der anatolischen Kurden, das Siedlungsgebiet reicht aber bis Zentral-Anatolien und auch bis in den Nordosten. Ich habe das Kurdengebiet oft bereist, besonders intensiv 1989 zusammen mit Josephine Powell, dann lange Jahre wegen der bewaffneten Auseinandersetzungen nicht mehr. Ab dem Jahr 2003 besuchte ich wieder Sommerlager in den Hakkari-Bergen; die Karte hier zeigt die Lage der besuchten *Zozan*, wie die Kurden die Yaylas hier nennen.

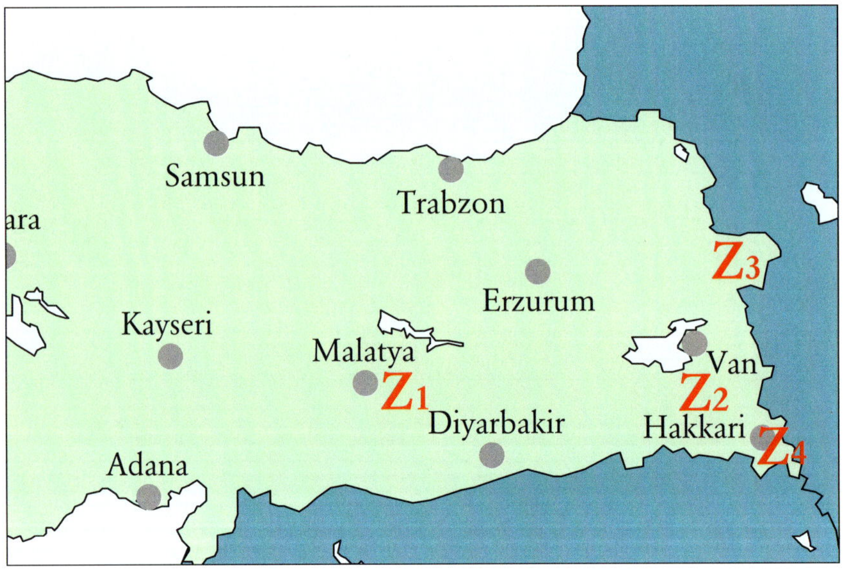

Z1 Bei Malatya: Eski-Köy-Yayla (Stamm nach Eagleton: Porgha)
Z2 Bei Gürpınar (85 km südlich): Taku-Yayla, Unterstämme der Hartuchi: Mamkhoran und Gravian
Z3 Bei Iğdır: Zor-Yayla (Stamm nach Eagleton: Zilanli)
Z4 Bei Hakkari: Bala-Yayla (Stamm: Jirki) Bercelan-Yayla (Stämme: Jirki und Pirusi)

Eski-Köy-Yayla bei Malatya

Die Dörfer in der Umgebung von Malatya haben vielfach dorfnahe Yaylas, die im Sommer für einige Monate bezogen werden. Eine von diesen ist die *Eski-Köy-Yayla*. Sie liegt dicht an einer Schotterstraße und ist einfach zu erreichen.

Blick aus dem Zelt auf das Lager

Blick ins Zelt auf der Eski-Köy-Yayla

Nach der Rückkehr zum Lager werden die Schafe gemolken

Gewaschene Schafsvliese

Taku-Yayla bei Gürpınar

Die Fahrt zur Taku-Yayla

(Nach meinem Tagebuch vom Juli 1989)

20. Juli. Den ganzen Tag vergebliche Versuche, vom Çatak-Tal aus mit dem Auto auf verschiedene Yaylas zu kommen, deren Zelte oben auf den Bergen zum Teil schon zu sehen sind. Eine ist nach steiler Anfahrt zu einem Bergdorf doch nur zu Fuß zu erreichen. Wir verzichten auf den Fußmarsch. Bei einer anderen ist die Anfahrt so steil und schräg, daß ich mich nicht weiter traue, mit Schwierigkeiten wende und wieder ins Tal zurückkehre. Wir kommen in Çatak in einem Teehaus mit kurdischen Jugendlichen ins Gespräch. Sie erzählen von einer hoch gelegenen Yayla, die von Gürpınar aus mit unserem Auto zu erreichen sei und wo die Zelte von 12 Dörfern stünden. Der Name der Yayla: *Taku.*

21. Juli. Nach einer Camping-Übernachtung im Dachzelt am Van-See Fahrt nach Gürpınar auf Asphalt. Von dort sind es nach meinem Dorfatlas, der sich im Laufe der Reise als sehr zuverlässig herausstellt, noch 85 km auf Schotter. In mehreren Dörfern vergewissern wir uns, ob wir auf dem richtigen Weg sind. Am Ausgang von Kırkgeçit ist eine Jandarma-Station (Jandarma ist Militärpolizei), und wir werden angehalten. Ein sympathischer Offizier erscheint, bittet zum Tee in die Station. Ich erkläre, was wir wollen und zeige die Papiere von der Marmara-Universität, in denen steht, daß ich Volkskunst erforsche, insbesondere Textilien und von älteren Menschen erfahren will, wie früher mit Pflanzen gefärbt wurde. Die Gründe für unsere Reise klingen den Jandarma-Leuten plausibel. Nach Josephine Powell, meiner Begleiterin wird nicht weiter gefragt. Man ist um unsere Sicherheit besorgt und will uns einen Jeep voller Soldaten als Eskorte und Wegfinder mitgeben. Auf meinem Dorfatlas kann ich den Weg zeigen zu unserem Ziel und beteure, daß ein Jeep nicht notwendig sei. Dann heißt es, ich müsse aber mindestens einen Soldaten mit Gewehr in meinem Auto mitnehmen. Nach weiteren Tees und einer angenehmen Diskussion mit dem Offizier, der aus der Gegend von Çanakkale in West-Anatolien stammt, einer Gegend, in der ich mich gut auskenne, wird auch auf die Begleitung eines Soldaten im Auto verzichtet, und wir können ohne militärischen Schutz die Reise zur Yayla fortsetzen. Wir fahren also erleichtert weiter auf dem sehr steinigen und staubigen Weg, kommen bis auf 2.700 m Höhe, und dann eröffnet sich vor uns ein weites Hochtal: die *Taku-Yayla.* Ein Bach mäandert durch das Tal, verschwindet aber am Ende unterirdisch. Es ist sehr trocken und heiß. Der starke Wind läßt eine Windhose aufwirbeln. In der Ferne sind schneebedeckte 4.000 m hohe Bergketten zu sehen. An den Rändern des Tales gibt es sechs Zeltansammlungen, zusammen 600 Zelte, wie wir später erfahren. 40.000 Schafe und noch mal die gleiche Zahl an Lämmern versuchen, in dem weiten Hochtal noch etwas Freßbares zu finden. Wir entscheiden uns, zu der nächsten mittelgroßen Zeltansammlung zu fahren und steuern dort das größte Zelt an, in dem wir den

Stammesältesten, den Ağa, vermuten. Wir liegen richtig mit unserer Vermutung. Der Ağa, der ein Hadschi ist, also die Pilgerreise nach Mekka gemacht hat, besitzt so viel Autorität, daß die zahlreichen Kinder durch seine Worte und gelegentlichen Schuhwürfe auf Distanz gehalten werden. (Die geworfenen Schuhe werden nach einer Weile von hinten wieder diskret ins Zelt gereicht). Da wir Gäste des Ağa sind, bleiben auch später beim Fotografieren und Filmen in dem Lager die Kinder in respektvoller Entfernung. Wir erhalten von den Männern, die im Gegensatz zu den Frauen fast alle Türkisch sprechen, was sie spätestens beim Militär gelernt haben, Auskünfte auf unsere Fragen nach dem Bau und der Funktion der Zelte, der Weberei, der Milchwirtschaft und den allgemeinen Lebensbedingungen. Kelims und Teppiche werden nur im Winter in den Dörfern geknüpft und gewebt. Auf der Yayla sind keine Webstühle. Die Kurden auf der *Taku-Yayla* gehören zu zwei Unterstämmen der *Hartushi*: *Mamkhoran* und *Gravian.* Unser Gastgeber kommt aus dem Dorf *Dağseven*, das wir auf der Anfahrt durchquert haben. Es liegt langgestreckt in einem Tal und hat bewässerte Felder. Der alte kurdische Dorfname ist *Sivres.*

Nachtrag, August 2003: In Hakkari erfahre ich, daß das Dorf Dağseven vor etwa 10 Jahren geräumt und anschließend zerstört worden ist. Die vertriebenen Dorfbewohner haben im Frühjahr 2003 ohne ausdrückliche Erlaubnis einen Versuch unternommen, ins Dorf zurückzukehren und die Bewässerung der Felder in Gang zu setzen. Sie wurden jedoch von der Jandarma wieder vertrieben.

Auf der Taku-Yayla (1989)

Die Kurdin ist dabei, trockenes Steppenstrauchwerk als Brennmaterial in den Erdofen (tandır) zu füllen

Mädchen im Zelt

Vorhang, der den Wohn- und Schlafteil des Zeltes vom Arbeitsplatz der Frauen abtrennt

Buttern in einem Faß

Gewaschene Wolle, aufgehängt zum Trocknen

Die kurdischen Halbnomaden bringen auch Kühe vom Winterdorf auf die Yayla. Rinder waren neben Maultieren noch vor wenigen Jahrzehnten das bevorzugte Transportmittel in den Bergen.

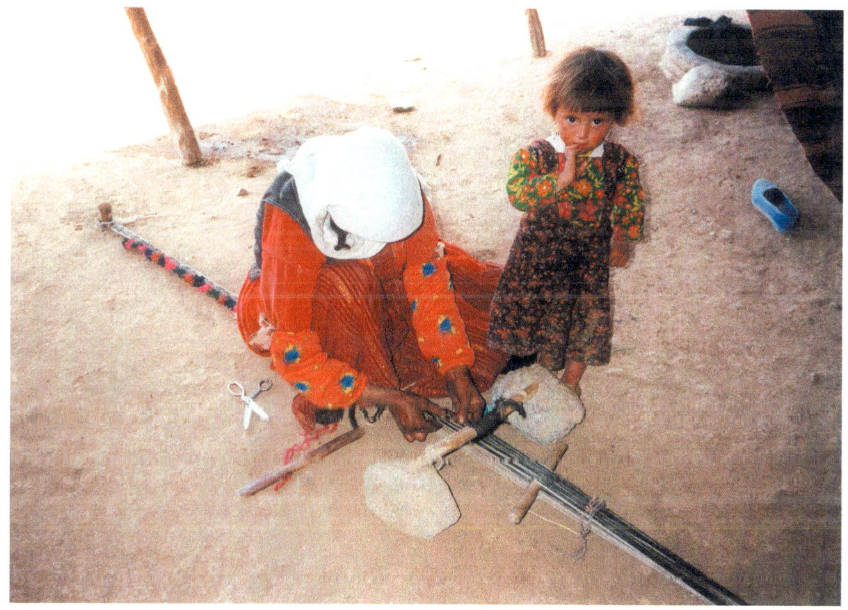

Bandweben im Zelt

Je nach Größe der Zelte – und Wohlstand der Besitzer – werden diese mit drei, vier oder gar fünf Pfostenreihen gehalten.

Ein Blick ins kurdische Zelt: Ein Florteppich liegt auf dem Boden, ein Kelim deckt tagsüber das rechts aufgestapelte Bettzeug ab. Eine Wiege steht vor der Stab- bzw. Rohrwand, die das Innere umgrenzt und vor zudringlichen Tieren schützt.

Zor-Yayla bei Iğdır

(Nach dem Tagebuch vom Juli 1989)

Zur *Zor-Yayla* bei Iğdır, die uns aus einer Publikation von Andrews dem Namen nach bekannt ist, nehmen wir aus der Kleinstadt Iğdır einen Führer mit. Die Yayla ist 25 km von Iğdır entfernt und liegt 2.250 m hoch. Wir durchfahren das Dorf Karaçomak, das früher auf Kurdisch *Zor* hieß. Eine Kirchenruine erinnert daran, daß hier bis 1915 auch Armenier gewohnt haben. Die Kurden erzählen uns später auf der Yayla, daß sie früher in dem Dorf Zor mit Armeniern friedlich zusammengelebt hätten. Das Zelt des kurdischen Stammesführers (*Ağa*) - wir sind bei einem Unterstamm der *Zilanli* - ist das größte: 10,5 m lang und 5,5 m breit. Es hat 20 Ständer in 5 Reihen, das Dach besteht aus 25 zusammengenähten Bahnen von je 25 bis 30 cm Breite. Um das Zelt verläuft eine Stabwand, die teilweise dekoriert ist, im Zelt ist die Küchenregion mit einer undekorierten Stabwand vom Wohn- und Schlafbereich abgetrennt. Es sind nur die sehr selbstbewußte Frau des Ağas und viele Kinder anwesend. Wir werden sehr offen und freundlich empfangen und gleich zum obligatorischen Tee eingeladen, später auch zum Mittagessen.

Auf der Zor-Yayla stehen etwa 10 originale schwarze Ziegenhaarzelte, dazu einige gekaufte, runde Leinenzelte, so wie sie auch von Bauarbeitern bei Straßenarbeiten benutzt werden.

Eine teilweise dekorierte Stabwand umgrenzt das ganz Zelt

Ein Filzteppich und ein Flachgewebe liegen auf dem Boden. Am Rande steht eine Truhe. In der Ecke ist eine Mafrasch zu sehen: eine längliche, dekorierte Aufbewahrungs- und Transporttasche. Ein langer Kelim deckt das Bettzeug ab, eine Rohrwand umgrenzt und schützt das Zeltinnere.

Das große Zelt des Stammesführers (Ağa) auf der Zor-Yayla

Bala- und Bercelan-Yayla bei Hakkari
Stamm der Jirki und Stamm der Pirusi

Die Sommerweiden um Hakkari liegen sehr hoch, die *Bala-Yayla* 3.500 m. Zu der Zeit, als noch alle Yaylas zugänglich waren, hatte jedes Dorf drei Yaylas: eine Frühjahrs-Yayla, eine Hochsommer-Yayla und eine Herbst-Yayla. Die Hochsommer-Yayla lag am höchsten und grenzte oft an die Schneefelder und Gletscher in den über 4.000 m hohen Bergen. Die Zelte werden auf den verschiedenen Yaylas immer an den selben Stellen errichtet, die an den in die Erde eingelassenen Öfen zu erkennen sind. Diese Öfen heißen *tandır*, sind bis zu 80 cm tief und birnenförmig mit tönernen Wänden. Feuer wird mit niedrigem Strauchwerk und getrocknetem Dung (*tezek*) entfacht. Ein Erdkanal bringt die nötige Luft an den Boden des Ofens. Jedes Zelt hat zwei Öfen: einer ist zum Brotbacken, wobei der fladenförmig ausgewalzte Brotteig an die heißen Wände geklebt wird. Sobald das Brot genügend gebacken ist, löst es sich von der Wand ab und kann herausgenommen werden. Dieses dickere Fladenbrot heißt auf kurdisch *nan*. Der Backprozeß dauert nur wenige Minuten. In dem zweiten Ofen wird Essen und Tee bereitet und warm gehalten. Die *tandırs* sind nahe an der tagsüber geöffneten Seite des Zeltes und manchmal noch unter dem Dach. Sie müssen nicht jedes Jahr neu gebaut, sondern in der Regel nur ausgebessert werden.

Auf der Bala-Yayla in 3.500 m Höhe (2003)

Ziegenmelken auf der Bercelan-Yayla (2003)

Kurdin auf der Bercelan-Yayla vor ihrem Zelt (2003)

Spinnen von weißem Ziegenhaar auf der Bala-Yayla, 3.500 m (2003)

Kurde mit Kelim auf der Bala-Yayla, 3.500 m (2003)

Buttern in einem Ziegenbalg auf der Bercelan-Yayla (2003)

Kurdin auf der Bala-Yayla, 3.500 m, mit dreieckiger Rücken-Tragetasche (2003), rechts: Ansicht der Tasche von hinten

Ein älteres Ehepaar auf der Yayla

Backen von Fladenbrot im tandır, einem Erd-Backofen auf der Bala-Yayla (3.500 m)

Junger Mann mit Maultier auf dem Weg zur 3.500 m hoch gelegenen Bala-Yayla (2003).
Die trittsicheren Maultiere mit speziellen Tragetaschen sind die bevorzugten Transporttiere in den Hakkari-Bergen.
Prallgefüllt stehen diese Maultier-Tragetaschen frei in den Zelten.

Eine Hakkariziege mit den typischen abgeflachten, säbelförmig nach hinten gebogenen Hörnern.
Sie stehen den wilden geschützten Bezoarziegen sehr nahe, von denen alle Hausziegen abstammen, und die es in den Hakkari-Bergen noch gibt.
(s. Seite 283)

Geschossene Bezoarziege (2003)

Doppelkäfig mit zahmen Steinhuhn-Küken auf der Bercelan-Yayla (2003)

Großes Kurdenzelt auf der Taku-Yayla mit teilweise aufgerolltem Zeltvorhang (1989)

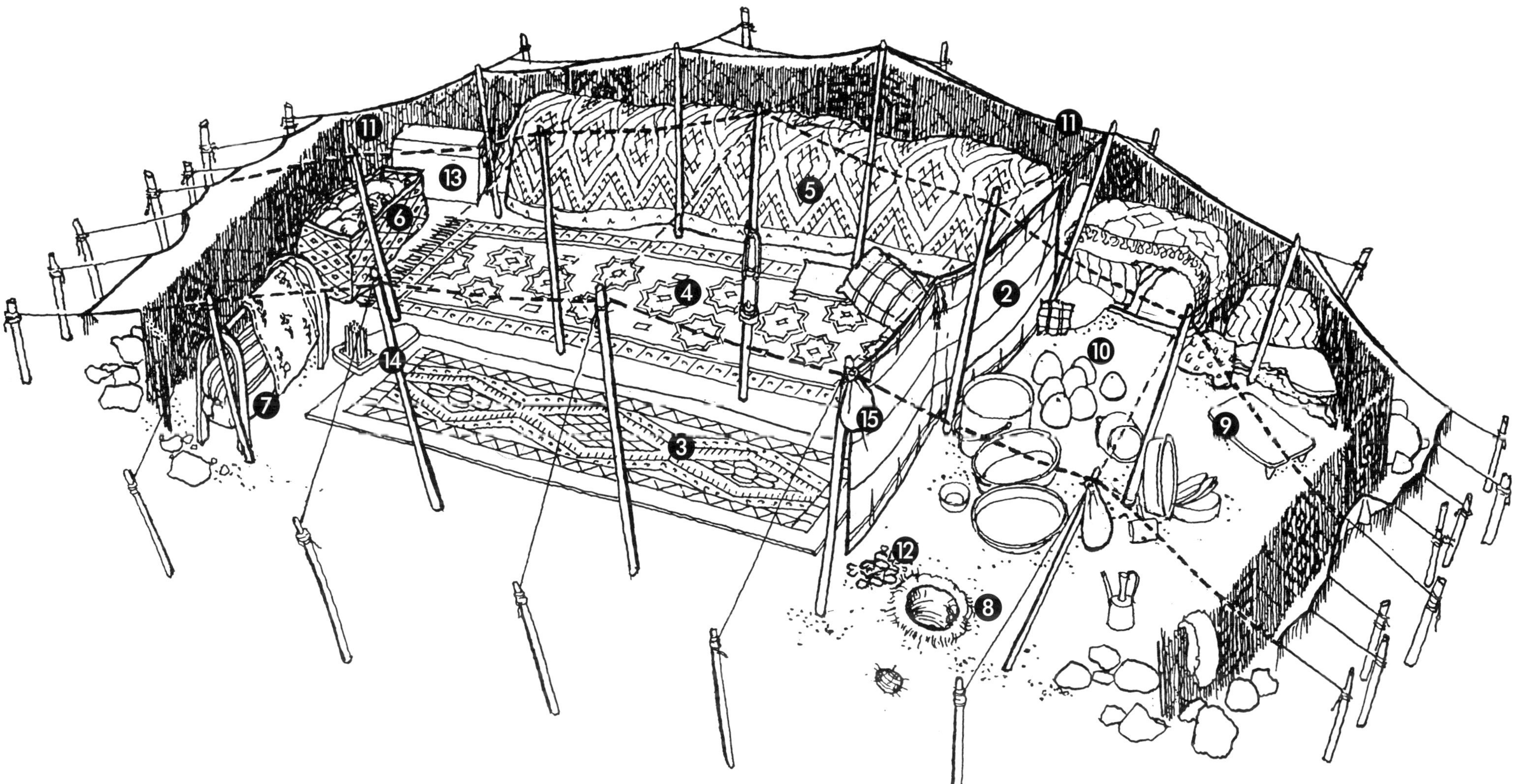

Großes Kurdenzelt
mit 15 zelttragenden Pfosten in 5 Reihen
(Zeichnerische Darstellung von Gerd Schneider nach Fotos von Harald Böhmer – Zeichnung nicht typisch für einen bestimmten Stamm)

❶ *Zeltvorhang*
❷ *Zeltteiler*
❸ *Filzteppich*
❹ *Florteppich*
❺ *Kelim*
❻ *Transporttasche (Mafrasch)*
❼ *Wiege*
❽ *Tandır (Erdbackofen)*
❾ *Fladenbrotbrett*
❿ *Käse, zu Kegeln geformt*
⓫ *Stabwand an mehreren Stellen*
⓬ *Getrockneter Dung (Brennmaterial)*
⓭ *Truhe*
⓮ *Kämmbrett*
⓯ *Käse im Beutel*

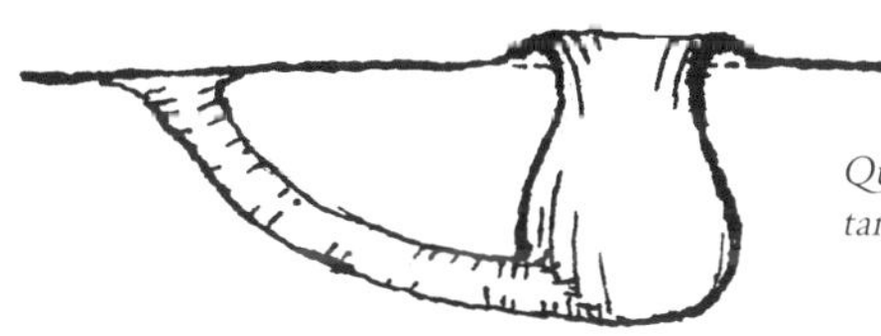

Querschnitt:
tandır (Erdbackofen)

Exkurs

Jochen Böhmer
Eine Reise zu den prähistorischen Felsbildern im Tirişin-Hochland südlich von Van
(Fotos und Text nach Tagebuchaufzeichnungen von 1979)

Zu den wenig bekannten archäologischen Sehenswürdigkeiten in der Südost-Türkei gehören auch zahlreiche prähistorische Felsbilder. Ich erfuhr davon erstmals in der Universitätsbibliothek Freiburg, als ich auf das Buch „Petroglyphs of South-East Anatolia“ von Muvaffak Uyanık stieß (Graz 1974; Akademische Druck- und Verlagsanstalt). Daraufhin packte mich und meinen Reisegefährten Matthias die Abenteuerlust: Wir beschlossen, im Rahmen einer längeren Reise in die Osttürkei im Sommer 1979 auch das Khan-i-Melikan-Gebiet im Tirişin-Hochland südlich von Van zu besuchen, das nach den Angaben von Uyanık die größten und beeindruckendsten Felsbilder beherbergen sollte. Dieser Reiseabschnitt wurde vor allem zu einer unvergeßlichen Begegnung mit den kurdischen Bergnomaden in diesem Gebiet und ihrer Gastfreundschaft.
Wir begannen unsere Reise in der Türkei mit einer Busfahrt von Istanbul nach Van - fast 1.700 Kilometer in 36 Stunden für damals umgerechnet 18 DM pro Person (9 Euro). Wir hatten unsere Plätze in der letzten Reihe direkt über dem Motor des Busses; daher kann ich mich auch akustisch heute noch gut an die Fahrt erinnern. Wir waren mit Rucksack, Zelt und Schlafsäcken ausgerüstet und wollten in dem bis zu 2.800 Meter hohen, im Sommer stellenweise von kurdischen Bergnomaden besiedelte *Khan-i-Melikan*-Gebiet in der Nähe der Felsbilder zelten. Zur Orientierung hatten wir nur die Fotokopie einer sehr einfachen Kartenskizze des Tirişin-Hochlandes aus dem Buch von Uyanık; so etwas wie Wanderkarten gab es für die Gegend nicht.
Nach einem Erholungstag in Van und einem wegen nur unregelmäßig bestehender Fahrverbindungen abgebrochenen Versuch, die Felsbilder auf dem kürzesten Weg über den Ort Çatak zu erreichen, starteten wir erneut von Van aus. Wir fuhren mit einer Sammeltaxe nach Kasrık. Der sehr freundliche Chef der Gendarmerie-Station dort lud uns und zum Mittagessen ein. Anschließend reisten wir per Minibus weiter auf einer Schotterstraße, die in sagenhaften Steigungen durch eine wenig besiedelte, felsige Gebirgslandschaft Richtung Süden führte. Die zum Teil nicht sehr vertrauenserweckend wirkenden Mitfahrer - einer wollte ständig Geld von mir haben - klärten uns bald darüber auf, daß wir uns hier in kurdischem Gebiet befänden. Ich hatte das bereits daran gemerkt, daß ich trotz meiner reisetauglichen Türkisch-Kenntnisse nichts von den Gesprächen der Mitfahrer untereinander verstand, die sich alle auf kurdisch unterhielten. Ein Mitfahrer erzählte, daß täglich aus dem Iran mit 1.000 Pferden Waffen in die Gegend gebracht würden.
Kurz nach Sonnenuntergang wurden wir an einer Straßenkurve abgesetzt, von der aus wir unser Tagesziel, das Dorf Mervane, nach einer Stunde Fußmarsch kurz vor Anbruch der Dunkelheit erreichten. Wie wurden dort sehr freundlich vom Dorfvorsteher empfangen und eingeladen, zu übernachten. Nachdem wir unser Zelt am Rande des Dorfes aufgebaut hatten, brachte er uns Fladenbrot, Ziegenkäse mit Schnittlauch und Tee. Wir nahmen diese Mahlzeit bei Taschenlampenlicht unter den erstaunt-neugierigen Blicken von erst zwei, dann fünf und schließlich ungefähr 30 Dorfbewohnern - vor allem Kindern - ein, die sich mittlerweile eingefunden hatten, um die - wie wir später erfuhren - ersten Ausländer im Dorf zu sehen.
Am nächsten Morgen sagte uns ein Dorfbewohner, daß wir Pferde mieten sollten, um zu den Felsbildern und zurück nach Mervane zu gelangen; wegen Blutrache-Fehden könne man dort nicht übernachten. Wir bekamen nochmals Brot und Käse und brachen dann aber ohne Pferde und begleitet von mehreren Kindern auf, die uns anfangs den Weg wiesen. Es begann eine Odyssee zu Fuß, per Lastwagen und dann wieder zu Fuß, auf der wir uns nach zum Teil widersprüchlichen Aussagen von Dorfbewohnern, Reitern und Schäfern richteten, die wir unterwegs antrafen. Die baumlose, leicht hügelige Landschaft ohne auffällige oder markante Merkmale und

Kurdisches Zeltlager im Tirişin-Hochland südlich von Van (1979)

die zahlreichen kleinen Fußwege und Pfade erschwerten die Orientierung; zeitweise wußten wir nicht, ob wir unser Tagesziel erreichen würden. Bei Anbruch der Dunkelheit gelangten wir schließlich zu einem kleinen Zeltlager im *Khan-i-Melikan*-Gebiet. Dort wurden wir mit den Worten empfangen: „Guten Abend, herzlich willkommen, seid unsere Gäste". Noch nie hatte ich auf Reisen eine so vorbehaltlose und offenherzige Begrüßung erlebt. Der Mann, der uns so begrüßte, heißt Ramazan. Er lud uns ein, bei seiner Familie im Zelt zu bleiben und verbot uns quasi, unser eigenes Zelt aufzubauen. Wie wir später erfuhren, hatten wir die Yayla bzw. *Zoma* des Dorfes Sirmali bei Çatak erreicht.

Das Zelt von Ramazans Familie füllte sich nach unserer Ankunft mit Verwandten und Freunden, und es gab dann bald ein reichhaltiges Abendessen. Im Laufe des Abends kam eine Streife aus drei Angehörigen der türkischen Gendarmerie vorbei; sie wurden auch freundlich bewirtet und gingen bald weiter. Danach wurden wir gebeten, nun doch endlich unsere Landkarten mit den eingezeichneten Verstecken armenischer Schätze auszupacken und vorzuzeigen. Es dauerte eine Zeit lang bis ich verstand, was gemeint war: Auf dem Tirişin-Hochland lebten früher auch Armenier, die offenbar vor ihrer Vertreibung Schmuck, Gold und andere Wertgegenstände vergraben hatten. Die Runde nahm an, dass wir auf Schatzsuche seien. Man glaubte uns offensichtlich nicht, dass wir die Mühsalen dieser Reise auf uns genommen hatten, nur um die - ihnen allerdings durchaus bekannten - Felszeichnungen zu besichtigen. Es dauerte lange, bis ich Ramazan und die anderen Anwesenden anhand von fotokopierten Seiten des Buches von Muvaffak Uyanık - darunter u. a. auch die Kartenskizze - davon überzeugen konnte, dass wir wirklich die Felsbilder sehen wollten und keine anderen Karten bei uns hatten. In der Nacht schlief ich bestens, obwohl es sehr ungewohnt war, neben der ganzen Familie und unter einem großen Kelim als Bettdecke zu liegen.

Am nächsten Tag wurden wir von mehreren Männern begleitet, die uns im Laufe des Tages zu den größten und seltensten der weit verstreut in der bis zu 3.200 Meter aufragenden Gebirgslandschaft liegenden Felsbildern führten.

Die große Anzahl von Felsgravuren sowie die Darstellung auch von Dämonenbildern weisen darauf hin, daß das *Khan-i-Melikan*-Gebiet früher ein kultisches Zentrum gewesen sein könnte (Uyanık, S. 36). Zu den beeindruckendsten Bildern gehört die Darstellung einer zweiköpfigen Tierfigur. Dabei handelt es sich wahrscheinlich um eine Wunschzeichnung; d. h. sie wurde angefertigt in dem Glauben, daß dadurch mehr des damals in dem Gebiet lebenden Wildes in die von Jägern aufgestellten Fallen laufen würden (ders. Seite 35).

Die Zeit der Entstehung der Felsbilder läßt sich nicht genau datieren. Nach Einschätzung von H. Uyanik sind sie zwischen 10.000 und 7.000 v. Chr. entstanden. Diese Datierung wird bestätigt durch die stilistisch ähnliche Wiedergabe eines Boviden auf dem Relief eines Pfeilers von Göbekli Tepe (s. Seite 285) aus dem Frühneolithikum (ca. 10.000 v. Chr.). (Hauptmann 2003, S. 7).

Ein Dämon

Zweiköpfiges Mischwesen

Bergziegen oder Steinböcke

Bald nachdem wir von der Besichtigung der Felsbilder ins Zelt unserer Gastgeber zurückgekehrt waren, zeigten sich bei Matthias erste Symptome einer sehr heftigen Darminfektion, die sich in wenigen Stunden so stark verschlimmerten, daß er nicht einmal mehr aufstehen konnte - trotz Einnahme starker Medikamente. Ich war aufs Äußerste besorgt, mußte aber bald einsehen, daß schnelle Hilfe oder einen Transport nach Van zu organisieren nicht möglich war. Der Grund: Das einzige relativ schnell per Pferd erreichbare Telefon in der Gegend befand sich in einem Dorf, mit dem das Dorf unserer Gastgeber in Blutrache-Fehde lag. Man sagte mir dann, daß-sehr früh am nächsten Morgen ein Lastwagen vorbeikommen würde, der die verschiedenen Zeltlager auf dem Hochland mit Obst und Gemüse versorgte. Ramazan versprach dafür zu sorgen, daß der Lastwagen uns nach Van mitnehmen würde und fügte hinzu, daß Matthias auch hier gesund werden würde, wenn Allah dies wolle. Wenn sein Zustand sich bis morgen nicht bessere, solle er mit unserer Hilfe ein kurzes Bad in einem Gebirgsbach nahebei nehmen; das würde erfahrungsgemäß helfen. Währenddessen sorgte Ramazans Frau ununterbrochen für Matthias in dieser nicht gerade einfachen Situation. An dem Abend erzählte mir Ramazans Sohn Naif noch einiges über den Islam, darunter u. a., daß der Islam sich Kraft der Worte des Koran verbreite und nicht mit Feuer und Schwert.
In dieser Nacht schlief ich in Sorge um Matthias nicht gut und stand sehr früh auf. Die Kühle und Ruhe des Morgens tat gut; auf weit abgelegenen Hängen stieg Rauch auf aus den Feuerstellen anderer Zeltlager. Matthias' Zustand hatte sich zum Glück gegen morgen etwas gebessert: die Medikamente hatten schließlich offenbar doch gewirkt. Um sieben Uhr kam der Lastwagen und es begann eine abenteuerliche Fahrt durch das landschaftlich großartige Tirişin-Hochland, die uns noch zu zwei Dörfern und einem abgelegenen Zeltlager abseits jeglicher Wege führte, bevor der Chauffeur in einem großen Kraftakt einen anderen Lastwagen einholte, mit dem wir schließlich abends in Van ankamen.

Epilog

Die geschilderte Reise zu den Felszeichnungen ist mir noch sehr lebhaft in Erinnerung, obwohl sie nun schon viele Jahre zurückliegt. Im Nachhinein betrachtet war sie sicherlich auch etwas leichtsinnig. Bei Durchsicht der Tagebuchaufzeichnungen fielen mir mehrere Notizen auf (wie z. B. die erwähnten waffentransportierenden Pferde), die bereits die dann 1984 ausgebrochenen gewaltsamen türkisch-kurdischen Auseinandersetzungen erahnen ließen; die Brisanz dieser Informationen konnte ich damals nicht einschätzen. Infolge der bürgerkriegsartigen Auseinandersetzungen in Ost-Anatolien zwischen der PKK und dem türkischen Militär sind in den Jahren von 1984 bis 1999, zusätzlich zu den ca. 35.000 Todesopfern auf beiden Seiten, mehrere tausend Dörfer zerstört worden. Mehrere hunderttausend Kurden haben ihre Heimatdörfer verlassen - darunter wahrscheinlich auch die Menschen, denen wir begegneten. Die Trauer darüber ist einer der Gründe, warum ich seit 1979 nicht mehr in Ost-Anatolien war.
Im Hinblick auf einen möglichen EU-Beitritt der Türkei gilt es zu beachten, daß auch die von der Regierung beschlossenen Reformschritte zur Sicherung der kulturellen Rechte der Kurden in der Türkei weiter geführt, vor Ort umgesetzt und die zerstörten Dörfer wieder aufgebaut werden. Die Felsbilder im Tirischin-Hochland können dann zu einem zugänglichen Touristenziel und zu einer Einkommensquelle für die Anwohner werden.

Bonn, 2004.

(Quelle der Zahlenangaben: Human Rights Watch; u. a. World Report 1999: Turkey: Human Rights Developments; www.hrw.org).

Der Autor des Exkurses beim Dorf Mervane (Foto: M. Schinzel)

Kurdin vor ihrem Zelt, im Hintergrund eine Stabwand, hier als Zeltteiler

Der „Barbier" des Lagers vor einer Einfriedungsmauer aus aufgeschichteten Steinen. Jedes Zelt wird durch solch eine Mauer u. a. vor Wind und Tieren geschützt.

Einsammeln von trockenem Dung als Brennmaterial

Textilarbeiten der Nomaden in Anatolien im ausklingenden 20. Jahrhundert

Filz

Der Filz wird oft nicht zu den Textilien gerechnet, weil man unter Textil nach dem lateinischen Urprungswort *textere* eine Struktur versteht, ein aus Fäden bestehendes Gewebe oder Flechtwerk. Da es keinen passenden Oberbegriff gibt, der Filz und Gewebe umfaßt - die Bezeichnung Material greift zu weit - rechne ich den Filz kurzerhand mit zu den Textilien. Die wesentliche Gemeinsamkeit hat Filz mit Textilien darin, daß er aus Fasern als kleinster Einheit besteht.

Filzteppich der Karakoyunlu-Yürüken

Filz ist nach dieser Auffassung das Ur-Textil. Er besteht aus Fasern, die nicht vorher in einem Spinnprozeß zu Garnen verarbeitet worden sind. Die Fasern müssen ungeordnet kreuz und quer liegen. Die einzige vor dem eigentlichen Filzen liegende Arbeit besteht darin, diese Unordnung der Fasern bei gleichzeitiger Lockerung herzustellen. Das Gerät dafür ist die schwingende Saite eines Bogens. Die Saite wird mit einem pilzförmigen Holzgerät zum Schwingen gebracht und in die Wollbüschel eingetaucht. Dabei werden die Fasern aufgewirbelt und setzen sich dann wieder in lockerer Unordnung. Fladenförmige Haufen so gelockerter Wolle sind das Ausgangsmaterial für das eigentliche Filzen, das ein stundenlanger Walkvorgang ist. Gelegentliches Zusetzen von warmem Seifenwasser fördert das Verfilzen der Wollfasern. Die Nomaden des Karakoyunlu-Stammes sind die einzigen Nomaden in der Türkei, die noch Filz in Handarbeit herstellen bzw. bis vor wenigen Jahren herstellten: Filzteppiche und Hirtenumhänge. Obwohl das Filzen eine stundenlange schwere Arbeit ist, machen es nur die Frauen. Sie benutzen die Unterarme und die Hände zum Walken. Alte Strümpfe schützen dabei oft die Haut vor dem Wundwerden.

Nicht jede Wolle ist zum Filzen geeignet. Die zu verfilzenden Fasern dürfen an ihrer Oberfläche nicht glatt sein. In der Türkei wird nur die Wolle von der ersten Schur der Lämmer und die im Sommer gewachsene und im Herbst geschorene Sommerwolle für Filz verwendet. Die Schafe werden vor der Schur gewaschen, um den Schweiß zu entfernen, der den Filzvorgang offenbar behindern würde. Es gibt in der Türkei noch eine Reihe von Filzwerkstätten, in denen Maschinen zum Walken verwendet werden. Die Yürüken vom Stamm der Sarıkeçili geben Wolle in solche Werkstätten, die dort zu Teppichen und Hirtenmänteln verarbeitet wird oder auch zu einfachem Filzstoff, der dann von den Yürüken selbst zunächst passend geschnitten und anschließend weiter verarbeitet wird zu Kamel-Packsätteln, Eselssätteln, Tragegriffen an den Transportsäcken oder auch zu praktischen Babytaschen (*belek* oder *bebelik*), die die Frauen mit Bändern auf dem Rücken tragen. Die Filzwerkstätten walken oft ihren Namen oder den Namen des Auftraggebers in die Filzteppiche. Für farbigen Filz werden dort nur synthetische Farbstoffe verwendet. Einfache Muster lassen sich mit ungefärbtem schwarzem und weißem Filz machen, wobei der musterbildende weiße Filz von einem Filzstück in Streifen mit einer Schere abgeschnitten wird, und diese Streifen dann zum Muster als erste Schicht ausgelegt werden.

Schafwäsche

Walken eines Hirtenmantels (kepenek), Karakoyunlu-Yürüken (1984)

Wie die Karakoyunlu-Frauen einen Filzteppich herstellen (1992)

1. Abwiegen der Wolle für einen Filzteppich

2. Auflockern der Wolle mit der schwingenden Saite eines Bogens

3. Auslegen des Musters mit weißen Filzstreifen

4. Auslegen der Fladen aus aufgelockerter Wolle auf das Muster

5. Besprühen der ausgelegten Wolle mit warmem Wasser

6. Walken und Rollen

Ältere Yürüken tragen Hosen aus Wollstoff, der verfilzt ist. Diesen Stoff weben Frauen auf in den Boden eingelassenen Webstühlen. Kette und Schuß sind aus Wollgarn. Der Stoff wird dann in einem Kessel, der mit Seifenwasser gefüllt ist, erhitzt und anschließend in einem flachen Walktrog verfilzt. In dem Yürüken-Dorf Çamkalabak in Nordwest-Anatolien ist dieses alte Handwerk noch lebendig. Der für längere Zeit gekochte Stoff kommt als Rolle in den Trog, der einen gewellten Boden hat, darüber wird ein Stück Baumstamm gelegt, das an beiden Enden mit Griffen versehen ist. Zwei Männer oder Jungen ziehen den Stamm vor und zurück. Der Wollstoff unter dem Balken wird so lange gewalkt, bis der erwünschte Verfilzungsgrad erreicht ist.

Kochen des wollenen Hosenstoffes mit Seifenwasser und Herausnehmen des Stoffes aus dem Kessel (1984)

Weben von Hosenstoff auf einem horizontalen, teilweise in die Erde eingelassenen Webstuhl; Karakoyunlu-Yürüken im Winterlager (1986)

Hirte aus dem Bahar-Clan der Karakoyunlu-Yürüken mit Hirtenmantel (kepenek) aus Filz, gefilzter Wollhose, gestrickten Wollsocken und gestrickter Wollkappe.
Der junge Mann studiert in Ağrı in Ost-Anatolien, um Dorflehrer zu werden, kommt aber in den Sommerferien auf die Yayla ins Zelt seiner Eltern und hütet die Schafe.

Garne

Für Gewebe sind Garne nötig. Garne entstehen durch Spinnen. Um das Verspinnen zu vereinfachen und gleichmäßig gesponnenes Garn zu bekommen, ist vor dem Spinnen oft ein Kämmprozeß eingeschaltet. Das Gerät dazu ist ein Kämmbrett. Die geschorene Schafwolle oder das geschorene Ziegenhaar wird von Hand mehrfach durch ein System von auf dem Brett aufrecht stehenden spitzen Nägeln gezogen. Dabei ordnen sich die Fasern parallel. Geschickten Frauen gelingt es auch ohne Kämmbrett - allein von Hand - aus einem losen Wollbündel eine Art Wurst zu formen, in der die Fasern schon weitgehend parallel liegen. Zum Spinnen dienen verschiedene Formen von Spindeln: solche, die hängend in Rotation versetzt werden und solche, die auf einer festen Unterlage - einer Scheibe oder einem Teller - in Rotation versetzt werden. Durch die Rotation und das Gewicht der Spindel entsteht eine Zugkraft, die den von den Fingern geformten Faden aus dem Wollbündel zieht, das meistens um den Unterarm gewickelt getragen wird. Bei Spinnrädern erzeugt ein Rad die Rotation und die Zugkraft. Die in der Türkei verwendeten Spinnräder werden in der Regel mit der Hand betrieben, nicht mit dem Fuß. Eine Hand dreht das Spinnrad, die andere formt aus dem Faserbündel das Garn. Spinnräder dienen auch zum Zwirnen, d. h. zum stärkeren Verdrillen von Garn und zum Verdoppeln von Garn. Zum Zwirnen und Verdoppeln sind aber auch die einfachen Handspindeln geeignet.

Kamele werden nicht geschoren: ihre verspinnbare Winterwolle wird ausgerupft oder fällt von alleine ab und muß nur noch eingesammelt werden.

Ein Schaf wird zur Schur im Spätsommer abgeführt

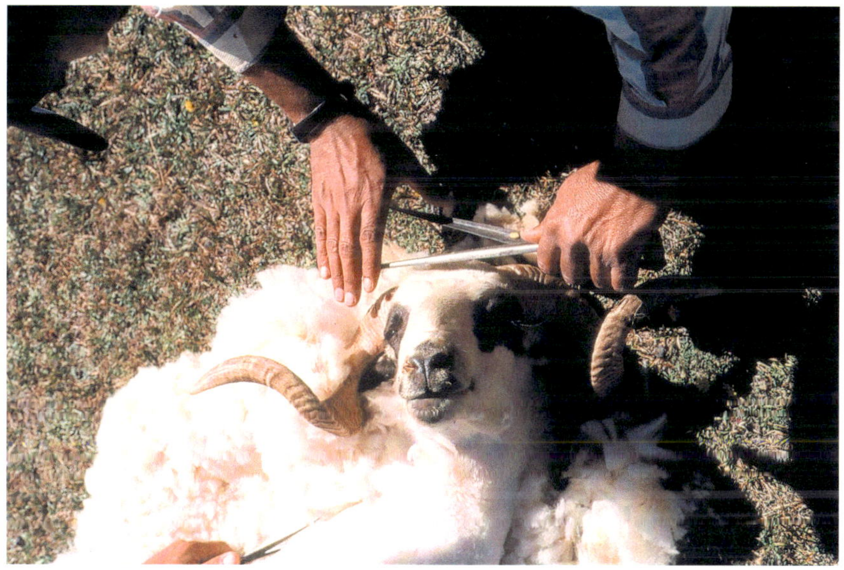

Schur mit der aus zwei Blättern bestehenden Schere, deren Griffe durch einen kurzen Holzstab miteinander verbunden sind

Kämmen von Ziegenhaar mit dem Kämmbrett, Sarıkeçili-Yürükin

Vorbereiten der Wolle zum Verspinnen allein mit den Händen, Karakoyunlu-Yürükin

Spinnrad zum Zwirnen und zum Spinnen auf der Anamas-Yayla der Karakoyunlu

Webstühle

Vertikaler Webstuhl

In der Türkei sind zum Weben vertikale und horizontale Webstühle in Gebrauch, zum Knüpfen (Teppichknüpfen) nur vertikale. Die Arbeitsweise eines vertikalen Webstuhls ist mit nebenstehender Zeichnung erläutert.

Vertikale Webstühle haben zwei stabile Seitenpfosten, die meistens im Zelt oder vor dem Zelt in den Boden eingelassen sind, manche stehen aber auch auf eigenen Füßen. Die Seitenpfosten haben oben Einkerbungen und unten runde Öffnungen zur Aufnahme der beiden runden Holzbalken, die als Bäume bezeichnet werden. Auf den oberen Baum, den Kettbaum, ist die Kette aufgewickelt. Mit einem einfachen Hebel kann am Kettbaum

Vertikaler Webstuhl, Çamurlu-Yayla der Kara-Hacılı-Yürüken im Taurus südlich vom Beysehir-See (1986)

Zeichnerische Darstellung der Funktion eines vertikalen Webstuhls.
K = Kettbaum
T = Trennstab
L = Litzenstab
Z = Zeugbaum

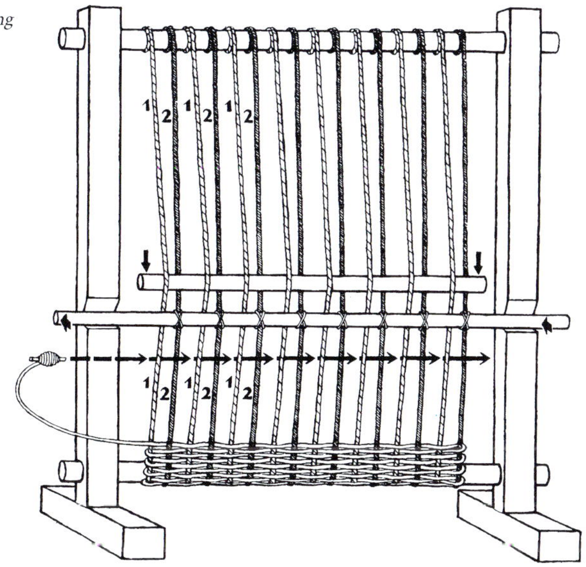

Ausführliche zeichnerische Darstellungen zur Funktion eines vertikalen Webstuhls finden sich im Buch KÖKBOYA (Böhmer 2002a, S. 81)

durch Drehung die zum Weben nötige Spannung auf die Kette gebracht werden. Das fertige Gewebe nimmt der untere Baum durch Umwickeln auf. Er heißt deshalb Warenbaum oder Zeugbaum. Verschiedene Einrichtungen erleichtern das Weben. Die Herstellung des Faches zum schnellen Einführen von Schußfäden ist die wesentlichste Arbeitserleichterung. Dazu dienen Trennstab und Litzenstab. Ein Fach zum Durchführen des Schußfadens entsteht dann, wenn jeder zweite Kettfaden vorne liegt und die anderen hinten. Diese Fachbildung übernimmt der Litzenstab, der mit jedem zweiten Kettfaden durch Schlaufen verbunden ist. Der Trennstab trennt benachbarte Kettfäden und unterstützt die Fachbildung.

Horizontaler Webstuhl

Er hat die gleichen Teile wie der vertikale, aber die Seitenpfosten stehen nicht aufrecht, sondern sie liegen. Es gibt auch hier Kettbaum und Zeugbaum, Litzenstab und Trennstab.

Zelte

Das Garn für Zelte ist aus Ziegenhaar gesponnen. Für die schwarzen Zelte der Yürüken und Kurden ist es vorwiegend schwarzes Ziegenhaar. Kurdische Zelte haben oft in den schwarzen Bahnen eingewobene Verzierungen aus weißem Ziegenhaargarn. Zum Weben von Zeltbahnen werden sowohl horizontale als auch vertikale Webstühle verwendet. Frauen weben die Bahnen locker für die Seitenwände der Yürükenzelte, dicht für die Dächer der Yürüken- und Kurdenzelte. Männer strecken die Dachbahnen und nähen sie dann in gestrecktem Zustand zu Dächern zusammen.

Yürüken vom Stamm der *Kara-Hacılı* fertigten 1987 ein Zelt für Josephine Powells ethnographische Sammlung an. Der Auftrag kam so zustande: Im Sommer 1986 trafen wir in einem Teehaus in dem Ort Yenishah Bademli am Südufer des Beyşehir-Sees einen jungen Yürüken, der sich anbot, uns auf seine Yayla zu führen. Die war aber nicht mit dem Auto zu erreichen, sondern nur zu Fuß. Nach einem Aufstieg mit 700 m Höhenunterschied kamen wir auf die *Çamurlu-Yayla*, was übersetzt Schlamm-Yayla heißt. Die Yayla war aber zu der trockenen Jahreszeit nicht mehr verschlammt. Dort trafen wir Familien vom Stamm der *Kara-Hacılı* an. Eine war bereit, ein Zelt für Josephine zu weben, und die Männer begannen sofort mit dem Verspinnen von Ziegenhaar.

Das Zelt wurde im Mai des nächsten Jahres im Dorf der *Kara Hacılı* fertig. Wir waren in der Endphase der Herstellung und zum ersten Aufbau dabei.

Weben von Zeltstoff auf einem horizontalen Webstuhl bei Yürüken im Bolkar-Gebirge (1993)

Ein junger Yürük, der uns zu seiner Yayla, der Çamurlu-Yayla führte (1986).
Er stillt seinen Durst während des Aufstiegs an einer Quelle mit Tränke.

1. Spannen der einzelnen Zeltbahnen und Feststecken mit Holzpflöcken

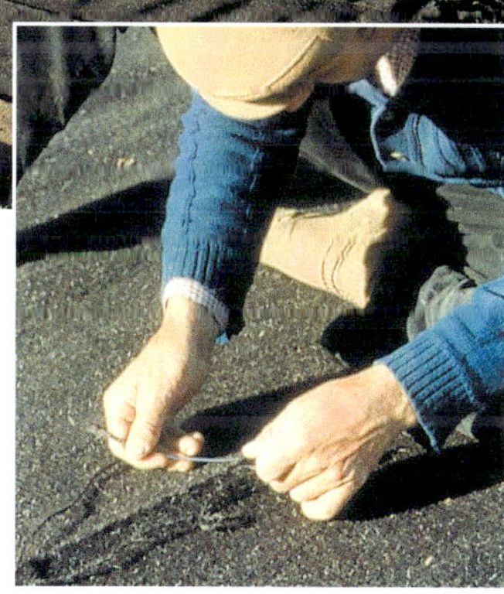

2. Zusammennähen der Bahnen des Zeltdaches

3. Aufstellen des Zeltes, es hat drei Pfosten

4. Das fertig aufgestellte hausförmige Yürüken-Zelt

Die Çamurlu-Yayla der Kara-Hacılı-Yürüken im Taurus, 1.000 m oberhalb vom Beysehir-See, der hier schwach zu sehen ist. Neben einigen Zelten stehen Hütten aus aufgeschichteten Steinen – es sind die Käsereien der Yayla-Bewohner (1986).

Schlitzkelim-Weben in einem Zelt der Karakoyunlu; das Muster wird turmartig aufgebaut

Schlitzkelims

Bei den kompliziert gemusterten Kelims laufen die Schußfäden nicht durch von einer Seite zur anderen, sondern kehren dort um, wo die Mustergrenze und Farbgrenze ist. An der Umkehrstelle entsteht ein kleines Loch. Liegen mehrere Umkehrstellen übereinander, so ensteht ein Schlitz. Lange vertikale Schlitze müssen vermieden werden, um den Kelim stabil zu halten. Das Vermeiden langer vertikaler Schlitze hat jedoch einen großen restriktiven Einfluß auf die Musterbildung. Manche Muster sind in der Schlitzkelimtechnik einfach nicht möglich. Es kann zwar die Schlitzbildung vermieden werden durch Verzahnung der an den Mustergrenzen aufeinandertreffenden Schußfäden, aber diese Technik spielt bei anatolischen Kelims nur eine untergeordnete Rolle.

Schematische Zeichnung zur Schlitzkelim Technik

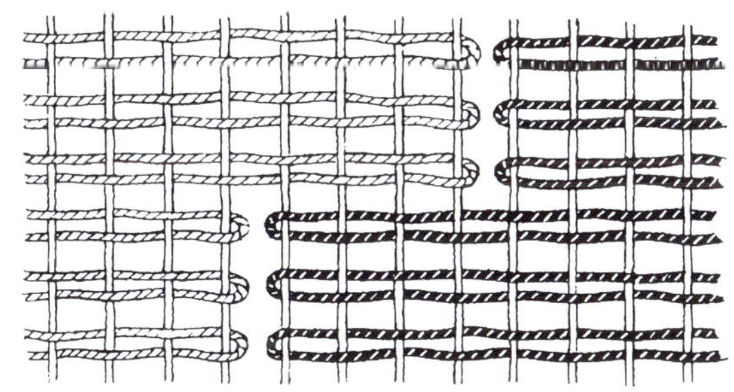

Kelims der Karakoyunlu

Die Karakoyunlus weben bis heute (2003) auf ihrer Yayla im August und September nach dem Ende der Milch- und Käsesaison Kelims, große und kleine. Übereinstimmend sagen sie, daß die großen früher als Kameldecken gebraucht worden sind, die bei der Wanderung über die beladenen Kamele gehängt wurden. In den Zelten sind bis heute die an der Rückwand aufgereihten dekorierten Transportsäcke mit einem langen Kelim abgedeckt. Dieser wird entweder längs gefaltet oder es wird nur eine Bahn von einem zweibahnigen verwendet. Das Zusammennähen der getrennt gewebten Bahnen bleibt vielfach aus. Oder es wird überhaupt nur eine Bahn gewebt. Die kleinen Kelims nennen sie *namazlik*, was Gebetskelim heißt. Nach unseren Beobachtungen werden diese aber nur selten oder nie zum Beten benutzt. Sie dienen vielmehr dazu, das im Zelt neben den Transportsäcken aufgestapelte Bettzeug dekorativ abzudecken, sie heißen deshalb auch *Yük*-Kelims. *Yük* ist die bewegliche Habe, zu der auch das Bettzeug gehört. Obwohl die Kelims der Karakoyunlu jetzt grelle synthetische Farben haben, sind sie in den Touristenläden der türkischen Südküste nach einer scharfen chemischen „Antikisierungswäsche" verkaufbar. Sie sind aber auch unabdingbare Aussteuerstücke für jede Karakoyunlu-Braut, selbst dann, wenn sie nicht in ein Zelt sondern in ein Haus zieht. Diese Stücke werden nur verkauft, wenn dringend Geld gebraucht wird z. B. für den Kauf eines Traktors oder den Bau eines Gewächshauses.

Sobald die Karakoyunlus Häuser gebaut haben, lagern ihre Kelims in den Häusern. Wenn Gäste kommen, werden die schönsten zum Draufsitzen ausgebreitet. Fatma Manda hat einmal alle großen Kelims, die sie in den letzten zehn Jahren zusammen mit ihrer Mutter auf der Yayla wob, vom umlaufenden Balkon des 1991 von den Eltern erbauten Hauses herunterhängen lassen (s. Seite 201). Es sind hier vier verschiedene Typen, die wir für die Karakoyunlu als stammestypisch ansehen können. Variationen und Duplikate dieser Kelims finden sich auch in anderen Häusern und Zelten der Karakoyunlu.

Ich habe immer wieder gefragt, warum sie keine Naturfarben mehr gebrauchen und seit wann nicht mehr. Die jetzige Generation kann sich überhaupt nicht mehr an Naturfarben erinnern, weiß aber, daß diese Farben den Kelims einen höheren Wert geben. Ich habe selbst naturgefärbtes Wollgarn zum Ansehen auf die Yayla gebracht. Die Frauen mögen die Farben, die Männer weniger. Ich nahm dann ungefärbtes Wollgarn der Karakoyunlu mit nach Istanbul und brachte es gefärbt auf die Yayla zurück, als wie üblich das Weben im Spätsommer wieder anfing. Ein Mädchen webte zwei Kelims, einen für die eigene Aussteuer, einen für mich. Sie gab mir für einen großen Aussteuer-Kelim, den sie im nächsten Spätsommer weben

Kleiner Kelim der Karakoyunlu mit Naturfarben. Makam-Yayla (1994)

Naturgefärbte Wolle

Großer Kelim der Karakoyunlu mit den Weberinnen, dem Zeltbesitzer und den Kindern der Famile, Anamas-Yayla (1994). Der Kelim enthält keine Naturfarben.

wollte, diesmal noch mehr Garn zum Färben mit. Das große Stück ist unten abgebildet. Für mich webte sie dann auch noch einen weiteren. In der Wahl der Muster und der Zusammenstellung der Farben gängelte ich die Weberin nicht, ich ließ ihr völlig freie Hand. Es gelang ihr, aus zwei traditionellen Karakoyunlu-Mustern (s. Seite 197 und Seite 200 unten links) ein neues Muster zu weben in einer - wie ich meine - gelungenen Farbkombination, zu sehen auf Seite 199. Bezahlt habe ich diese Kelims nicht mit Geld sondern mit elektronischen Geräten. Für den ersten kleinen Kelim war ein Kassettenrekorder gewünscht, für den größeren ein Fernseher. Ich brachte diese Geräte auf die Yayla, der Kassettenrekorder ist dort mit Batterien zu betreiben, der Fernseher allerdings nicht. Also transportierte ich ihn auf Anweisung der jungen Weberin in ein Haus in der Gegend von Antalya. Später erfuhr ich, daß sie sich von dem jungen Mann ihrer Wünsche, der den geforderten Brautpreis nicht bezahlen konnte, im Winter hatte entführen lassen. Es ist es dann aber doch noch zu einer einvernehmlichen Regelung zwischen den Familien gekommen. Der Fernseher steht jetzt in dem neuen Haus des jungen Paares, das der Vater des Bräutigams gebaut hat. Junge Männer haben heute nur noch Heiratschancen, wenn der Vater für sie ein Haus baut - ein von der Mutter gewebtes Zelt reicht nicht mehr.

Großer Kelim der Karakoyunlu mit Naturfarben, Makam-Yayla (1995)

Großer Kelim als Abdeckung der gereihten Transport- und Vorratssäcke im Zelt der Karakoyunlu, auf dem Boden Filzteppiche und Kissen.

Kelimwebstuhl auf der Anamas-Yayla der Karakoyunlu (1994)

1. Spannen der Kettfäden zwischen 2 Pfählen

2. Spannen der gesamten Kette und Aufrollen des oberen Teils auf den Kettbaum

Wie ein Karakoyunlu-Kelim entsteht (1996)

3. Einfügen der Eisenstange mit der Kette in die Nute des Zeugbaums

4. Dudu Bahar webt den Kelim mit Naturfarben im Zelt

Neuer Karakoyunlu-Kelim mit Naturfarben, gewebt von Dudu Bahar
Maße 0,90 x 2,35 m

Ein typischer kleiner Kelim der Karakoyunlu (Die Wolle wurde nicht mit Naturfarben gefärbt). Sie werden auch Yük-Kelims genannt (s. Seite 194)

Drei große Kelims der Karakoyunlu

Abflechten der Kettfäden eines kleinen Kelims

Einige Kelims, die Fatma Manda zusammen mit ihrer Mutter auf der Anamas-Yayla in etwa 10 Jahren wob, hängen hier vom Balkon des Hauses, das die Eltern 1991 bei Antalya an der Südküste bauten.
Sie zeigen die Mustervielfalt von Karakoyunlu-Kelims . Die Farben sind keine Naturfarben.
Aus solch reicher, überall vorhandener Aussteuer gelangen auch Kelims in den Handel, jetzt und sicher auch früher.

Großer Kelim in einem Dorf bei Fethiye. Er enthält keine Naturfarben.

Şerife Atlıhan

Kelims der Yürüken in Südwest-Anatolien im Gebiet von Fethiye

Die beladenen Kamele sind während der Wanderung mit Kelims bedeckt. Manche dieser Kelims sind Streifen-Kelims, in denen gemusterte Streifen mit ungemusterten in brauner ungefärbter Kamelwolle abwechseln (s. Seiten 114 und 115). Viele Kamelkelims in dieser Region um Fethiye haben ein leeres rotes Innenfeld und werden deshalb rote Kelims genannt (s. Seiten 221 und 222). Die Kelims zeigen den Status der Weberinnen. Manche sind sehr fein gewoben. Die Yürüken-Frauen sagen, Kelims dieser Art müssen so fein gewoben sein, daß 7 Stück in einen Transportsack (*Ala Tschuval*) passen. Ein ganz spezielles Kelimmuster gilt als besonders schwer zu weben, mußte aber bis vor kurzem in jeder Aussteuer als Hochzeitskelim vorhanden sein (s. Seite 221).

So wie sich das Leben der Yürüken ändert, sobald sie seßhaft geworden sind, so ändert sich auch der Stil ihrer Kelims. Die roten Kelims werden kleiner und haben kein leeres Innenfeld mehr (s. Seite 200). Kelims dieser Art dekorieren dann die Wände der Häuser und bedecken schließlich den Sarg Verstorbener. Nach dem Waschen werden sie nach alter Sitte der Moschee als fromme Spende übergeben. Neuerdings wird die Kelimspende durch eine Geldspende ersetzt und der Kelim für späteren Verkauf zurückgehalten. Manchmal wird aber auch gesagt, die der Moschee gespendeten Kelims seien dort vor Diebstahl nicht sicher, in den eigenen Häusern seien sie sicherer.

Kamel bedeckt und dekoriert mit einem Streifenkelim und die Karawaneführerin bei einer Rast auf dem Zug zur Çatma-Yayla (1988)

Kelimweben bei Yürüken vom Stamm der Karatekeli

Kelims der Turkmenen

Die Turkmenen in Anatolien weben heute keine Kelims mehr, haben es aber früher getan. Josephine Powell konnte 1981 noch Kelimweben bei den Emirdağ-Turkmenen mit Fotos dokumentieren. Die Bektik-Turkmenen in Kızılca bei Bor und die der Kuzu Güden und andere in Akkışla haben Josephine Powell und mir mehrfach auf Befragen versichert, daß lange Kelims früher horizontal angebracht waren. Unklar blieb, wo und wie diese Kelims gehängt waren, ob außen zwischen den Scherengittern und dem Filz an Stelle der jetzt üblichen undekorierten Stabwände oder zusätzlich zur Stabwand zwischen dieser und dem Scherengitter oder ganz innen. Einige Yurten haben heute noch vielfach geflickte Stoffbahnen zwischen Scherengitter und Stabrohrwand. Das könnte der Platz gewesen sein, wo früher die Kelims angebracht waren. Gerd Schneider hat nach meinen Anweisungen eine zeichnerische Rekonstruktion angefertigt mit einem horizontal an einer Yurte angebrachten Kelim, der die Stabwand ersetzt und nach außen nur noch den Filz hat, der je nach den Wetterbedingungen auch hochgerollt werden kann und so den Blick frei gibt auf den horizontalen Kelim. Diese Zeichnungen zeigte ich 2003 sowohl bei den Turkmenen in Akkışla als auch denen in Kızılca. Ältere Leute stimmten zu, daß es früher so ausgesehen habe. Es bleibt aber noch so lange eine Hypothese, bis beweiskräftige Fotos oder Zeichnungen aus alten Zeiten oder verläßliche Beschreibungen auftauchen.

Es gibt in anderen Gebieten Anatoliens nur noch wenige Weberinnen, die in alter Tradition große Kelims weben. Lediglich bei den im Sommer in Taurushöhlen lebenden Yürüken verschiedener Stämme aus der Gegend von Manavgat sahen wir noch große Kelims in Arbeit und gelegentlich an anderen Stellen im Taurus (s. Seite 129).

Große lange Kelims der Bektik-Turkmenen im Dorf Kızılca bei Bor (1987)

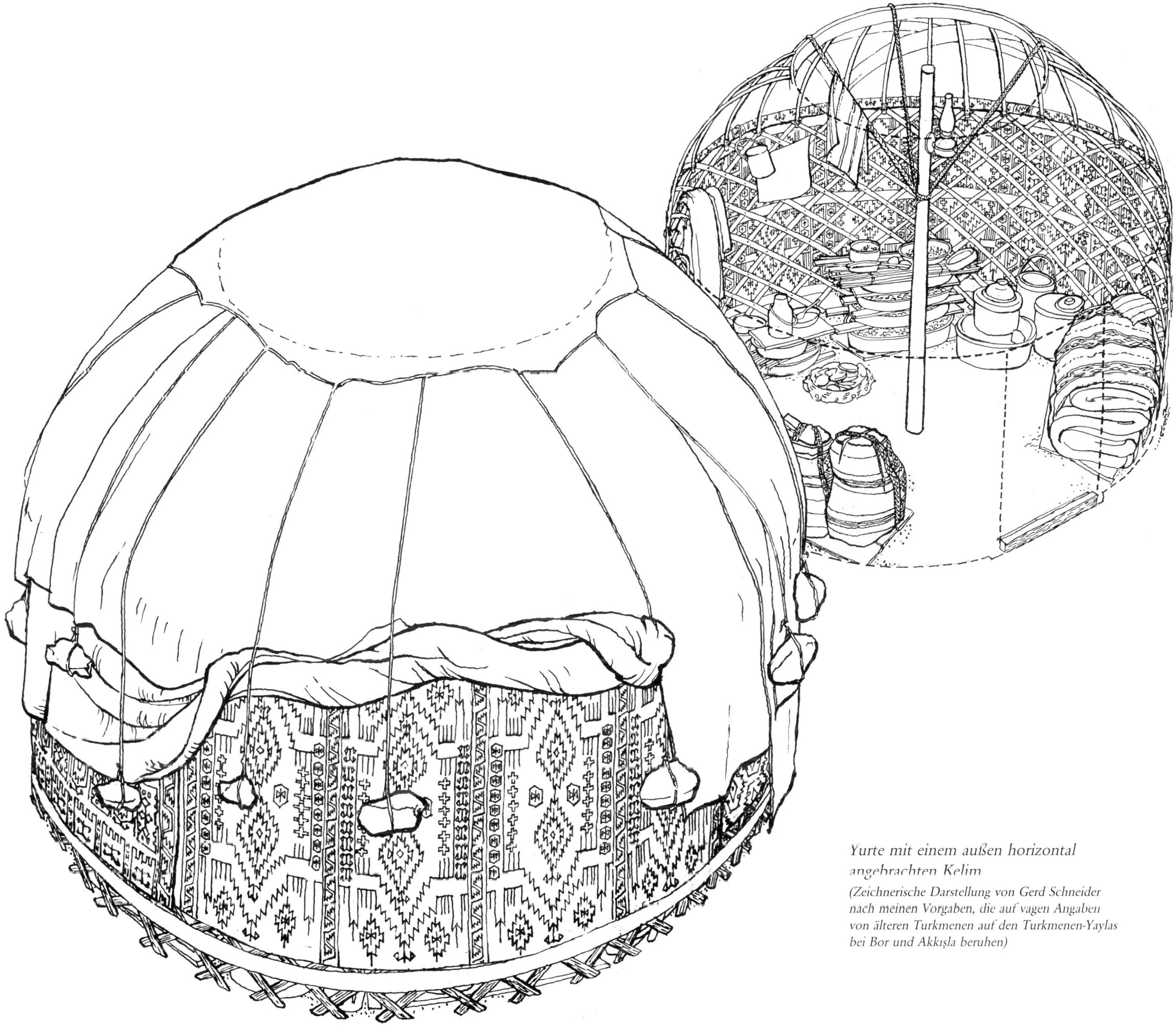

Yurte mit einem außen horizontal angebrachten Kelim

(Zeichnerische Darstellung von Gerd Schneider nach meinen Vorgaben, die auf vagen Angaben von älteren Turkmenen auf den Turkmenen-Yaylas bei Bor und Akkışla beruhen)

Yürüken im Taurus, vermutlich vom Stamm der Bahsis (ca. 1984, Foto: A. Erden)

Kelims der Kurden

Kurdische Weberinnen verschiedener Stämme - besonders im Gebiet von Hakkari - weben bis zur Gegenwart Kelims. Diese sind nicht so groß wie die der Yürüken, enthalten einige größere Formen und eine Vielzahl von kleineren, die jeden freien Raum füllen. Diese Kelims haben ihren eigenen Charakter, werden im Handel aber in der Regel nicht dem Gebiet von

Runas-Kelim aus Hakari mit Naturfarben (2003)

Kelim mit synthetischen Farben in einem Zeltlager südlich von Van im Tirişin-Hochland (Foto: J. Böhmer, 1979)

Hakkari zugeschrieben, sondern laufen unter der Bezeichnung Van-Kelims, nach dem Namen der größeren Stadt am Van-See. Van war aber nicht der Produktionsort, sondern der Handelsort. In Hakkari gibt es seit den 80er Jahren Bemühungen zur Wiederverwendung von Naturfarben als eine Fernwirkung des Naturfarben-Projektes DOBAG in West-Anatolien (s. Seite 132). Seit 2003 berate ich das Naturfarben-Kelimwebprojekt RUNAS in Hakkari.

Broschierte Gewebe

Broschierte Gewebe enthalten zwei verschiedene Sorten von Schußfäden. Die Weberin arbeitet immer von der Rückseite und fügt im Wechsel die von einer Kante zur anderen durchlaufenden Schußfäden und die nicht durchlaufenden Schüsse ein. Diese bilden das Muster, sind farbig und laufen dem Muster entsprechend über einige Kettfädenpaare an der Vorderseite, kehren dann zurück zur Rückseite. Dort werden sie lose zum nächsten gleichfarbigen Musterelement geführt und wieder an die Vorderseite gebracht. Die Enden der an der Vorderseite das Muster bildenden Broschierschüsse hängen hinten frei herunter oder werden abgeschnitten. Die Weberin muß das Muster genau im Kopf haben, da es an der Rückseite, ihrer Arbeitsseite, wegen der herabhängenden Fäden nicht klar zu sehen ist und sowieso nur als Negativ-Form. Es gibt viele Möglichkeiten der Broschierung; deren Klassifizierung und Benennungen sind noch strittig. Ein fertig broschiertes Gewebe sieht wie nachträglich bestickt aus. Es entsteht aber immer - wie vorher erläutert - in einem Arbeitsgang. Die Nomadenfrauen weben in dieser in ganz Anatolien verbreiteten Technik sowohl große Kameldecken als auch kleinere als *namazlik* bezeichnete Stücke, als *minder* bezeichnete Einschlagtücher - z. B. für Fladenbrot - und sogenannte *sofreh* als Eßunterlagen. Eselstaschen und Pferdetaschen werden bevorzugt in dieser Technik gewoben.

Die Verwendung von großen broschierten Geweben als Kameldecken ist schon von mehreren Autoren fotografisch dokumentiert. Kunze veröffentlichte 1993 ein Foto von Ulla Johansen aus dem Jahre 1956 mit einem Kamel der Hayta-Yürüken, das mit einer großen broschierten Decke dekoriert ist. Bates druckte 1973 ein Foto, in dem ein Kamel des Yürükenstammes der Saçıkara mit einer broschierten Decke zu sehen ist. Josephine Powell sah noch 1981 eine Yürüken-Karawane im Taurus. Jedes Kamel trug eine broschierte Decke (s. Seite 211).

In den Zelten der Sarıkeçili-Nomaden liegen auf dem Boden direkt auf der Erde Ziegenhaargewebe in Schwarz und Weiß, die an einer Seite einen Zierstreifen in Broschiertechnik haben. Sie heißen *ala çul. Cul* - auf Deutsch gesprochen „Tschul" - ist ein einfaches Gewebe aus Ziegenhaar, *ala çul* ist ein mit farbigem Wollgarn verziertes Gewebe aus Ziegenhaar. Sie werden im Zelt so ausgelegt, daß der Zierstreifen zu sehen ist und nicht von dem darüber liegenden Filzteppich verdeckt wird (s. Seite 33). Auch die Kameldecken aus Ziegenhaar zum Schutz gegen Kälte und das Reiben des Packsattels enden oft mit einer broschierten Zierbordüre (s. Seite 221).

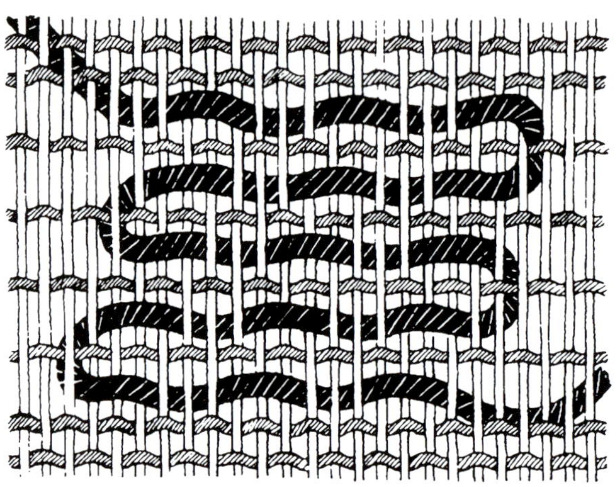

Schematische Zeichnung zu einer Möglichkeit der Broschierung

Weben einer broschierten Decke auf einer Yayla im zentralen Taurus-Gebirge (1995)

Weben einer Eselstasche in Broschiertechnik im Winterlager der Sarıkeçili-Yürüken nahe der Mittelmeerküste (1995)

Broschierte Kameldecke in einem Yürüken-Winterlager im Mäandertal (1984)

Kamel der Hayta-Yürüken mit broschierter Decke (1956, Foto: U. Johansen)

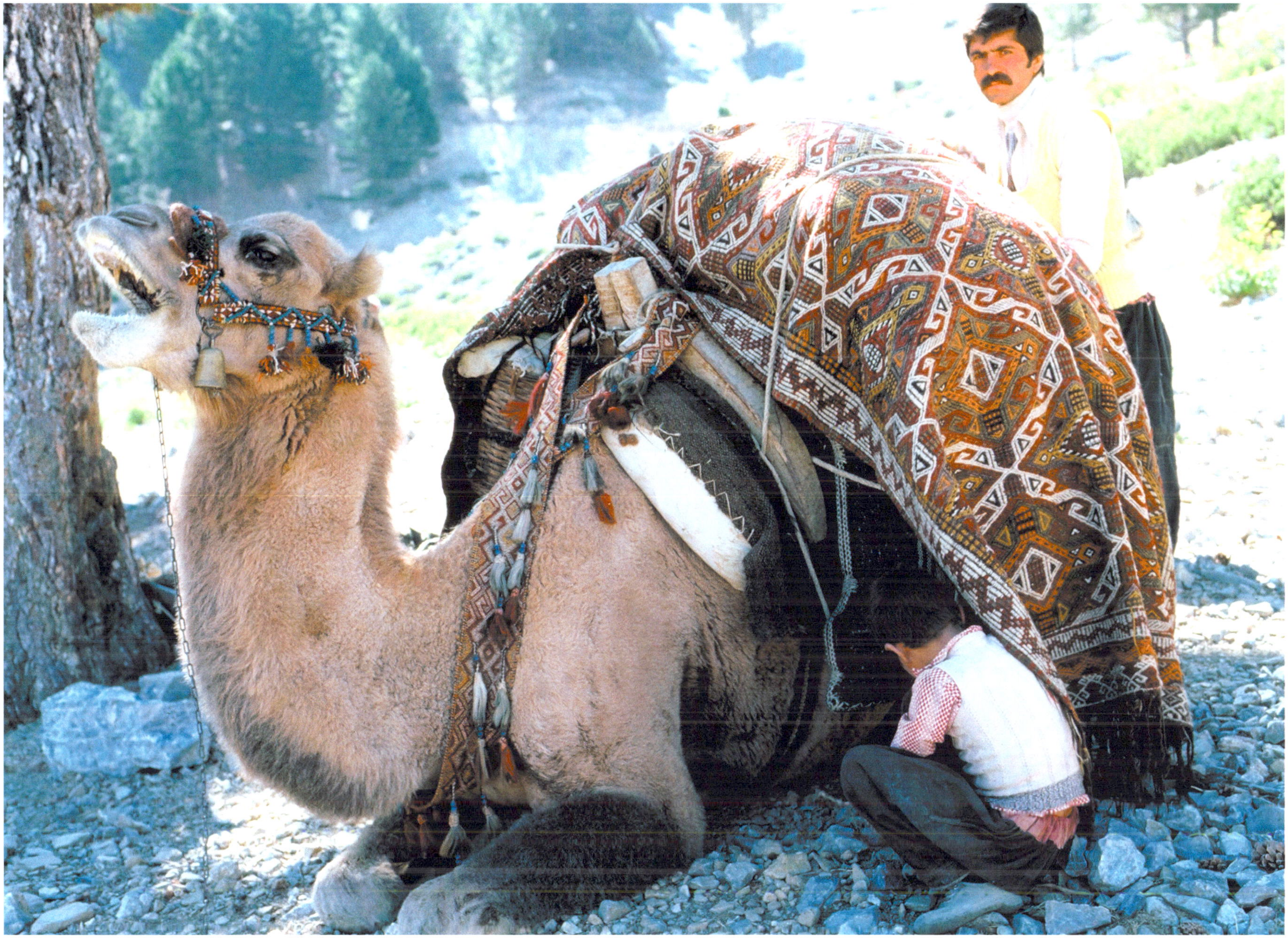

Ein Kamel der Karawane von Hayrı Çoban im Taurus, auf der Rückkehr von der Yayla ins Dorf Küçükler bei Manavgat. Das Kamel ist dekoriert mit broschierten Decken und gewebten Bändern (Foto: J. Powell, September 1981).

Auf dem Webstuhl: ein Ala Tschul (ala çul), der an einer Längsseite in der Broschiertechnik dekoriert ist und später die unterste Schicht auf dem Erdboden im Zelt bildet.
Als Webvorlage dient ein anderer Ala Tschul.

Kameldecke aus Ziegenhaargewebe, das am Rande in der Broschiertechnik verziert ist

Webarbeiten einer Sarıkeçili-Familie: Eine kleine broschierte Decke, die oft als Namazlik (Gebetsunterlage) bezeichnet wird und im Zelt als Abdeckung des Bettzeugs dient, und eine längliche Decke, mit der im Zelt die aufgereihten Säcke oben abgedeckt sind

Wickelschuß-Gewebe (Soumak)

Diese Art von Gewebe aus Kette und durchlaufendem Schuß wird während der Herstellung musterbildend dekoriert durch zusätzliche farbige Schußfäden, die parallel zum normalen durchlaufenden Schuß zwei oder auch mehrere Kettfadenpaare umschlingen, auf der Rückseite um mindestens ein Kettfadenpaar zurücklaufen, um dann erneut eine bestimmte Zahl von Kettfadenpaaren zu umschlingen. Es kann auch auf den durchlaufenden Schußfaden verzichtet werden. Das ist dann der schußlose Soumak. Wieder eröffnen sich verschiedene Arten der Musterbildung, deren Klassifizierung und Benennung unter Experten immer noch strittig ist.

Die Nomaden Anatoliens beherrschen auch diese Webtechnik und wenden sie besonders bei der Herstellung von Transport- und Aufbewahrungssäcken an, oft kombiniert mit der Broschiertechnik und der einfachen schußgesichtigen Webtechnik, also alle drei Techniken in einem Stück.

Schematische Zeichnung der einfachsten Form eines Wickelschuß-Gewebes

Ala Tschuval, die dekorierten Transport-und Aufbewahrungssäcke der Nomaden Anatoliens

Ala Tschuval finden sich noch in jedem Yürükenzelt, aber nur wenige Yürüken-Frauen weben solche Säcke: Bei den Sarıkeçili-Yürüken ist diese Webtradition noch lebendig. Im Winterquartier an der zentralen türkischen Südküste werden solche Säcke gewoben und zwar in den Monaten November und Dezember bevor die Lämmer auf die Welt kommen und die neue Milch- und Käsesaison beginnt. Die Webstühle stehen in oder vor den Zelten, alte Ala Tschuvals sind die Vorbilder für die neuen. Bei den Yürüken werden vertikale Webstühle verwendet, bei den Kurden horizontale.

Die aufgereihten Ala Tschuvals in einem Sarıkeçili-Zelt, die Frau davor gebar am Tag nach dieser Aufnahme ein Kind

Weben eines Ala Tschuvals im Winterlager vor dem Zelt. Ein fertiger Ala Tschuval liegt als Vorlage auf dem Waldboden

Auch die schon seßhaften Yürüken in den Yürükendörfern in Norwest-Anatolien weben noch Ala Tschuvals. Ein Paar gehört in jede Aussteuer und steht in jedem Haus. Ala Tschuvals sind die Transportsäcke, in die ein Teil der Aussteuer, die am Haus der Braut einen ganzen Tag ausgestellt war, am Abend verpackt und mit einer Kamelkarawane zum Haus des Bräutigams gebracht werden.

Weben eines in der Broschiertechnik dekorierten Sacks auf einem horizontalen Webstuhl im Kurdengebiet Ost-Anatoliens (1981)

Austellung der textilen Aussteuer einer Braut im Dorf Çamkalabak (1992)

Ein Webstuhl, auf dem ein Ala Tschuval entsteht, im Dorf Çamkalabak (1995)

Transport der Aussteuer der Braut in Ala Tschuval auf Kamelen zum Haus des Bräutigams (1992)

Jung verheiratete Frau in ihrem Haus in Çamkalabak mit den zwei zu ihrer Aussteuer gehörenden Ala Tschuval und ihren beiden Aussteuerkisten, gefüllt mit Kleidern und Kopftüchern (1997)

Bänder

Die Nomaden Anatoliens brauchen viele Bänder: zum Verschnüren der Ladungen auf Kamelen, Eseln, Maultieren und Pferden, zum Führen der Tiere, zum Tragen der Babytaschen auf dem Rücken der Frauen, zum Umschnüren und Befestigen der Yurten und als Dekoration der Frauen und Mädchen. Alle diese Bänder weben sie selbst in verschiedenen Techniken. Eine der kompliziertesten Methoden, Bänder zu weben, ist die Brettchenweberei. Gerd Schneider hat bereits in dem Buch KÖKBOYA diese Webtechnik durch detaillierte Zeichnungen verdeutlicht, ebenso die einfachere Bandweberei mit Litzenstab (Böhmer 2002a, S. 75).

Schema Bandweberei

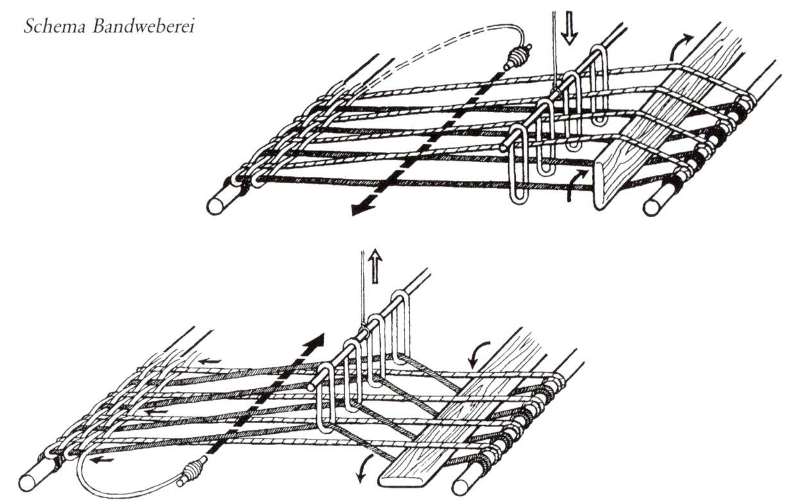

Brettchenweberei bei Honamli-Yürüken (1984)

Abflechten der Kette eines fertigen Bandes

Bandweben im Zelt der Sarıkeçili-Yürüken im Sommer. Die Geräte: Webschwert, Litzenstab zur Trennung der Kettfäden, Brett mit Löchern zur Führung der Kettfäden. Auf dem Boden ein Ala Tschul, Ziegenhaargewebe mit broschiertem Zierrand.

Florteppiche

Florteppiche gehören nicht zur Ausstattung der schwarzen Ziegenhaarzelte der Yürüken und der Filz-Yurten der Turkmenen. Bei den Nomaden Anatoliens knüpfen aus alter Tradition offenbar nur die Kurden Teppiche und statten damit auch ihre Zelte aus. Wenn neuerdings auch Yürüken-Frauen Teppiche knüpfen, dann nur, um bessere Verkaufschancen zu haben und zu nutzen (s. Seite 111): Florteppiche sind leichter verkäuflich als Kelims. Vorwiegend die Kurden, aber auch einige Yürüken (s. Seite 128) haben eine Technik verwendet, bei der lange Wollbüschel musterbildend in ein Flachgewebe mit eingeknotet werden. Diese Mischgewebe werden als wärmende Schlafunterlagen gebraucht.

Kurdischer Schlafteppich mit eingewebten Wollbüscheln mit Naturfarben

Eine noch nicht restlos geklärte Sonderstellung nehmen die Flor-Teppiche ein, die im Handel als Karakeçili bezeichnet werden, also mit einem Yürüken-Stammesnamen. Die Karakeçili-Yürüken in West-Anatolien sind schon seit mindestens drei Generationen keine wandernden Nomaden mehr. Ihre Zelte waren wahrscheinlich sogenannte Aladschiks. Ob zu deren Ausstattung die Teppiche gehörten, die im Handel unter dem Namen Karakeçili laufen, ist möglich, aber nicht sicher. Bei dem jährlichen Yürüken-Festival in Söğüt in West-Anatolien konnte ich noch 1975 von Karakeçili-Leuten erbaute, provisorische Aladschiks aus gebogenen Ästen sehen, die außen mit solchen Teppichen dekoriert waren.

Teppich der Karakeçili mit Naturfarben, spätes 19. Jahrhundert

Wahrscheinlich sind die Karakeçili mit der Seßhaftwerdung Mitte des 19. Jahrhunderts erst zu Teppichknüpfern geworden. Sie haben dann Muster aus ihren Ala Tschuvals auf ihre Teppiche übertragen. Ich habe das auf der ICOC-Konferenz in San Francisco 1990 an einem Beispiel dargelegt. Der Aufsatz ist publiziert (Böhmer 1993). Hier sollen nur in Ausschnitten das Teppichmuster und der als Muster-Vorbild dienende Teil des Ala Tschuvals zum Vergleich nebeneinander gestellt werden. Um die Übertragung formal dem Vorbild anzugleichen, ist sogar die sogenannte versetzte Knüpfung angewandt worden, die es gestattet, im Teppich Schräglinien (Diagonalen) sehr steil ansteigen zu lassen, steiler als es in dem Ala Tschuval mit der Wickelschuß-Technik erreicht wird.

Mustertransfer vom Flachgewebe links zum Florteppich rechts

Stabwände

Kurden und Turkmenen verwenden Stabwände als Umrandungen ihrer Zelte oder ihrer Yurten. Wenn man eine Stabwand mit einem Gewebe vergleicht, dann sind die Stäbe die Schüsse und die in einem gehörigen Abstand zueinander senkrecht verlaufenden Doppelfäden die Kette. Diese Kettfäden überkreuzen sich nach jedem Stab und geben der ganzen Wand eine flexible Stabilität. Die Stäbe sind oft Äste von Weiden, können aber auch die trockenen Stämme von Sonnenblumen oder Gräsern sein.

Die Kurden dekorieren vielfach ihre Stabwände, indem sie die Stäbe mit schmalen gefärbten Wollbündeln oder mit gefärbtem Wollgarn so umwickeln, daß durch die verschiedenfarbigen Wollpartien ein Muster entsteht. Ich ließ 1990 in einem Dorf bei Igdır, wo diese Technik noch bekannt war, eine dekorierte Stabwand in einem dort noch vertrauten traditionellen Muster anfertigen. Stabwände sind ein Schutz gegen das Eindringen von Hühnern und größeren Tieren, lassen aber die Luft durch und tragen so dazu bei, daß im Inneren des Zeltes oder der Yurte ein angenehmes Klima herrscht.

Stabwand mit naturgefärbter Wolle aus einem kurdischen Dorf bei Iğdır (1990), Maße: 1,10 x 2,70 m

Textilarbeiten der Nomaden in Anatolien aus früheren Jahrhunderten

Die in diesem Kapitel abgebildeten Kelims und anderen Textilarbeiten stammen aus Privatsammlungen in Europa und in Amerika und sind mit wenigen Ausnahmen bislang nicht veröffentlicht. Sie sind in einer Zeit entstanden, in der die Kelims Anatoliens im späteren Urteil der westlichen Welt zu Ende des 20. Jahrhunderts den Rang von Kunstwerken errangen. Sie stehen in einem höheren Schönheitsrang als ihre schon gezeigten späten Nachfolger mit synthetischen Farben. Sie werden hier vorgestellt ohne langatmige Beschreibungen und ohne Auflistung ihrer technischen Details. Auf Verweise zu Abbildungen ähnlicher Stücke in anderen Publikationen wird ebenfalls verzichtet. Der Leser möge selbst auf Entdeckungsreise gehen in seiner Bibliothek oder anderswo. Nur wenn Fotomaterial vorliegt, das Aussagen über die Herkunft ermöglicht, wird dieses kleinformatig eingeblendet.

Grundsätzlich müßten Kelims Stämmen und nicht Orten zugeschrieben werden. Das ist aber in einer Zeit des Verschwindens alter Stammesstrukturen und Stammesnamen nicht mehr möglich. Zudem sind Stämme gewandert. Einmal alljährlich zwischen Kışla und Yayla, zum anderen aber auch über größere Strecken und in längeren Zeiträumen, wenn sie zum Beispiel osmanischer Kontrolle durch Steuereintreiber oder Rekrutierungskommandos ausweichen wollten. So gab es im 19. Jahrhundert eine allgemeine Wanderung der Yürükenstämme von Westanatolien nach Osten, so weit, bis sie auf das Kurdengebiet stießen, wo ihnen von dortigen Nomaden oder Halbnomaden Halt geboten wurde. Zudem hat es offenbar stammesspezifische Motive und Muster nicht in dem Maße gegeben, wie es nach der Auflistung von Stammesnamen in osmanischen Steuerlisten zu erwarten gewesen wäre. Stammesspezifisch waren wohl nicht die großen heraldischen Muster sondern eher kleinere wie z. B. der Drache oder Semurg, von dem Josephine Powell annimmt, daß er ein Stammeszeichen der Saçıkara-Yürüken ist oder gewesen sein könnte. Jüngere Beispiele von Kelims mit diesem Motiv gibt es in den Dorfmoscheen und Häusern im Gebiet von Maraş in Südostanatolien, wo die Saçıkara seßhaft geworden sind. Ältere findet man in den Moscheen am Weg ihrer wohl ein Jahrhundert langen Wanderung von West nach Ost mit den ältesten Kelims im Gebiet von Manisa, Aydın und Antalya. Muster wanderten auch von Stamm zu Stamm, waren sie doch gewissermaßen als Aushängeschilder auf den jährlichen Migrationswegen als Kameldecken zu sehen und animierten zum Imitieren. Auf den Böden der Moscheen an den Migrationswegen fand sich noch bis in die 80er Jahre die reichste Ansammlung von Kelims, oft in mehreren Schichten. Es waren Spenden der Nomaden aus verschiedenen Anlässen: Tod, Geburt, glückliche Rückkehr aus Kriegen, Genesung von Krankheiten oder allgemein zum Erlangen von göttlichem Schutz und Fürsprache.

Karawane der Yürüken vom Stamme der Horzum (Foto: U. Reinhard, veröffentlicht 1974)

Kelims mit einem leeren – oder fast leeren – Mittelfeld sind ganz offensichtlich Kamelkelims, solche mit einem von der Mitte nach beiden Enden symmetrischen Muster sehr wahrscheinlich auch. Ein beladenes Kamel kann bis zu zweieinhalb Meter hoch sein.

Einige Kamelkelims sind hier so abgebildet, wie sie gesehen wurden: vertikal und nur zur Hälfte sichtbar.

Kelims der Turkmenen, von denen wir annehmen, daß sie einmal das Rund der Yurte zierten – wie auf Seite 205 zeichnerisch dargestellt und mündlich bezeugt – sind horizontal abgebildet.

Die Textilien sind in der Regel auf den Doppelseiten zueinander jeweils annähernd maßstäblich abgebildet.

Herkunft: Südwest-Anatolien,
Maße: 1,52 x 3,20 m,
Privatsammlung Deutschland

Herkunft: Südwest-Anatolien,
Maße: 1,60 x 3,60 m
Privatsammlung Deutschland

Herkunft: Südwest-Anatolien, Gebiet von Fethiye
Maße: 1,64 x 3,45 m
Privatsammlung Frankreich

Vermutliche Herkunft: Südost-Anatolien
Maße: 1,50 x 4,00 m
Privatsammlung Deutschland

Herkunft: Südwest-Anatolien,
Maße: 1,80 x 4,10 m,
Privatsammlung Deutschland

Herkunft: Südwest-Anatolien,
Maße: 1,55 x 3,85 m,
Privatsammlung Holland

Herkunft: Südwest-Anatolien,
Maße: 1,80 x 4,10 m,
Privatsammlung Deutschland

Herkunft: Südost-Anatolien
Maße: 1.50 m x 3.50 m
Privatsammlung Deutschland

Herkunft: Südost-Anatolien
Maße: 1.45 m x 3.65 m
Privatsammlung Deutschland

Vermutliche Herkunft: Westliches Zentral-Anatolien,
Gebiet von Afyon
Maße: 1,45 x 3,10 m
Privatsammlung Deutschland

Vermutliche Herkunft: Zentral- oder Südost-Anatolien
Maße: 1,50 x 3,25 m
Privatsammlung Holland

*Vermutliche Herkunft:
Zentral-Anatolien,
Maße: 1,55 x 4,60 m,
Privatsammlung Deutschland*

*Eine Hälfte eines
zweiteiligen Kelims,
vermutliche Herkunft:
Zentral-Anatolien,
Maße: 1,00 x 4,25 m,
Privatsammlung Frankreich*

Vermutliche Herkunft: Südost-Anatolien, Maße: 1,65 x 4,00 m, Privatsammlung Holland

Eine Hälfte eines zweiteiligen Kelims, vermutliche Herkunft: Südost-Anatolien, Maße: 1,00 x 3,75 m, Privatsammlung Holland

Vermutliche Herkunft:
Zentral-Anatolien,
Maße: 1,70 x 4,00 m,
Privatsammlung Holland

Vermutliche Herkunft: Südost-Anatolien,
Maße: 1,50 x 3,90 m,
Privatsammlung Deutschland

Vermutliche Herkunft: West-Anatolien, Gebiet von Burdur, Maße: 2,00 x 5,00 m, Privatsammlung Deutschland

Herkunft: Zentral-Anatolien, Maße: 2,05 x 4,05 m, Privatsammlung Deutschland

Herkunft: Zentral-Anatolien,
Hotamış-Turkmenen,
Gebiet östlich von Konya,
Maße: 1,20 x 4,20 m,
Privatsammlung Deutschland

Fabeltiere aus den nebenstehenden Kelims

Fragment, vermutliche Herkunft:
West- oder Zentral-Anatolien,
Maße: 0,90 x 1,90 m (doppelter Maßstab),
Privatsammlung Deutschland

Herkunft: Zentral-Anatolien,
Maße: 1,65 x 4,10 m,
Privatsammlung Deutschland
(Berlin, R37)

Fragment, vermutliche Herkunft: West-Anatolien,
Maße: 1,55 x 3,75 m,
Privatsammlung Deutschland

Herkunft: Zentral-Anatolien, Maße: 1,67 x 3,65 m, Privatsammlung Deutschland

Herkunft: Zentral-Anatolien, Maße: 1,50 x 3,45 m, Privatsammlung Deutschland

Herkunft: Zentral-Anatolien, Maße: 1,45 x 3,55 m, Privatsammlung Deutschland

Herkunft: Zentral-Anatolien, Maße: 1,35 x 3,90 m, Privatsammlung Deutschland

Herkunft: Zentral-Anatolien, Maße: 1,45 x 4,25 m, Privatsammlung Deutschland

Herkunft: Zentral-Anatolien, Turkmenen-Gebiet von Bor/Niğde, Maße: 1,40 x 4,20 m, Privatsammlung Deutschland

Herkunft: Nordost-Anatolien, Kurden-Gebiet,
Maße: 1,40 x 3,45 m,
Privatsammlung Deutschland (Berlin, R37)

Herkunft: Nordost-Anatolien,
Kurden-Gebiet,
Maße: 1,35 x 3,85 m,
Privatsammlung Deutschland

Herkunft: Ost-Anatolien, kurdisch, Herki, Maße: 0,78 x 2,07 m, Privatsammlung Deutschland

Eine Hälfte eines zweiteiligen Flachgewebes, Herkunft: Ost-Anatolien, kurdisch, Maße: 0,90 x 4,10 m, Privatsammlung Deutschland

Herkunft: Ost-Anatolien, kurdisch, auf Ziegenhaarkette, Maße: 1,00 x 2,90 m, Privatsammlung Deutschland

Herkunft: Zentral-Anatolien, Maße (aufgenäht): 1,65 x 4,20 m, Privatsammlung Deutschland

Herkunft: Zentral-Anatolien, Maße: 1,55 x 3,85 m, Privatsammlung Frankreich

Eine Hälfte eines zweiteiligen Kelims, vermutliche Herkunft: Zentral-Anatolien, Maße: 1,04 x 4,00 m, Privatsammlung Deutschland

Eine Hälfte eines zweiteiligen Kelims, braune Partien Kamelwolle, Herkunft: Zentral-Anatolien, Maße: 0,80 x 3,80 m, Privatsammlung Deutschland

Ein Teil eines zweiteiligen Kelims, braune Partien Kamelwolle, Herkunft: Zentral-Anatolien, Maße (aufgenäht): 0,88 x 3,72 m, Privatsammlung Deutschland

Eine Bahn eines zweiteiligen Kelims, vermutliche Herkunft: Zentral-Anatolien, Maße: 0,70 x 4,10 m, Privatsammlung Deutschland

Eine Bahn eines zweiteiligen Kelims, vermutliche Herkunft: Zentral-Anatolien, Maße: 0,70 x 4,20 m, Privatsammlung Deutschland

Einteiliger Kelim, vermutliche Herkunft: Zentral-Anatolien, Maße: 0,85 x 3,75 m, Privatsammlung Deutschland

Herkunft: Zentral-Anatolien, Gebiet von Karaman, Maße: 1,05 x 1,55 m, Privatsammlung Deutschland

Herkunft: West-Anatolien, Yürükenstamm der Karakeçili, Maße: 1,65 x 2,45 m, Privatsammlung Deutschland

Vermutliche Herkunft: Zentral-Anatolien,
Yürükenstamm der Saçıkara,
Maße: 0,90 x 1,55 m,
Privatsammlung Deutschland
(s. Seite 120)

Herkunft: Zentral-Anatolien,
Yürükenstamm der Karakoyunlu,
Maße: 1,00 x 1,70 m,
Privatsammlung Deutschland
(s. Seite 199)

Herkunft: östliches Zentral-Anatolien,
Stamm der Rashvan-Kurden,
Maße: 1,28 x 1,80 m,
Privatsammlung Deutschland

Herkunft: Zentral-Anatolien,
Maße: 1,10 x 1,60 m,
Privatsammlung Deutschland

Gebetskelim der Honamli-Yürüken,
Herkunft: West- oder Zentral-Anatolien,
Maße: 1,00 x 1,35 m, Privatsammlung Deutschland

Ein Gebetskelim der Honamli mit einer Mustervariation (publiziert: Reinhard 1974)

Herkunft: Südost-Anatolien, Gebiet von Adana,
Maße: 1,20 x 2,10 m, Privatsammlung Deutschland

Herkunft: Zentral-Anatolien, Gebiet von Elmadağ,
Maße: 1,08 x 1,90 m, Privatsammlung Deutschland

Herkunft: Zentral-Anatolien, Turkmenenstamm der Bektik,
Maße: 1,15 x 1,60 m, Privatsammlung Deutschland

Zeltvorhang, broschiertes Gewebe, Herkunft: Ost-Anatolien, kurdisch, Maße: 1,50 x 4,55 m, Privatsammlung Deutschland

Transport- und Aufbewahrungstasche,
broschiertes Gewebe,
Herkunft: Ost-Anatolien, kurdisch,
Maße: H 0,50 x B 0,50 x L 1,00 m,
Privatsammlung Deutschland
(Abb. nicht maßstäblich)

Zeltvorhang, broschiertes Gewebe, Herkunft: Ost-Anatolien, kurdisch, Maße: 2,10 x 4,40 m , Privatsammlung Deutschland

Die feine Broschierarbeit in der Vergroßerung

*Broschiertes Gewebe,
vermutete Herkunft: Zentral-Anatolien,
Maße: 1,40 x 2,10 m,
Privatsammlung Deutschland*

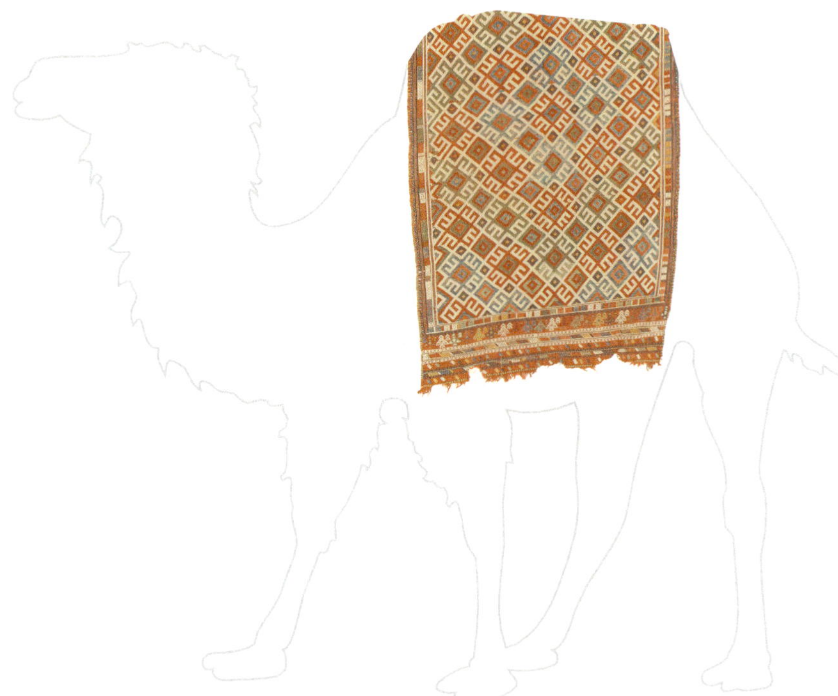

Broschiertes Gewebe, Herkunft: Südwest-Anatolien,
Gebiet von Fethiye,
Maße: 1,50 x 2,35 m, Privatsammlung Deutschland

Broschiertes Gewebe, Herkunft: West-Anatolien,
Maße: 1,53 x 2,00 m, Privatsammlung Deutschland

Broschiertes Gewebe,
Herkunft: südliches Zentral-Anatolien,
Gebiet von Antalya,
Maße: 1,35 x 3,60 m,
Privatsammlung Deutschland

Broschiertes Gewebe,
vermutliche Herkunft: Zentral-Anatolien,
Maße: 1,55 x 2,35 m, Privatsammlung Deutschland

Broschiertes Gewebe mit Öffnung
in der Mitte für eine Zeltstange,
vermutliche Herkunft: Zentral-Anatolien,
Maße: 1,35 x 2,45 m, Privatsammlung Deutschland

Gebetskelim, vermutliche Herkunft: West-Anatolien, Maße: 1,25 x 1,75 m, Privatsammlung Deutschland (nicht maßstäblich zu Abb. S. 255)

Gebetskelim der Karatekeli-Yürüken, Aydın (Foto: Andrews 1967)

Florteppich mit Kamelwolle, Herkunft: Ost-Anatolien (kurdisch),
Maße: 1,05 x 2,15 m, Privatsammlung USA (Kalifornien)

Flachgewebe mit Kamelwolle, Herkunft: Ost-Anatolien (kurdisch),
Maße: 1,55 x 2,45 m, Privatsammlung Deutschland

Florteppich mit Kamelwolle, Herkunft: Ost-Anatolien,
Maße: 1,25 x 2,05 m, Privatsammlung Deutschland

Herkunft: Zentral-Anatolien, Maße: 1,50 x 3,90 m, Privatsammlung Deutschland (Berlin, R37)

Herkunft: Zentral-Anatolien, Maße: 1,50 x 3,85 m, Privatsammlung Deutschland (Berlin, R37)

Herkunft: Zentral-Anatolien,
Maße: 1,47 x 3,10 m,
Privatsammlung Deutschland (Berlin, R37)

Herkunft: Zentral-Anatolien,
Maße: 1,50 x 4,15 m,
Privatsammlung Deutschland

Herkunft: Südost-Anatolien,
Maße: 1,62 x 4,10 m,
Privatsammlung Deutschland (Berlin, R37)

Herkunft: Zentral-Anatolien,
Maße: 1,55 x 3,75 m, Privatsammlung Deutschland (Berlin, R37)

Herkunft: West-Anatolien,
Maße: 1,37 x 3,25 m, Privatsammlung Deutschland

Herkunft: West-Anatolien,
Maße: 1,50 x 3,10 m, Privatsammlung Deutschland

Herkunft: Zentral-Anatolien, Maße: 1,83 x 4,27 m, Privatsammlung Frankreich

Vermutliche Herkunft: Zentral-Anatolien, Maße: 1,50 x 4,40 m, Privatsammlung Deutschland

Herkunft: Zentral-Anatolien, Maße: 1,80 x 3,80 m, Privatsammlung Frankreich

*Mittelstück eines dreiteiligen Kelims, Herkunft: Zentral-Anatolien,
Maße: 2,90 x 4,20 m, Privatsammlung Deutschland*

Vermutliche Herkunft: Zentral-Anatolien, Maße: 1,55 x 4,70 m, Privatsammlung Deutschland

Vermutliche Herkunft: Südost-Anatolien, Maße: 1,75 x 4,10 m, Privatsammlung Frankreich

Herkunft: Zentral-Anatolien, Gebiet von Elmadağ, Maße: 1,70 x 4,20 m, Privatsammlung Holland

Herkunft: Zentral-Anatolien, Gebiet von Elmadağ, Maße: 1,70 x 3,45 m, Privatsammlung Holland

Herkunft: Zentral-Anatolien,
Hotamış-Turkmenen,
Maße: 1,70 x 4,20 m,
Privatsammlung Frankreich

Herkunft:
Zentral-Anatolien,
Maße: 1,65 x 4,40 m,
Privatsammlung Frankreich

*Vermutliche Herkunft: West-Anatolien, Stamm der Sarıkeçılı,
Maße: 1,60 x 3,50 m, Privatsammlung Frankreich*

*Vermutliche Herkunft: West- oder Zentral-Anatolien,
Maße: 1,55 x 3,75 m, Privatsammlung Frankreich*

*Ala Tschuval,
(gefüllt, so wie er im
Zelt stehen würde),
Broschiergewebe,
Herkunft: West-Anatolien,
Kılaz-Yürüken,
Maße: H 1,00 x B 0,65 m,
Privatsammlung
Deutschland*

*Ala Tschuval,
Broschiergewebe,
Herkunft: Zentral-Anatolien,
Sarikeçili-Yürüken,
Maße: H 1,10 x B 0,80 m,
Privatsammlung Deutschland*

*Ala Tschuval,
Broschiergewebe,
Herkunft: Südwest-Anatolien,
Yürüken im Gebiet von Fethiye,
Maße: B 0,95 x H 0,80 m,
Privatsammlung Deutschland*

Ala Tschuval mit Bändern und Tragegriffen, Wickelschußgewebe, vermutliche Herkunft: östliches Zentral-Anatolien, Afşar-Turkmenen Maße. H 1,05 x B 0,87 m Privatsammlung Deutschland (LRS)

Tschuval, kettgesichtiges Gewebe Herkunft: Zentral-Anatolien, Turkmenen im Gebiet von Bor/Niğde Maße: H 1,50 x B 0,83 m Privatsammlung Deutschland (LRS)

Ala Tschuval, Broschiergewebe, Herkunft: Westanatolien, Yaycıebedır-Yürüken, Maße: H 1,10 x B 0,70 m, Privatsammlung Deutschland (LRS)

Ala Tschuval, Broschiergewebe, Herkunft: West-Anatolien, Kılaz-Yürüken, Maße: 1,05 x 0,65 m, Privatsammlung Deutschland

Ala Tschuval, Broschiergewebe, Herkunft: Nordwestanatolien, Yürüken im Gebiet von Ayvacik, Maße: H 1,13 x B 0,65 m Privatsammlung Deutschland (LRS)

Ala Tschuval, Broschiergewebe, Herkunft: Nordwest-Anatolien, Karakeçili-Yürüken, Maße: H 1,05 x B 0,70 m, Privatsammlung Deutschland (LRS)

*Ala Tschuval, Zierseite mit Trageband,
Wickelschußgewebe, Band: Brettchengewebe
Herkunft: Zentral-Anatolien,
Turkmenen von Akkışla,
Maße: H 1,20 x B 0,80 m,
Privatsammlung Deutschland (LRS)*

*Ala Tschuval, Broschiergewebe,
Herkunft: Nordwest-Anatolien, Karakeçili–Yürüken,
Maße: H 1,00 x B 0,70 m,
Privatsammlung Deutschland (Berlin R 37)*

*Doppeltasche (eine Hälfte abgebildet),
Wickelschußgewebe ohne durchgehenden Schuß,
Herkunft: Ost-Anatolien, kurdisch,
Maße: 1,20 x 0,52 m,
Privatsammlung Deutschland*

*Kissenhülle (yastık), Broschiergewebe, vermutliche Herkunft: Zentral-Anatolien,
Maße: 0,47 x 1,08 m, Privatsammlung Deutschland*

Transportsack mit Band,
Mischgewebe,
Herkunft: Ost-Anatolien, kurdisch,
Maße: H 1,05 m,
Privatsammlung USA

Ausschnitt: Transportsack mit Band, Mischgewebe,
Herkunft: Ost-Anatolien, kurdisch,
Privatsammlung Deutschland

Doppeltasche, Mischgewebe,
Herkunft: Ost-Anatolien, kurdisch,
Maße: 0,70 x 1,50 m, Privatsammlung Deutschland

Mafrasch, Mischgewebe,
Herkunft: Ost-Anatolien, kurdisch,
Maße: H 0,65 x B 0,50 x L 0,95 m,
Privatsammlung Deutschland

Mafrasch, Mischgewebe,
Herkunft: Ost-Anatolien, kurdisch,
Maße: H 0,40 x B 0,55 x L 1,05 m,
Privatsammlung Deutschland

Einschlagedecke (minder) oder Essunterlage (sofreh), Broschiergewebe,
vermutliche Herkunft: Zentral-Anatolien, Yürüken-Arbeit,
Maße: H 1,08 x B 0,80 m, Privatsammlung Deutschland (LRS)

Einschlagedecke (minder) oder Essunterlage (sofreh), Broschiergewebe,
vermutliche Herkunft: Zentral-Anatolien, Yürüken-Arbeit,
Maße: H 0,96 x B 0,96 m, Privatsammlung Deutschland

*Tasche für Yufkastock, vermutliche Herkunft: Zentral-Anatolien, Yürüken-Arbeit,
Maße: L 1,00 x B 0,15 m (ohne Fransen), Privatsammlung Deutschland*

*Salztasche, vermutliche Herkunft: West-Anatolien,
Maße: B 0,72 m, Privatsammlung Deutschland*

*Kamelkopfschmuck, vermutliche Herkunft: Zentral-Anatolien,
Privatsammlung Deutschland*

*Dreieckstasche, Herkunft: Ostanatolien, kurdisch,
Privatsammlung Deutschland*

Über die Farben in den alten Flachgeweben aus Anatolien

In früheren Veröffentlichungen mit Farbabbildungen von anatolischen Kelims ist wiederholt vom „Geheimnis der Farben“ die Rede. Für mich hatten die Farben in anatolischen Geweben - als ich sie zuerst in den 60er und 70er Jahren des vergangenen Jahrhunderts bewußt sah und fasziniert war - durchaus auch etwas Geheimnisvolles. Das reizte mich zum Ergründen. Ich wollte wissen, was steckt in ihnen, hinter ihnen, wie sind sie gemacht worden - wie ist ihre Chemie? Im Laufe der Jahrzehnte habe ich - nicht zuletzt auch mit Hilfe anderer - versucht, dieses Geheimnis der Naturfarben zu lüften. Es ist weitgehend gelungen, wenn auch nicht restlos. Ich habe immer noch nicht ergründen können, woraus und wie das inzwischen berühmte Konya-Gelb gemacht wurde. Wir können es imitieren, haben aber offenbar immer noch nicht die richtige pflanzliche Quelle und das originale Färberezept gefunden. Ein Rest von Geheimnis bleibt und die große „Faszination Naturfarben“ sowieso. Es ist immer wieder ein emotional bewegendes Erlebnis, wenn ich zum Beispiel aus einer rötlich-braunen Krapp-Brühe am Morgen danach das schönste Violett herausziehen kann, und ich frage mich dabei: Wer hat wann in Anatolien oder anderswo zuerst dieses Erlebnis gehabt? Ein erfahrener Färber in einer osmanischen oder persischen Hofwerkstatt, eine Nomadenfrau auf einer Yayla, die über Nacht ihren Färbetopf, unter dem das Feuer erloschen war, hatte stehen lassen? So wie es Josephine Powell erging in ihrer kleinen Istanbuler Küche, die zugleich eine Färbeküche war in den 80er Jahren und wo sie so das Violett wiederentdeckte.

Krapp-Rot aus den Wurzeln der Krapp-Pflanze *(Rubia tinctorium)* ist schon seit römischen Zeiten im Mittelmeerraum in Gebrauch. Es kommen fast immer zwei Variationen vor, ein tiefes und ein helleres und manchmal auch ein Rosa. Nach unseren Erfahrungen wurde sicher auch früher das Färbebad für Krapp zweimal oder dreimal nacheinander benutzt. Dann erhält man im zweiten Bad ein Ziegelrot, das sich manchmal mit der Zeit in kräftiges Rosa verwandelt und der Farbe ähnelt, die oft in alten Kelims vorkommt.

Die **Cochenille**-Schildlaus ist in Anatolien nicht heimisch. Die Cochenille-Färbedroge in Form getrockneter weiblicher Insekten wurde eingeführt, erst aus Mexico über Spanien, dann in der zweiten Hälfte des 19. Jahrhunderts direkt von Lanzerote.
Wann Cochenille erstmals nach Anatolien und in die Hand der webenden Nomaden kam, ist nicht exakt bestimmbar. Es wurde offenbar erworben in den Stationen der Handelsroute, die von Konstantinopel über Aleppo nach Persien in die dortigen Hofwerkstätten führte. Eine der frühesten Quellen besagt, daß um 1810 in Aleppo von webenden Nomaden Cochenille gekauft wurde (Burckhardt 1822). Cochenille-Rot kommt besonders häufig vor in den Kelims, die der Reyhanlı-Konföderation zugeschrieben werden, auch in einem Violett, das eine Kombination von Cochenille-Rot mit Indigo ist. Die Stämme der Reyhanlı-Konföderation hatten ihre Winterquartiere westlich von Aleppo. Weiterhin ist Cochenille häufig in Kelims, die im Weiß eine Mischung aus Wolle und Baumwolle haben und Südost-Anatolien zugeschrieben werden, also dem Gebiet weiter nördlich von Aleppo. In Kelims aus West-Anatolien erscheint Cochenille erst später - etwa ab 1860 - und ist offenbar aus den Zuchtplantagen von den Kanarischen Inseln über Izmir (früher *Smyrna*) nach dort gelangt. Kelims aus Zentral-Anatolien enthalten nur selten Cochenille-Rot, den Kurden zugeschriebene Kelims aus Ost-Anatolien aber oft. Es ist nicht auszuschließen, daß dieses Cochenille-Rot, wenn es sehr hell ist, aus Ararat-Kermes gewonnen wurde, der den selben Farbstoff wie Cochenille enthält. Bislang sind beide Insektenfärbungen farbanalytisch nicht zu unterscheiden (Böhmer 2002: KÖKBOYA, S. 213 f). Uns ist es bei Färbeversuchen nur gelungen, mit Ararat-Kermes ein Rosarot zu erreichen, nie ein tiefes Blaurot, wie es charakteristisch ist für Cochenille-Färbungen. Die Färbekraft von Ararat-Kermes ist nur 1/30 der von Cochenille.

Rot aus dem Mittelmeer-**Kermes** *(Kermes vermilio)* wurde bislang in keinem anatolischen Flachgewebe oder Teppich gefunden. Auch das im Altertum schon berühmte Purpur (Violett) aus Schnecken ist in anatolischen Kelims bislang nicht gefunden worden. Alles Violett, das besonders für Kelims aus Zentral-Anatolien charakteristisch ist, ist das Resultat einer kalten Färbung mit Krappwurzeln auf Eisenbeize (Böhmer 2002, S. 117).

Alles Rot in den anatolischen Flachgeweben ist entweder Krapp-Rot oder Cochenille-Rot. Das erstere ist in der Regel ein „wärmeres“ Rot mit der Tendenz zum Gelben, das zweite ein „kühleres“ mit der Tendenz zum Blauen.

Alle Blaufärbungen sind Färbungen mit **Indigo** (Küpenfärbungen) oder dem halbsynthetischen Farbstoff Indigosulfonsäure, mit dem man auch bequem direkt, also ohne Beize, färben kann. Diese ungebeizten Blaufärbungen sind zunächst intensiv tintenblau, waschen aber aus und zeigen keinen echten Abrasch. Indigosulfonsäure-Blau ist jedoch dann waschecht, wenn die Wolle vor dem Färben mit Alaun gebeizt wurde. Blaufärbungen mit Indigosulfonsäure sind später als solche mit Indigo und datieren ein Flachgewebe frühestens in die Mitte des 19. Jahrhunderts. Ist Indigosulfonsäure die ungebeizte Blaukomponente im Grün, so bleibt nach einigen Wäschen und einiger Zeit nur die gelbe Komponente. Ist das Gelb aus Rumex-Wurzeln gewonnen, so verändert es sich am Licht im Laufe der Zeit zu Braun und führt oft zu dem falschen Schluß, daß es ungefärbte Kamelwolle sein könnte (Böhmer 2002, S. 152). Gegen Ende des 19. Jahrhunderts kommt auch synthetisches Indigo aus Deutschland in Anatolien auf den Markt. Es ist von Naturindigo chemisch und auch mit dem Auge - obwohl manchmal behauptet - nicht zu unterscheiden. Natur-Indigo ist wahrscheinlich schon früh aus Indien nach Anatolien importiert worden. Eine Gewinnung aus Indigo-Pflanzen in Anatolien ist bislang nicht dokumentiert und auch unwahrscheinlich, da die in Frage kommende Pflanze, der Färberwaid *(Isatis tinctoria),* in Anatolien offenbar nicht vorkommt, sondern nur viele verwandte Arten (Böhmer 2002, S. 224).

Grünfärbungen mit Indigo und einer gelbliefernden Färbepflanze neigen dazu, sich nach intensivem Gebrauch zu mehr Gelbgrün oder mehr Blaugrün zu verändern, besonders dann, wenn zuerst Gelb und dann Blau gefärbt wurde. Indigo-Blau ist nicht fest mit der Faser verbunden, reibt durch Gebrauch etwas ab und dadurch kommt die gelbe Grundfärbung mehr und mehr zum Vorschein. Ist jedoch das für eine Grünfärbung verwendete Gelb nicht besonders lichtecht, bleicht es aus und aus dem Grün wird zuerst Blaugrün und schließlich bleibt nur Blau übrig.

Die Fülle der für Gelb in Frage kommenden Färbepflanzen in Antolien ist groß, aber nur eine, der **Färberwau** *(Reseda luteola)*, gibt ein hinreichend lichtechtes Gelb. Dieses Gelb ist in vielen anatolischen Flachgeweben vertreten. Es soll aber nicht verschwiegen werden, daß wir trotz intensiver Bemühungen an der Marmara Universität das Geheimnis aller Gelbfärbungen noch nicht lüften konnten, also noch nicht alle für Gelb gebrauchten Färbepflanzen identifiziert haben. Wir sind uns aber sicher, daß Safran *(Crocus sativus)* in Anatolien nicht gebraucht wurde.

Braun kann aus **Walnußschalen** *(Juglans regia)* direkt gewonnen werden, ohne Beize.

Das Schwarz der Wolle der anatolischen Fettschwanzschafe ist nicht lichtecht, es verändert sich zu Mittelbraun oder gar Hellbraun. So ist die Entstehung des in Kelims häufig vorkommenden Braun zu erklären, das nicht korrodiert, da es nicht - wie Schwarz - mit Eisenbeize und Gerbstoffen gefärbt ist.

Um ein dauerhaftes Schwarz zu erhalten, muß die Wolle gefärbt werden und zwar mit tanninhaltigen Färbedrogen wie **Galläpfeln und Eichelbechern** und unter Verwendung von eisenhaltigen Beizen. Die Kombination von Tannin und Eisen neigt im Sonnenlicht im Laufe der Zeit zur Korrosion, wobei die schwarz gefärbte Wolle am Ende einfach zerbröselt. Die bei der Korrosion ablaufenden chemischen Vorgänge sind noch nicht restlos geklärt und werden in der Fachwelt kontrovers diskutiert.

Beim Auszählen der Farben in Kelims und anderen Flachgeweben kommen manche Betrachter leicht auf mehr als zehn, was mit Variationen bei den Beizen - Alaun, Eisensalze, Kupfersalze, Zinnsalze - und der unterschiedlichen Wasserqualität in den verschiedenen Webregionen zu erklären ist. Es bleibt festzuhalten, daß es tätsächlich nur eine begrenzte Zahl von Färbedrogen ist, die zu dieser Vielfalt führt. Die Färberinnen oder Färber haben in Anatolien mit einfachen Mitteln aus natürlichen Ressourcen für ihre Flachgewebe eine weit gefächerte Farbpalette erreicht. Diese übertrifft in ihrer Vielfalt die in osmanischen Hofmanufakturen verwendete Palette, wenn wir von den Seidenbrokaten absehen. Die Weberinnen waren offenbar nicht restriktiven Regelungen in der Farbwahl unterworfen und konnten alle Farben frei verwenden, die sie selbst für schon hielten. Sie schreckten auch nicht vor dem Bunten zurück. So ist es wohl auch zu erklären, daß sie so schnell den grellen sythetischen Farben verfielen, zumal diese so leicht anzuwenden waren.

Woher kommen die Kelim-Muster?

Bei der Durchsicht dessen, was über den Ursprung der Muster in den anatolischen Kelims bislang geschrieben worden ist, stößt man auf ein faszinierendes und kaum entwirrbares Gemenge aus Fantasie, Spekulation und ein wenig Wissenschaft.

Der archäologische Ansatz

Hirsch wollte - unter Inanspruchnahme von James Mellaart - die anatolischen Kelim-Muster auf 8.000 Jahre alte neolithische Wandmalereien in der Ausgrabungsstätte Çatal Hüyük zurückführen (Hirsch 1989). Insbesondere zwei Aufsätze von Marla Mallet führten die „neolithische Theorie" durch Aufdeckung von unlösbaren Widersprüchen ad absurdum (Mallett 1990, Mallett 1992). Die in „Goddes of Anatolia" veröffentlichten *sketched reconstructions* von Wandmalereien in Çatal Hüyük haben ihre Vorlagen kaum in realen Wandmalereien, die nach Aussage von James Mellaart selbst *not photogenic* waren (Symposium Basel, 1990, auf eine Frage von mir), sondern sind eher umgekehrt nach real existierenden anatolischen Kelims skizziert. Zudem gab es in Çatal Hüyük noch keine verspinnbare Wolle; es wurden nur karbonisierte Reste von Flachsgeweben gefunden (s. Seite 284). Flachsfasern aber lassen sich nur schwer färben. Zudem ist der Beweis für Färbungen von Flachs in Çatal Hüyük nicht erbracht.
Nachdem der ganz große Wurf von Hirsch als gescheitert angesehen werden kann, ist inzwischen eine wohltuende Ernüchterung eingekehrt. Die schon vor über 10 Jahren verstorbene *Goddes of Anatolia* hat allerdings bis heute die Phantasie und den Forscherdrang von Kelimliebhabern beflügelt, zu weiterer intensiver Suche in der vorderasiatischen und anatolischen Archäologie angeregt und auch zu Veröffentlichungen geführt (Rageth 1993, Türck 2003).

Wie Kelim-Musterforscher und Motivforscher in der Regel zunächst vorgehen

Zu einem sie interessierenden Muster suchen sie nach Ähnlichkeiten zunächst in anderen Kelims und in anderen Textilien, dann in Gemälden, Fresken, Mosaiken und Manuskript-Dekorationen und weiter in ganz anderen Medien, zum Beispiel in der Bauornamentik, Keramik-Ornamentik, und eben auch in der Archäologie.
Wer suchet, der findet! Der Suchende sieht in der Regel nicht objektiv. Er hat bereits eine gewisse Vorstellung von dem, was er sucht und blendet das aus, was nicht in sein geistiges Konzept paßt. Das ist das Prinzip des selektiven Wahrnehmens. Es schränkt einerseits die unvoreingenommene Objektivität ein, schützt aber andererseits vor einer Überflutung mit Sinneseindrücken und sortiert das vermeintlich Unwesentliche aus.

Genetisch bedingte Ähnlichkeiten und nicht genetisch bedingte Ähnlichkeiten

Wenn zu dem interessierenden Muster etwas Ähnliches gefunden wurde, so sollte zuerst einmal gründlich geprüft werden, ob diese Ähnlichkeit auf einem gemeinsamen Ursprung beruht oder ob sie nur zufällig ist, weil auf Äußerlichkeiten beruhend. Eine auf einen gemeinsamen Ursprung, also auf Verwandtschaft, beruhende Ähnlichkeit ist eine genetisch bedingte Ähnlichkeit. Im Gegensatz zu den genetisch bedingten Ähnlichkeiten stehen die nicht genetisch bedingten, die mehr oder weniger zufälligen. Mit „genetisch bedingt" und „nicht genetisch bedingt" übernehme ich zur Verdeutlichung meines Ansatzes Begriffe aus der Biologie, die heute, wo die Genetik im Mittelpunkt vieler Diskussionen steht, weitgehend bekannt sein sollten. Die eindeutige Einordnung nach „genetisch bedingt" oder „nicht genetisch bedingt" ist schwierig und kann nur nach eingehender Untersuchung auch der inneren Struktur und der Ikonographie eines Musters gefällt werden und sich nicht nur mit der Ähnlichkeit in der äußeren Form zufrieden geben.

Der Teppich-Ansatz und das „Skorpion"-Motiv in Kelims

Der von mir so genannte *Teppich-Ansatz* geht davon aus, daß Kelim-Muster und Kelim-Motive aus Florteppichen übernommen wurden.
Als erstes Beispiel: Das aus vielen Kelims bekannte große - oft „Skorpion" genannte - Motiv ist wohl nicht die stilisierte Wiedergabe eines Skorpions. Aber was ist es dann und woher kommt es?
Einer Theorie zufolge soll es sich aus einem Teppich-Motiv, dem achtstrahligen Stern der Sternen-Uschak-Teppiche, entwickelt haben (Brüggemann 1993, Abb. 179/182, S. 215). Die bloße Tatsache, daß aus dem Kelim-Motiv auch acht Fortsätze herausragen, reicht meines Erachtens aber nicht aus, hier einen genetischen Zusammenhang vom Uschak-Stern zum Kelim-Skorpion zu postulieren. Die innere Struktur des Uschak-Sterns und die des „Skorpions" läßt keine Verwandtschaft erkennen (vgl. dazu auch Klose 1994, S. 33).
Ich habe mich, angeregt von der 1993 publizierten Vorlagensuche zu diesem Motiv, vor Jahren selbst auch auf die Suche begeben. In meinem Ordner „Muster und Motive" schlummerte schon lange ein anderer Teppich, ein kaukasischer aus Schürmanns damals richtungsweisendem

Buch „Teppiche aus dem Kaukasus" (Schürmann 1963). Die Tafel 93 zeigt einen kaukasischen Teppich, wohl aus dem 18. Jahrhundert, mit einem großen Blütenmotiv. Das Natürliche einer Blüte ist schon hier einer Abstraktion und Stilisierung gewichen. Aber es läßt sich noch eine weitere Geometrisierung denken, und dann sind wir schnell bei unserem diskutierten „Kelim-Skorpion". Die große Blüte ist hier in diesem Buch abgebildet, so wie sie im Teppich ist, nicht zeichnerisch verfremdet und damit dem Kelim-Motiv schon näher gerückt. Der Betrachter kann selbst urteilen. Kommt der „Kelim-Skorpion" also etwa aus den großblumigen Kaukasiern, so wie auch die Formen auf ost-anatolischen kurdischen Stabwänden *(reed screens)*? Josephine Powell zeigte 1988 auf einer Teppichkonferenz in Baku überzeugend die frappierenden Ähnlichkeiten zwischen ost-anatolischen und kaukasischen *reed screen*-Mustern einerseits und großblumigen kaukasischen Teppichen des 18. Jahrhunderts andererseits.

Mit diesem Vergleich ist die mutmaßliche Herkunft des „Kelim-Skorpions" aber immer noch nicht hinreichend geklärt, denn das Kelim-Motiv muß viel älter sein als lange angenommen. Das zeigt die Abbildung *plate 26* in Rageths epochemachendem Werk über C14-datierte Kelims (Rageth 1999). Das dort abgebildete Stück mit zwei „Skorpionen" stammt mit 96 % Wahrscheinlichkeit aus dem 15. oder 16. Jahrhundert.

Solange wir es nicht besser wissen, scheint es mir am ehesten plausibel, unbekannten nomadischen Weberinnen in Anatolien die Übernahme dieses Musters – woher auch immer – oder gar dessen Kreation zuzuschreiben.

Der Teppich-Ansatz und das Tulpen- und Kelchmotiv in Kelims

Es ist naheliegend, daß bei der Suche nach der Herkunft von ganzen anatolischen Kelimmustern und einzelnen Motiven zunächst einmal bei türkischen Teppichen nachgeblättert wird. Von denen sind eine große Zahl erhalten und publiziert. Sie können vielfach nach dem Vorkommen auf italienischen Gemälden und Fresken auch mit hinreichender Genauigkeit in ein zeitliches Schema eingeordnet werden. Andere Teppiche, die nicht auf Gemälden in Italien zu finden sind, können nach Daten und Fakten aus der osmanischen Geschichte zeitlich eingeordnet werden. Kommen Tulpen- und Kelchmotive vor, so stammen sie wahrscheinlich aus der osmanischen „Tulpenperiode" und damit frühestens aus dem 18. Jahrhundert. Geht man nun von der Prämisse aus, daß die Muster in anatolischen Kelims ihre Vorbilder in anatolischen Teppichen haben und von dort her übernommen worden sind (Bruggemann 1993, S. 210 ff), so ergibt sich auch die logische Folgerung, daß Kelims mit Tulpen wie z. B. auf Seite 260 unten frühestens aus dem 18. Jahrhundert stammen können. Das mag für diesen Kelim zutreffen, aber nicht für den Kelim auf Seite 276: er ist C14-datiert (Rageth 1999, S. 92) und wurde mit 50,4 % Wahrscheinlichkeit zwischen 1516 und 1591 gewebt und mit 49,6% Wahrscheinlichkeit zwischen 1622 und 1663. Er ist also mit Sicherheit um 100 bis 200 Jahre älter als die Teppeche mit Tulpenmotiven. Die Weberin konnte, wie aus den eben genannten Daten jetzt zu sehen ist, zu der Zeit, als sie diesen Kelim webte, noch gar keinen solchen Teppich als Adaptionsvorlage haben.

„Skorpion"-Motiv

Kaukasischer Teppich

Uschak-Stern

Der Teppich-Ansatz und der „Lotto-Kelim" und „Holbein-Kelim"
Bei einem unvoreingenommenen Blick auf all die veröffentlichten anatolischen Teppiche und Kelims gibt es erstaunlich wenige Übereinstimmungen, Ähnlichkeiten und nachvollziehbare verwandtschaftliche - genetische - Beziehungen hinsichtlich ihrer Muster und Motive. Zwar ist schon 1990 der „Lotto-Kelim" entdeckt worden (Brüggemann 1990), aber der Weg vom Lotto-Teppich zum Lotto-Kelim ist, weil Zwischenglieder fehlen, nicht für jedermann leicht nachvollziehbar. Auch wenn die verführerischen, akribischen Zeichnungen dem Suchenden die Fährte weisen sollen - eine genetische Ableitung erbringen sie meines Erachtens nicht (Brüggemann 1993, S. 200 ff).
Ähnlich verhält es sich mit dem „Holbein-Kelim", dessen Ableitung von Holbein-Teppichen auf dem Volkmann-Teffen 2000 in Traunstein versucht wurde, jedoch noch nicht publiziert ist.

Der Teppich-Ansatz und die knospenbesetzten Hexagone in Kelims
Es gibt jedoch eine überzeugende - genetisch bedingte - Ähnlichkeit zwischen Motiven in Holbein-Teppichen und in bestimmten Kelims (Brüggemann 1993, S. 163, Abb. 73). Es sind die Hexagone in Kelims und die Oktogone in Teppichen mit einer Randbesetzung aus Knospen, Blüten oder Perlen (s. Seite 279, oben links und rechts).

Der Stabwand-Ansatz und Kelimmuster
Ein Besatz mit Blüten findet sich auch noch in einem anderen Medium, dem der Stabwände *(reed screens)*. John Sommer bildet kirgisische Stabwände ab mit Quadraten, die den Knospen- bzw. Blütenbesatz zeigen (Sommer 1996, S. 48, 115, 144 ff), und auch einen Buchumschlag (Dor/Naumann 1978) ziert solch ein *reed screen*, in dem die Blüten aus einem Rhombus herausragen.
Auf den Zusammenhang zwischen anatolischen Kelims und zentralasiatischen *reed screens* hinsichtlich ihrer Muster hat zuerst Josephine Powell aufmerksam gemacht (Powell 1989). Der Ursprung oder die Parallelität zu manchen Kelimmustern ist meiner Ansicht nach wohl eher in diesem Medium zu finden als in Florteppichen. Einige Abbildungen und Gegenüberstellungen mögen diese These durch die ins Auge springenden Ähnlichkeiten verdeutlichen (s. Seite 278 unten und 279 oben Mitte und Mitte links):
Auch hier ist schwer zu sagen, was zuerst da war, das Ei oder die Henne, die Stabwand oder der Kelim. Die früheste mir bekannte Abbildung einer Stabwand findet sich auf einer frühosmanischen Miniatur aus dem 16. Jahrhundert: Eine höfische Yurte ist ummantelt mit einer undekorierten Stabwand, die sich zwischen dem Außenfilz und dem Scherengitter

Zentral-Anatolischer Kelim, C14-datiert: mit 96 % Wahrscheinlichkeit 15. oder 16. Jahrhundert, Rageth 1999, plate 26

befindet. Die halb geöffnete Tür gibt den Blick frei ins Innere auf das Scherengitter und die sich dahinter befindende Stabwand.
Die übrigen gezeigten Stabwand-Beispiele mit Dekoration sind wohl alle frühestens aus dem 19. Jahrhundert. Wie frühere ausgesehen haben, wissen wir nicht.
Die Ähnlichkeiten sind parallele Ähnlichkeiten - nicht unbedingt genetisch bedingte - in zwei verschiedenen Medien, die aber alle zur materiellen Kultur von Nomaden in Asien gehören.

Der Muster-Transfer

Wenn ein genetischer Zusammenhang zwischen Mustern festgestellt ist, so ergibt sich als nächstes die Frage nach dem Transfer. Ging er von A nach B oder von B nach A? Welche Zeiträume und Entfernungen waren zu überbrücken? Diese Fragen scheinen unter Kunsthistorikern weniger brennend zu sein. Deshalb gibt es relativ wenige Untersuchungen zu diesem Thema.

Simurg, ein Fabeltier in Kelims

Ich möchte auf ein bestimmtes Kelim-Motiv aufmerksam machen, ein offensichtlich zoomorphes, das in der bisherigen Kelimliteratur wenig oder gar nicht beachtet worden ist, aber in einem Vortrag von Josephine Powell schon 1990 (ICOC-Konferenz Philadelphia) im Mittelpunkt stand. Gemeint sind die Fabeltiere in den Kelims auf Seite 232. Sind es Drachen oder Tiger? Vorbilder in türkischen Teppichen gibt es für diese langohrigen schwanzgestützten Zweibeiner, die Josephine Powell auch gerne als „Dackel" bezeichnet, nicht.
Wenn wir nicht von Spekulationsflügeln getragen bis zu den Känguruhs Australiens gehen wollen, sondern schon etwas näher in Persien verweilen, werden wir fündig, und zwar in der Kunst der Sassaniden. Auf Felsgravuren, Edelmetallschalen und in Seiden ist der Simurg zu finden, ein geflügeltes Fabeltier mit Hundskopf, dem eine magische Schutzfunktion zugesprochen wird und der sich wohl aus diesem Grunde immer nur am Rande von anatolischen Kelims findet, nie im Inneren. Auch Ulrich Türck deutet dieses Fabeltier in anatolischen Kelims als Simurg. Dieses Motiv konnte also von Persien nach Anatolien eingewandert sein und hätte dazu etwa 1.500 Jahre gebraucht. Diese Zeitrechnung ergibt sich, wenn wir die anatolischen Kelims mit diesem Fabeltier relativ spät ins 18. Jahrhundert datieren und den Höhepunkt der sassanidischen Kunst im 3. Jahrhundert sehen. Leider ist unter den C14-datierten Kelims von Basel keiner mit diesem Fabeltier. Die Frage des Transfers wäre bei diesem Motiv somit zeitlich und geographisch beantwortet.

Eine Deutung als Drachen - und damit eine weiter östliche Herkunft aus der Kunst der Chinesen - ist aber auch nicht auszuschließen. Der Transferweg wäre dann die Seidenstraße und die Transferstrecke um einige Tausend Kilometer länger. Die Transferzeit ließe sich kaum präzise abschätzen, da der Drache in der Kunst Chinas zu verschiedenen Zeiten auftaucht.

Saf, ein besonderer Typ von Kelims, und die Theorien zu dessen Musterherkunft

Ein Kelimtyp, im Westen oft Saf oder - bereits interpretierend - Reihengebetskelim genannt (s. Abb. Seite 242), mag seinen genetischen Ursprung in textilen und architektonischen Vorbildern aus der Antike haben, ein gereihte Vervielfachung eines islamischen Gebetskelims mit einer Nische sein (Brüggemann 1993, S. 169 ff) oder in einem Zusammenhang mit den Umgrenzungs- und Trennwänden in osmanischen Zeltlagern stehen.
Denny leitet den Saf, der durch gereihte Nischen charakterisiert ist, von der antiken Arkade ab (Denny 1989). In der Antike standen in den Nischen unter den Bögen Statuen. Ein hellenistischer textiler Wandbehang (Wollwirkerei auf Leinen) aus dem 4. Jahrhundert n. Chr., der in den 80er Jahren des vorigen Jahrhunderts wahrscheinlich in Ägypten gefunden wurde und dann in die schweizerische Abbegg-Stiftung gelangte, zeigt eine Arkade in Vollendung. Lebensgroß steht Apollo in der prächtigsten Nische und neben ihm in der nächsten zur rechten Ariadne. Diese lebensfrohen Figuren hatten im Islam keine Überlebenschancen, verschwanden aus der Nische, und diese wurde zu einer Pforte in einen paradiesischen Garten mit einer vom Bogen herabhängenden Lampe - an die entsprechende Koransure erinnernd.
Die Osmanen umgrenzten und unterteilten ihre Zeltlager - sei es auf Feldzügen oder bei Festen - mit aufgespannten gewebten Bahnen, die eine strenge Unterteilung in Nischen zeigen und in jeder zweiten Nische eine hängende Lampe. Jeglicher andere Zierat fehlt. Von diesen osmanischen Zeltlagertrennwänden ist der Weg nicht mehr weit zu Saf-Kelims, die vielfach noch Musterelemente enthalten, die man man als Relikte einer Lampe interpretieren kann (s. Seite 242).
Nomadische Weberinnen in Anatolien hatten bei den zahlreichen Feldzügen der Osmanen in und durch Anatolien genügend Gelegenheit, solche Trennwände zu sehen und könnten so zum Weben von Safs animiert worden sein. Ein räumliches und zeitliches Transfer-Problem gäbe es nicht.
Mit dieser letzten Theorie oder Spekulation, die Denny auch schon erwähnt (Denny 1989), soll das Kapitel „Woher kommen die Kelim-Muster" zu einem Abschluß kommen, verbunden mit der Ermunterung an die Leser zu weiteren Spekulationen, Theorien und vielleicht auch wahren Erkenntnissen.

Textilien in Anatolien vor der Ankunft der Türken

Was haben die Türken, als sie im 10. Jahrhundert nach Anatolien kamen - und einige Jahrhunderte vorher schon die Kurden - dort an Textilien vorgefunden? Sie kamen nicht in einen textilleeren Raum. Griechische Vasenbilder mit Webstühlen beweisen, daß in Griechenland und wohl auch in dem von der griechischen Kultur durchtränkten Anatolien gewebt wurde. Nach vorgefundenen Farbresten auf griechischen Statuen rekonstruierte Bemalungen geben einen Eindruck, wie klassische griechische Gewänder ausgesehen haben. Eine um 520 v. Chr. datierte, als „Peploskore" bezeichnete Mädchenstatue trägt ein Futteralgewand mit offenbar eingewebten bunten Tieren und Fabeltieren (Quelle: Bunte Götter, 2004). Aber wirkliche Gewebe sind aus dieser Zeit nicht erhalten. Nur Bemalungen auf Deckengewölben in mazedonischen Gräbern aus dem 4. Jahrhundert könnten als gewebte, kelimartige Textilien gedeutet werden (Türck 2003, Farbtafel I).

Wir kennen zum Glück die in archaischer Zeit gebräuchlichen Webstühle von realistischen Abbildungen auf Keramiken. Es waren solche mit Gewichten an den Ketten, kettgewichtige Webstühle. Eine der frühesten Abbildungen eines solchen Webstuhls findet sich auf einer Keramikschale aus Zypern aus dem 8. Jahrhundert v. Chr. (Böhmer 2002, S. 77, Abb. 132). Auf dieser Art von Webstühlen Schlitzkelims zu weben, ist nach Marla Mallett, einer erfahrenen Weberin, nahezu unmöglich.

Wir können aber annehmen, daß in Anatolien zur Zeit der Ankunft der Türken schon technisch weiterentwickelte Webstühle verwendet wurden, sonst gäbe es die raffinierten hellenistischen und byzantinischen Gewebe nicht, von denen sich eine Reihe erhalten haben und die ihren Weg in verschiedene Museen der Welt fanden. Aber bislang hat wohl kein Musterforscher überzeugend den Weg von einem hellenistischen oder byzantinischen Gewebe zu einem anatolischen Nomaden-Kelim nachweisen können.

Es war also nicht einfach so, daß die Eroberer aus dem Osten nur die webenden einheimischen Frauen zu ehelichen und zur Weiterarbeit in ihren Nomadenzelten zu animieren brauchten, um in Anatolien in wenigen Jahrhunderten auf ein ästhetisches Kelimniveau zu kommen, das einmalig ist und heute weltweit beachtet und bewundert wird.

Miniatur mit Yurte, 16. Jahrhundert
(Topkapı Museum Istanbul)

Kirgisische Stabwand-Muster
(aus: Sommer 1996)

Motiv in Holbeinteppich mit Knospenbesatz (TIM Istanbul)

Kirgisische Stabwand (Dor/Naumann 1978)

Kelim-Motiv (anatolischer Kelim, Privatsammlung)

Kirgisische Stabwand (Museum Samarkand, Uzbekistan)

Simurg in einem anatolischen Kelim

Osmanisches Zeltlager, Miniatur, 17. Jahrhundert (Tokapı Musum Istanbul)

Simurg, sassanidische Felsgravur (Tagh-i-Bostan, Iran)

Arkade, hellenistische Wollwirkerei (Abegg-Stiftung, Riggisberg, Schweiz)

Die Zukunft des Nomadentums in Anatolien

Der Hochlandnomadismus der Turkmenen in Zentralantolien ist schon nahezu zum Erliegen gekommen. Im Jahr 2003 waren nur noch 8 Yurten auf der Yayla bei Akkışla (s. Seite 143). Mehr und mehr von der Yayla-Fläche wird unter den Pflug genommen und zu Ackerland. Weizenanbau ist dort möglich, sofern es genügend regnet. Die Halbnomaden werden zu Ackerbauern, die Viehzucht geht zurück. In Dorfnähe ist auch eine Bewässerung der Felder und damit Zuckerrübenanbau möglich.

Der Bergnomadismus der Yürüken wird noch länger überleben. Die Schafe bekommen in den Kışla-Gebieten an der Küste im Winter zusätzliches Futter, produzieren somit mehr Fleisch, lassen sich besser und zu höheren Preisen verkaufen. Mit Traktoren ist in den Berggebieten der Transport von Wasser für die Schafherden auch in solche Regionen möglich, die nicht genügend Quellen haben und bislang nicht beweidet werden konnten. Zudem werden die Herden vergrößert und damit die wirtschaftliche Basis der Halbnomaden verbreitert und mehr gesichert. Andererseits führt die Herdenvergrößerung in naher Zukunft sicher auch zu einer Überweidung, zu einer Verarmung in der Vielfalt der Pflanzenarten und schließlich zur Zerstörung der Pflanzendecke in den Steillagen der Gebirgsregionen durch das Getrampel der vielen Hufe.

Ein großer Teil der Yürüken wird zu Gemüsebauern werden. Viele sind es jetzt schon. Sie haben auf Land Gewächshäuser errichtet, das sie vor Jahren in den Küstenebenen am Mittelmeer günstig kaufen konnten. Andere finden Arbeit in der aufblühenden Tourismusindustrie. Sie bauen zum Beispiel an den von Touristenbussen viel befahrenen Strecken ihre Zelte auf, halten noch einige Schafe oder Ziegen – der Milch wegen oder als Staffage für die fotografierwütigen Touristen. Im übrigen leben sie aber vom Verkauf der Teppiche, die sie zwar nicht selbst geknüpft haben – sie weben traditionsgemäß nur Flachgewebe (s. Seite 218) – sondern die ihnen von cleveren Händlern über Nacht ins Zelt gebracht werden. Außerdem bewirten sie Touristen, die mit Bussen von Reiseunternehmen „zufällig" auf die Zelte stoßen und an diesen Stellen auf der Hatz von einer Ruinenstätte zur anderen eine folkloristisch verbrämte Zwischenpause erleben dürfen. Den erlebnishungrigen Reisenden wird so ein vermeintlich echtes Bild vom ursprünglichen Nomadenleben in der Türkei vermittelt. Manche Feriendörfer heuern auch Yürüken-Familen für Folkloreabende an. Die Yürükenmänner tanzen dann zunächst ihre traditionellen Männertänze und fordern dann die mehr oder weniger attraktiven Touristinnen zum Mitmachen auf. Die Yürükenfrauen backen derweil Fladenbrot, bieten *ayran* an, spinnen und weben und blicken staunend in eine Welt des Überflusses in diesen ein Paradies vorgaukelnden Ferienanlagen.

Die wenigen noch mit Kamelen und Ziegen ziehenden Vollnomaden haben es nicht so einfach mit der Umstellung ihres Lebens. Auch sie vergrössern ihre Herden, werden aber vom Staat bedrängt, ihre Ziegen abzuschaffen und durch Schafe zu ersetzen. Diese finden aber in den höheren Bergregionen oberhalb der Dörfer der seßhaften Bauern nicht so leicht ihr Futter wie die genügsamen und kletterfähigen Ziegen. In dem Küstengebiet, wo sie überwintern, hat die Tourismusindustrie noch nicht so heftig Fuß gefaßt wie weiter westlich in Antalya und Umgebung. Die Küsten sind steil und felsig. Es finden sich nur wenige Buchten mit Sandstränden. Land für Ackerbau ist rar, für Gewächshäuser ist kein ebener Platz vorhanden und die Berghänge stehen bereits voll mit Bananenplantagen. Sie gehören übrigens vielfach den schon früher seßhaft gewordenen Yürüken.

Die besten Überlebensaussichten hat der kurdische Halbnomadismus in Ost-Anatolien. Dort durften die Sommerweiden jahrelang aus politischen Gründen nicht aufgesucht werden, haben sich von der früheren Überweidung erholt und bieten nun, wo die Restriktionen teilweise aufgehoben sind, wenigstens für einige Jahre ideale Weiden für Tausende von Ziegen und Schafen; zumal die dezimierten Herden erst im Laufe von zwei bis drei Jahren wieder ihre ehemalige Größe erreicht haben werden. Alternativen zu diesem Leben als Halbnomaden gibt es bislang so gut wie nicht. Der vor zwanzig Jahren sich regende alpine Berg-Tourismus ist fast versiegt, die Landwirtschaft kann in den engen Tälern kaum noch ausgeweitet werden, wirkliche, Arbeitsplätze schaffende Gewerbe und Industrien fehlen in diesen Gebieten Ost-Anatoliens völlig.

Die riesigen Bewässerungsprojekte um den Atatürkstausee herum locken zwar industriell organisierte Agrofirmen an, die aber den einheimischen Kurden höchstens als ungelernten Landarbeitern eine kärgliche Existenz anbieten können. Die gut ausgebildeten Agro-Ingenieure dieser Unternehmen kommen in der Regel von Universitäten im Westen der Türkei.

Vielleicht aber bringt der Frieden für diese Region auch einen neuen, an den archäologischen Reichtümern und an den Menschen und ihrer Lebensweise interessierten Yayla- und Nomaden-Tourismus.

Es ist zu hoffen, daß es auf einsamen Yaylas in den Taurusbergen auch im 21. Jahrhundert noch Kelimweberei der Yürüken geben wird wie hier

Grabstein in Schafform aus der Zeit der großen Nomaden-Konföderationen der Karakoyunlu und Akkoyunlu, im Hintergrund der biblische Berg Ararat (5.137 m)

ANATOLIEN: mehr als 10.000 Jahre Kulturgeschichte

Das Landschaftsbild Anatoliens, so wie es sich heute zu Beginn des 3. Jahrtausends darbietet, ist kein natürliches, sondern ein weitgehend vom Menschen geformtes (s. Karte Seite 11). Die Steppen in Zentral-Anatolien – jetzt fast alle unter dem Pflug – sind von Natur aus keine baumlosen Steppen, sondern waren vor Jahrtausenden savannenartige Landschaften mit Steppenwäldern, von denen sich spärliche Relikte in Nischen bis heute erhalten haben (Uslu 1960, Kürschner/Raus/Venter 1995, S.12). Eine solche Landschaft ist menschenfreundlich, sie bot dem Homo sapiens, der aus den afrikanischen Savannen vor 130.000 Jahren aufgebrochen war, um schließlich die ganze Welt zu besiedeln, bereits vor 100.000 Jahren ideale Lebens- und Entfaltungsmöglichkeiten (Fagan 1991, S. 18 ff).

Nevalı Çori /Göbekli Tepe – Kulturstätten des 9. Jahrtausends v. Chr.

Die Namen Nevalı Çori und Göbekli Tepe stehen für die bislang früheste Kultur aus dem 9. bis 8. Jahrtausend v. Chr. Sie ist erst in den letzten Jahren bei Grabungen in einem Gebiet bei Urfa ans Tageslicht gekommen, dort

Monolith mit Tierrelief

wo das anatolische Hochland zur mesopotamischen Tiefebene abfällt und wo bald die steigenden Wasser des Atatürkstaudammes weite Gebiete überfluten werden. Es kamen Monolithe mit realistischen Tierreliefs zu Tage aus einer Zeit, als Metalle noch nicht bekannt waren, Steine also nur mit Werkzeugen aus noch härterem Stein bearbeitet werden konnten. Auch Anthropomorphes haben diese frühen Künstler aus dem Stein geformt: wahrscheinlich Gottheiten. Sie waren männlich. Demnach hat die *Goddes of Anatolia* – bekannt aus der Ausgrabungsstätte Çatal Hüyük – offenbar männliche Vorgänger oder ist gar keine weibliche Figur, sondern ist eine Fehlinterpretation eines Tierreliefs (Bild der Wissenschaft, 8/2000, S. 58 ff).
Die Menschen damals, die diese dekorierten Monolithe in tempelartige Gebäude stellten, bauten noch keine Kulturpflanzen an. Sie waren Jäger, die von der offenbar gut organisierten Antilopenjagd lebten und Vorratsspeicher mit getrocknetem Antilopenfleisch anlegten.

Die „Neolithische Revolution" in Anatolien

Der Übergang vom Leben als Jäger und Sammler zu dem der Ackerbauern und Viehhalter, die sogenannte Neolithische Revolution, fand in Anatolien statt, etwa in der Periode vom 10. bis 8. Jahrtausend v. Chr. Spektakuläre Ausgrabungsplätze mit sicht- und greifbaren Zeugnissen aus dieser Zeit gibt es bislang nicht, aber die vollbrachten andersartigen – nicht materiellen – Kulturleistungen sind spektakulär genug: Es gelang damals die Züchtung der ersten Getreidearten – Gerste, Einkorn und Emmer – aus den in Ost-Anatolien vorkommenden Wildformen. Auch die Züchtung verschiedener Hülsenfrüchte, worunter die Linse wahrscheinlich die älteste ist, fiel in diese Zeit (Hondelmann 2002, S. 28 ff).

Bezoarziege im Nationalpark Thermessos

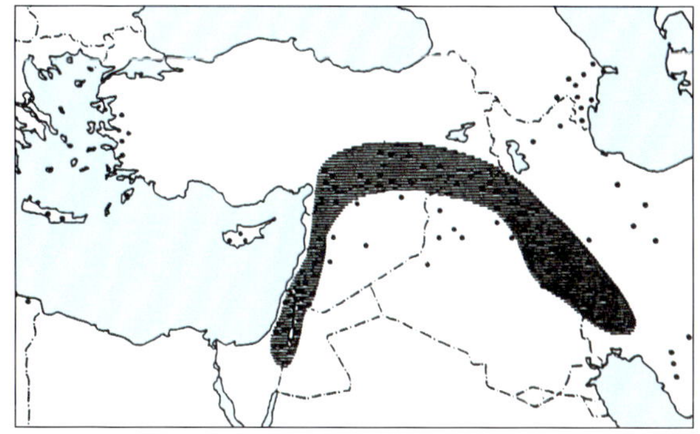

Urheimat der Wildgerste, Hordeum spontanum

Schaf und Ziege wurden im 7. Jahrtausend v. Chr. domestiziert – noch nicht als Lieferanten verspinnbarer Wolle, sondern als Fleischlieferanten. Die Bezoar-Ziege, von der wahrscheinlich alle domestizierten Ziegenrassen abstammen, war ursprünglich über alle südwestlichen, südlichen und südöstlichen Gebirgsregionen Anatoliens verbreitet (Grizmek 1968, S. 520 ff). Sie lebt heute noch wild in den schroffen Hochgebirgsregionen der Provinz Hakkari im äußersten Südosten Anatoliens. Sie ist absolut geschützt, wird aber dennoch gelegentlich abgeschossen (s. Seite 171). Bezoarziegen gab es bis in die 80er Jahre des vorigen Jahrhunderts im Südwesten Anatoliens in den Bergen um den Küstenort Marmaris (Ulrich Türck, mündl. Mitteilung), jetzt nur noch im Nationalpark Thermessos bei Antalya.

Erstmals auf der Erde hatte der Mensch in Anatolien eine Lebensform entwickelt, die nicht nur den Schritt vom Jäger und Sammler zum Feldbesteller und Viehhalter einschloß, sondern in die bäuerliche Siedlung erste städtische Strukturen einführte – Jahrtausende, bevor die Großstädte des Zweistromlandes weiter südlich im heutigen Irak entstanden. Auch die Wurzeln der indoeuropäischen Sprachen könnten in Anatolien liegen (Nature, Bd. 426, S. 435, 2004).

Çatal Hüyük – stadtähnliche Ansiedlung des 6. Jahrtausends v. Chr.

Çatal Hüyük in Zentral-Anatolien, eine der weltweit ältesten stadtähnlichen Ansiedlungen, wurde im 6. Jahrtausend v. Chr. gegründet und blieb über zwei Jahrtausende bewohnt. Die dort lebenden Menschen kannten schon vierzehn gezüchtete Nutzpflanzen. Sie kannten auch Flachs - den wilden oder schon gezüchteten - und stellten aus den Fasern Gewebe her, die sich in verkohlter Form bei den Ausgrabungen fanden. Wandgemälde in Çatal Hüyük - jetzt im Archäologischen Museum von Ankara - sind Zeugnisse früher Kunst in Anatolien.

Neolithische Wandmalerei in Çatal Hüyük (aus: Hirsch 1989)

James Mellaart legt ein Wandgemälde in Çatal Hüyük frei

Carbonisierte Reste eines Flachsgewebes aus Çatal Hüyük (aus: Klotz 1998)

Hacılar - Ansiedlung mit der frühesten bemalten Keramik in Anatolien

Hacılar in West-Anatolien ist nur wenig jünger als Çatal Hüyük, hat zwar keine stadtähnliche Größe und Struktur wie Çatal Hüyük entwickelt, war aber der Herstellungsort einer Keramik, die in der Vielfalt der Formen und mit den roten Bemalungen zu dieser frühen Zeit weltweit kaum Vergleichbares hat. Der Archäologe James Mellaart hat sowohl Hacılar als auch Çatal Hüyük entdeckt und dort Ausgrabungen geleitet.

Hüyüks - neolithisch-frühbronzezeitliche Siedlungplätze

In Anatolien breitete sich eine neolithisch-frühbronzezeitliche Bauernkultur aus. Tausende von künstlichen Hügeln - Hügel = *hüyük* - kennzeichnen bis heute das anatolische Landschaftsbild. Es sind die Stellen, wo Menschen sich niederließen und viele Generationen nacheinander immer wieder Häuser auf den Trümmern der vorherigen bauten. Ungebrannte Lehmziegel waren das wesentliche Baumaterial. Ihre Reste bilden die Grundmasse dieser *hüyüks*.

Nur wenige *hüyüks* sind bis jetzt offiziell ausgegraben, aber viele von Schatzsuchern der Neuzeit angegraben.

Hüyük in Zentralanatolien

Dörfliche Dauersiedlungen führten in dieser frühen Zeit zu den ersten großen Waldrodungen in Anatolien, das ursprünglich zu etwa 70 % mit Wald bedeckt war (Kürschner/Raus/Venter 1995, S. 17).

Diese Rodungen setzten sich in Wellen über Jahrtausende bis in die Neuzeit fort und führten besonders in Ost-Anatolien zur fast vollständigen Entwaldung bis zum Ende des 19. Jahrhunderts.

Viele Völker strömten im Laufe der Jahrtausende und Jahrhunderte nach Anatolien ein, gründeten Reiche, zerstörten Reiche, wurden von anderen Eindringlingen besiegt, gingen unter, aber zogen nur selten wieder restlos ab. Sie leisteten alle mehr oder weniger ihren Beitrag zum „gen-pool" der heutigen Bewohner Anatoliens.

Indentifizierbar werden diese verschiedenen Eindringlinge und Eroberer erst mit dem Aufkommen der Schrift. Sei es, daß Herrscher im benachbarten Mesopotamien und in Ägypten Schriftkundige über Anatolien berichten ließen mit Inschriften und in Tontafelarchiven, oder daß die Anatolier die Schrift aus den fortgeschrittenen südlich gelegenen Reichen übernahmen, umformten und selbst Inschriften und Tontafelarchive hinterließen. So machten es die Hethiter. Mit ihnen tritt Anatolien in die geschriebene Geschichte ein.

Das Reich der Hethiter (1650 - ca. 1200 v. Chr.)

Die indoarischen Hethiter drangen wahrscheinlich vom Kaukasus her nach Anatolien ein. Es entstand das Hethitische Großreich im Zentrum Anatoliens. Die Hethiter übernahmen von den weiter östlich lebenden, ebenfalls indoarischen Hurritern aus deren Königreich Mitanni das domestizierte Pferd und den Streitwagen und brachten beides nach Zentral-Anatolien (Neumann 1990, S. 44 f). Das Pferd ist nicht zuerst in Anatolien domestiziert worden, sondern bereits im ausgehenden 4. Jahrtausend in den

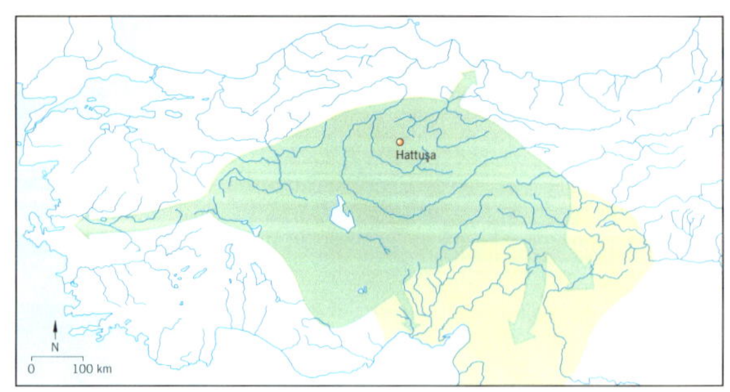

Kerngebiet und Expansion des Hethiterreiches (Karte: WBG)

Steppen- und Waldsteppengebieten nördlich des Kaukasus. Von dort kam es im dritten Jahrtausend - oder später - zunächst nach Ost-Anatolien (Horn 1995, S. 19 ff). Der einachsige Streitwagen mit eisenbeschlagenen Speichenrädern wurde zum überlegenen Kriegsgerät.

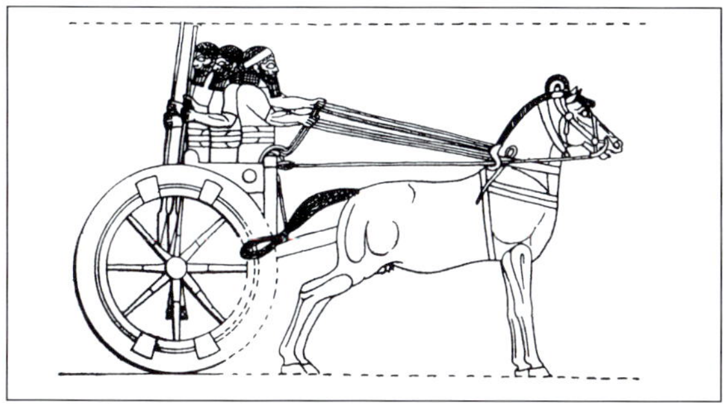

Einachsiger Streitwagen (Horn 1995)

Im Jahre 1285 v. Chr. besiegten die Hethiter fast ein ägyptisches Heer unter Ramses II. bei Kadesch in Nordsyrien und wurden seitdem von Ägypten und den mesopotamischen Staaten als gleichberechtigte Großmacht anerkannt. Die Hethiter legten an strategisch wichtigen Stellen Höhenburgen aus behauenem Stein an. Viele dieser Plätze sind bis heute besiedelt, und die hethitischen Reste sind überbaut oder verbaut. Nur die Hauptstadt Hattuscha beim Dorf Boğazköy – nordöstlich von Ankara – wurde nach ihrer Zerstörung nie wieder besiedelt.

Hethitisches Mauerwerk

Die weitgehend durch Ausgrabungen freigelegten Trümmer von Hattuscha geben dem Besucher heute einen guten Eindruck von der hethitischen Bau- und Reliefkunst. Hethitische Felsreliefs finden sich auch weitab von der Hauptstadt.

Gegen Ende des 12. Jahrhunderts v. Chr. endet die Geschichte des Hethitischen Großreichs. Brandschichten zeugen von der Ankunft neuer Eroberer aus dem Westen. Es waren die barbarischen nebulösen Seevölker der ägyptischen und biblischen Geschichte. Nach Jahrhunderten der nun folgenden geschichtlichen Finsternis schält sich erst im 8. Jahrhundert v. Chr. ein neues Reich in Zentral-Anatolien aus den Wirren heraus:

Späthethitisches Felsrelief Ivriz bei Eregli am nördlichen Rand des Taurus

Das Reich der Phryger (1200 – ca. 600 v. Chr.)

Das Reich der Phryger hatte Gordion – südwestlich von Ankara – als Hauptstadt. In Gordion zerschlug Alexander der Große den „Gordischen Knoten". Der war ein kompliziertes textiles Knotenwerk, die Verbindung zwischen Joch und Deichsel an einem Streitwagen (Schulz 2004, S. 134). Ausgrabungen im Jahre 1950 brachten auch gewebte Textilreste ans Tageslicht.

Die Phryger waren wie die Hethiter sowohl Ackerbauern als auch Viehzüchter. Neben Schaf und Ziege hatte das Rind eine Bedeutung. Die Goldschmiedekunst muß hoch entwickelt gewesen sein: Phrygische Tributbringer auf den Reliefs an der Apadana, der großen Audienzhalle in Persepolis, dem Sommersitz der persischen Achämeniden-Könige, bringen Goldgefäße. Die indoarische phrygische Sprache breitete sich in Anatolien aus und hielt sich im westlichen Teil Inneranatoliens bis in die römische Kaiserzeit (Hütteroth 1982, S. 176).

Die Karer

Im äußersten Südwesten Anatoliens hielt sich aber noch zu Phrygischen Zeiten das Volk der Karer mit einer vorindoarischen Sprache. Die karischen Städte Alinda, Alabanda, Labranda, Mylasa, Halikarnassos (heute Bodrum), Knidos, Kaunos sind beeindruckende Ruinenstädte, aber kaum systematisch ausgegraben. Was bislang zu Tage kam, ist von der griechisch-römischen Kultur geprägt. Von einer ursprünglichen karischen Kultur kam noch nichts ans Tageslicht. Ein selbständiges Karisches Reich hat es auch nicht gegeben. Das berühmte von Plinius beschriebene Grabmal des Mausolos in Halikarnassos entstand unter persischer Herrschaft in griechischem Baustil. Die wenigen bislang gefundenen Baufragmente regten Bauforscher zu Rekonstruktionszeichnungen an, die sich allerdings stark voneinander unterscheiden.

Mausoleum von Halikarnas

Das Reich Urartu (ca. 800 – 600 v. Chr.)

Der Einfluß des Hethiterreiches reichte nie dauerhaft bis Ost-Anatolien, wo sich Gruppen mit vorindoarischen Sprachen halten konnten. Dort entstand im 9. Jahrhundert v. Chr. das Reich Urartu mit dem Kerngebiet um den Van-See. Auch die Urartäer bauten - ähnlich wie vorher die Hethiter in Zentral-Anatolien - Burgen auf beherrschenden Höhen mit zyklopischen Mauern aus behauenen Steinen, und sie schlugen Bewässerungskanäle

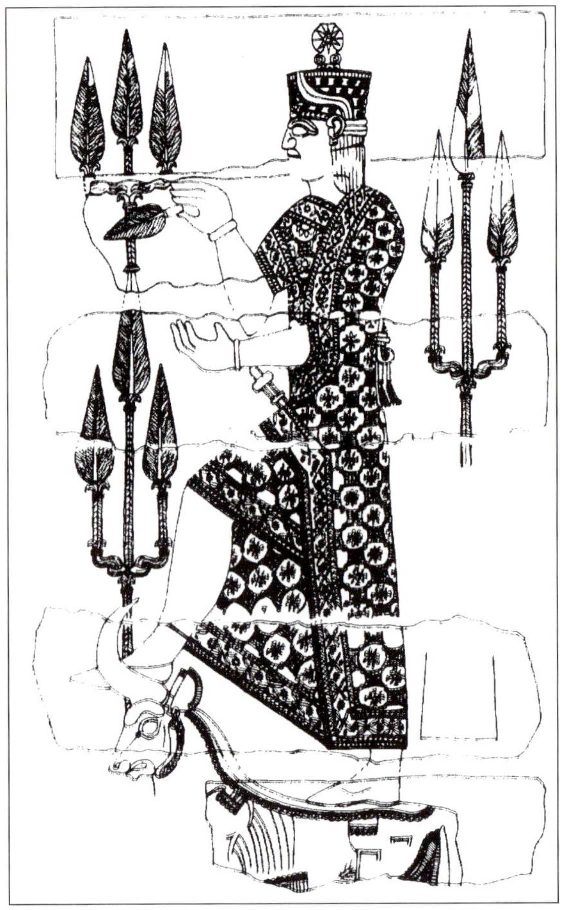

Urartäisches Relief (Museum Van)

aus dem Fels. Zumindest einer - der den Fluß von Hoşap in die Vanebene leitet - funktioniert bis heute (Belly 1997). Die Urartäer verstanden sich auf die Pferdezucht, die Metallverarbeitung und offenbar auch auf die Herstellung luxuriöser Textilien. Jedenfalls sind solche in der Beuteliste des Assyrer-Königs Sargon, der im Jahre 714 v. Chr. einen Kriegszug gegen das Reich Urartu unternahm, genannt. Sie sollen scharlachrot gewesen sein. Ein Hinweis, daß die Urartäer offenbar schon den am Berge Ararat beheimateten Ararat-Kermes zum Rotfärben zu nutzen verstanden (Böhmer 2002, S. 208).

Die Kimmerer und Skythen

Zu Beginn des 7. Jahrhundert v. Chr. wiederholten sich das Szenarium von Barbareneinfall und Staatenzerstörung. Es waren die Kimmerer und wenig später die Skythen, die diesmal von Norden - vom Kaukasus her - nach Anatolien einfielen und in jahrzehntelangen Raub- und Wanderzügen das Reich der Phryger und das der Urartäer zer-

Skytischer Goldschmuck

störten. Zu neuen Staatsgründungen in Anatolien brachten es diese tüchtigen Reiterkrieger jedoch nicht. Aus den Trümmern erwuchsen verschiedene kleinere Regionen zu Bedeutung: Kappadokien im Zentrum östlich des großen Salzsees erscheint erstmals unter diesem Namen als politische Einheit und Kilikien südlich des Taurusgebirges.

Die Armenier

Eine mit den Phrygern verwandte größere Gruppe, es waren die indoarischen Armenier, wanderte im 7. Jahrhundert v. Chr. von Zentral-Anatolien in das verwüstete Land Urartu und prägte es für Jahrhunderte. Es existierte nur über kurze Zeitperioden als selbständiger Staat, sonst in Abhängigkeit von größeren benachbarten Mächten: Persern (Achaemeniden), Römern, Sassaniden, Byzantinern, Arabern, Osmanen, von der Sowjetunion.
Ein zeitraffender Blick auf die Geschichte der Armenier in Anatolien (nach Novello 1986): Die Achaemeniden unterteilten das armenische Siedlungsgebiet in zwei Satrapien, gewährten aber eine administrative Autonomie. Nur für zwei Jahre wurde Armenien eine römische Provinz. Armenien tratt 314 n. Chr. unter der Herrschaft der lokalen Dynastie der Arsakiden zum Christentum über. Die persischen Sassaniden und Byzanz teilten Armenien auf. Die Sassaniden gewährten Religionsfreiheit, von Byzanz gingen Graezisierungsbestrebungen aus. Armenien erlebte jedoch eine kulturelle Blüte, die erst durch die Arabereinfälle im 8. Jahrhundert vorübergehend zum Erliegen kam. Unter der Dynastie der Bagtratiden gewann Armenien für ein Jahrhundert eine weitgehende Unabhängigkeit von den Arabern und von Byzanz. Ani, die Hauptstadt, wurde erbaut - mit großartigen Kirchen in einer architektonischen Vielfalt, die ihresgleichen im christlichen Europa zu der Zeit nicht hatte. Die Kathedrale von Ani nahm Elemente der europäischen Gotik vorweg. Die weltberühmte Kreuzkirche auf der Insel Achthamar im Van-See wurde erbaut. Im Jahre 1045 eroberten die Byzantiner Ani, zerstörten die Kirchen aber nicht. Sie sind als Ruinen heute - fast 1000 Jahre später - immer noch sehr eindrucksvoll. Der Sieg der Byzantiner über die Armenier war ein Pyrrhussieg: Schon wenige Jahre später, im Jahre 1071, unterlagen sie den türkischen Seldschuken in der Schlacht von Manzikert am Van-See und öffneten damit Anatolien für die türkischen Invasoren.

Kathedrale von Ani

Das historische Armenien ging unter, aber Armenien lebte weiter als „Kleinarmenien" in Kilikien unter lokalen Dynastien. Byzanz hatte Armenier in diese bergige Provinz umgesiedelt, konnte sie aber nicht mehr dauerhaft beherrschen. Kleinarmenien existierte bis 1375, als es vor den Mameluken aus Ägypten kapitulieren mußte. Schließlich wurde Kleinarmenien wie auch das alte Siedlungsgebiet in Ost-Anatolien osmanisch. Armenier stiegen im osmanischen Reich zu hohen Ämtern auf. Aber

erwachender armenischer Nationalismus führte schon im 19. Jahrhundert zu Auseinandersetzungen mit der osmanischen und später jungtürkischen Staatsmacht.
Weiteres zum Schicksal der Armenier im 1. Weltkrieg findet sich im Kapitel „Anatolien erschüttert durch nationalistische Bestrebungen“ (s. Seite 296).
Nach dem 1. Weltkrieg gab es eine kurzlebige armenische Republik, die gleich von Türken unter Mustafa Kemal, dem späteren „Atatürk,“ angegriffen wurde und schließlich als armenische Sowjetrepublik in der Sowjetunion ohne souveräne Rechte weiter existierte. Erst nach 70 Jahren - seit 1991 - gibt es wieder einen souveränen Staat Armenien.

Die Georgier

Ähnlich wie Armenien wurde auch Georgien erst nach dem Zusammenbruch der Sowjetunion ein souveräner Staat. Die Georgier blicken auf eine lange Geschichte zurück. Sie sind wahrscheinlich aus indoarischen Einwanderern des 2. Jahrtausends v. Chr. und autochthonen kaukasischen und ostanatolischen Völkern hervorgegangen und siedelten in einem Gebiet, das sich vom Kaukasus bis

Georgische Kirche von Öskvank in Ost-Anatolien

Nordost-Anatolien - also bis auf das Staatsgebiet der heutigen Türkei - erstreckt. Seit dem 4. Jahrhundert n. Chr. setzten schriftliche Quellen zur Geschichte Georgiens ein. Die christliche Religion wurde Staatsreligion. Über viele Jahrhunderte gab es zwei georgische staatsähnliche Gebilde, ein östliches mit der Hauptstadt Kartli, dem heutigen Tiflis, und ein westliches. Beide waren in wechselnder Folge abhängig von stärkeren Nachbarn: Persien, Rom, Byzanz, vom osmanischen Reich, von Rußland. Immer wieder wurde Georgien von Invasoren heimgesucht: den Skythen und Kimmerern im 7. Jahrhundert v. Chr., den Arabern im 7. Jahrhundert n. Chr., den Seldschukischen Türken im 11. Jahrhundert und den Mongolen im 12. Jahrhundert. Aber die Georgier überlebten und arrangierten sich stets wieder mit den Invasoren und mächtigen Nachbarstaaten. Sie entwickelten parallel zu den benachbarten Armeniern eine vorwiegend sakrale Baukultur mit reicher Ornamentik. Beeindruckende georgische Kirchenruinen stehen heute noch in rein muslimischen Dörfern Nordost-Anatoliens.

Die Lyder

Die Lyder waren wie die Karer ein autochthones anatolisches Volk in Südwest- und West-Anatolien. Ein Reich der Lyder existierte nur wenige Generationen, die Legende vom sagenhaften Reichtum des Königs Krösus hat jedoch bis heute überlebt. Um 546 v. Chr. wurde Lydien persische Provinz und die Hauptstadt Sardes ein persischer Satrapensitz. Unter den Tributbringern aus den Provinzen des persischen Großreichs auf den Reliefs an der Apadana in Persepolis ist auch eine lydische Delegation, die kostbare Gefäße aus Edelmetall bringt.

Lydische Tributbringer, Relief an der Apadana in Persepolis

Die Lykier

Die Lykier waren ein weiteres einheimisches anatolisches Volk im äußersten Südwesten in unmittelbarer Nachbarschaft zu den Karern. Die Ruinen ihrer Städte Xanthos, Tlos, Pinara, Telmessos (heute Fethiye), Antiphellos (heute Kaş) und Patara sind jetzt Touristenattraktionen, besonders aber ihre in den Fels gehauenen Grabmäler. Die frühesten ahmen Holzbauten nach, später macht sich der griechische Einfluß mehr und mehr bemerkbar: Die Grabmäler erhielten Tempelfassaden.

Lykisches Felsgrabmal

Adeliger Meder, Relief an der Apadana in Persepolis

Die Meder

Vom persischen Hochland her drangen im 6. Jahrhundert v. Chr. Stämme der Meder - eng verwandt mit den ebenfalls indoarischen Achaemeniden - in das schwer zugängliche Hochgebirgsland im äußersten Südosten Anatoliens ein.
Diese medischen Eindringlinge gehörten mit hoher Wahrscheinlichkeit zu den Vorläufern der anatolischen Kurden (Hauser 1990, S. 48).

Die Griechen

Die griechische Landnahme in Anatolien begann schon im 13. und 12. Jahrhundert v. Chr. an der anatolischen Westküste und bezog im 8. und 7. Jahrhundert auch die Südküste und die östliche Schwarzmeerküste mit ein. Diese neuen Eroberer kamen nicht als Reiter und mit schwerfälligen Ochsenkarren über Land, sondern mit Schiffen über das Ägäische Meer. Sie fanden im Westen und Süden der anatolischen Halbinsel ein ihnen von Griechenland her vertrautes Klima vor, ideal für den Anbau von Oliven und Wein und mit genügend ebenem Ackerland für die Versorgung kleiner Städte mit Getreide. Die Griechen kamen überwiegend als Siedler, nicht als Händler. Sicher waren die kleinteiligen Küstenstriche bereits besiedelt, die Landnahme verlief aber wenig spektakulär, wenn man vom Trojanischen Krieg absieht, dessen Überlieferung in den Epen Homers durchaus ein reales Geschehen in dieser Zeit zum Hintergrund haben könnte. Griechische Sprache, Kultur, Stadtplanung und Stadtorganisation breiteten sich aus. Die Polis, der griechische Stadtstaat, entwickelte sich als eng umgrenzte Gesellschaftsform. Hier in West-Anatolien entstand die Demokratie, nicht im griechischen Mutterland. Die kleinen Stadtstaaten entwickelten diese Form der Selbstregierung. In der kleinasiatischen Polis fing auch das philosophische Denken an, das die Selbstbefreiung der menschlichen Vernunft einleitete, die alten Mythen nicht mehr unbefragt übernahm und den denkenden und beobachtenden Menschen nach der Wahrheit suchen läßt - die Wurzeln der späteren europäischen Aufklärung liegen damit im griechischen Anatolien (Neumann-Adrian/Neumann 1990, S. 84).

Die Perser

Die griechischen Stadtstaaten in Anatolien mußten im 5. Jahrhundert v. Chr. die Oberhoheit der Perser anerkennen, aber sie behielten zunächst weitgehend ihre internen Freiheiten.

Erstmals in seiner Geschichte wurden Zentral- und West-Anatolien nun nicht von anatolischen, sondern von einer iranischen Macht regiert und gehörten zum Riesenreich der Perser. Persische Statthalter, Satrapen, regierten im westanatolischen Sardes und in Daskyleion am Marmarameer. Aramäisch war die Verwaltungssprache, die zu der Zeit von Ionien in West-Anatolien bis Indien reichte. Es gab eine Einheitswährung, die Dareikos genannte Goldmünze. Die Persische Königsstraße verband die

Darius

Reiterinnen auf Maultieren Relief aus Daskyleon (Austin 1962)

Tributbringer aus Ionien mit Wollkäuel, Releif an der Apadana in Perseplois

Hauptstadt Susa im Südiran mit dem 2.400 km entfernten Satrapensitz Sardes in West-Anatolien. Entlang der Königsstraße gelangte auch persische Kultur nach Anatolien; vielleicht kamen sogar persische Einwanderer nach Kappadokien (Hütteroth 1982, S. 180). Persische Garnisonen - vielfach mit griechischen Söldnern besetzt - standen vielerorts. Für das Heer des persischen Großkönigs Dareios schlug ein Grieche von der Insel Samos 513 v. Chr. die erste Brücke über den Bosporus, eine Art Pontonbrücke - eine Meisterleistung. Es dauerte dann noch mehr als 2 1/2 Jahrtausende bis der Bosporus 1976 dauerhaft überbrückt wurde. Im sogenannten ionischen Aufstand versuchten die griechischen Stadtstaaten in Kleinasien die persische Oberhoheit abzuschütteln. Sie scheiterten. Es kam im Jahre 386 v. Chr. zu einem Königsfrieden, der den griechischen Städten in Kleinasien eine Blütezeit mit reger Bautätigkeit unter lockerer persischer Oberhoheit bescherte. Ein junger König der griechischen Mazedonier wurde schließlich der Befreier. Zuallererst aber war er ein großer Eroberer.

Alexander der Große und das Alexanderreich

Alexander der Große besiegte 334 v. Chr. die Perser zuerst am Fluß Granykos in West-Anatolien. In der Schlacht bei Issus am Golf von Iskenderun im Jahre 333 v. Chr. traf er den persischen Staat der Achaemeniden-Dynastie töd-

Aleandermosaik aus Pompeji

lich und begründete auf dessen Trümmern sein kurzlebiges Weltreich, das bis zum Hindukusch und nach Indien reichte. Anatolien und die im Osten angrenzenden Regionen sowie Ägypten wurden hellenisiert. Die Griechen

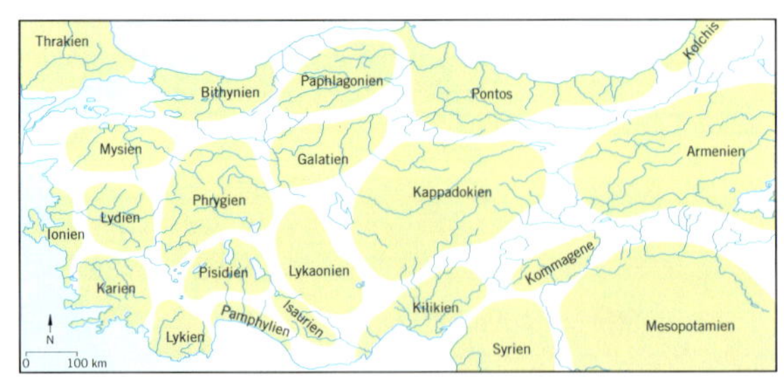

Landschaftsnamen zu hellenistischer Zeit (Karte: WBG)

kamen als Philosophen, Lehrer und Söldner, wohl auch als Siedler. Griechische Sprache und Kultur, insbesondere Architektur und Stadtplanung, breiteten sich aus. Nach dem Ende des Alexanderreiches und den folgenden Kämpfen, den Diadochenkämpfen, zwischen den vielen, die sich als Nachfolger berufen fühlten, veränderte sich Anatolien schließlich zu einem Mosaik von Kleinstaaten unter einheimischen Fürsten, die aber alle im hellenistischen kulturellen Sog blieben.

Die Galater

Im 3. Jahrhundert v. Chr. gab es noch einmal einen Einfall eines größeren Stammes nach Anatolien: Es waren die keltischen Galater. Die einheimischen anatolischen Mächte waren stark genug, den Galatern zu widerstehen und sie schließlich in das Gebiet des heutigen Ankara abzudrängen, wo nach dem Untergang des Phrygerreiches ein Vakuum entstanden war. Ankara wurde die Hauptstadt der Galater. Sie waren für gut 700 Jahre die letzten Invasoren - bis zur Ankunft der Türken.

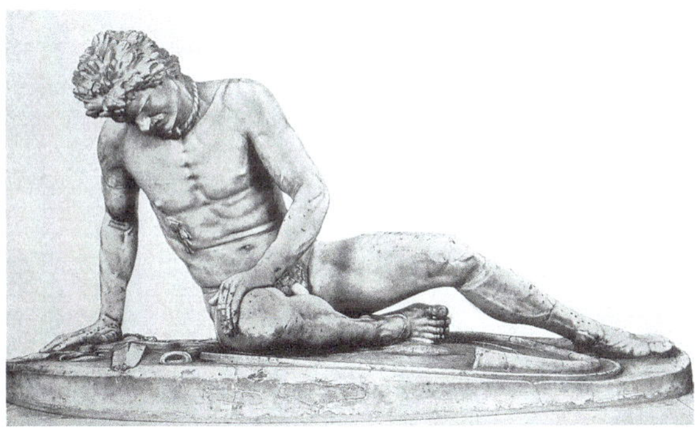

Sterbender Galater (= Gallier, Pergamon, Kapitolinisches Museum Rom)

Die Römer

Außerhalb Anatoliens war inzwischen eine neue Macht entstanden, ein neues Imperium: Rom.
Die Römer kamen mit ihrem starken Willen zur Expansion auch bald nach Anatolien, nicht als Invasoren und als Vorhut von Massen neuer Einwanderer, sondern als straffe Neuordner und Organisatoren der vorgefundenen nachalexandrinischen Kleinstaaterei, und sie kamen als Verwalter einer Erbschaft. Der letzte König des lokalen Königreichs Pergamon in Nordwest-Anatolien hatte sein Reich 133 v. Chr. den Römern vermacht. Anatolien wurde nun die Provinz Asia des Imperium Romanum.

Pax Romana - der römische Friede

Anatolien lebte für Jahrhunderte im Frieden. Es wurde bis in höhere Berglagen urbanisiert. Befestigte römische Straßen - bis zu 8 m breit - durchzogen das Land.
Die Bevölkerung wuchs und Anatolien wandelte sich zu einem relativ dicht bevölkerten Agrarland mit Getreideanbau und Viehzucht als Stützen der Wirtschaft. Baumwolle war bereits bekannt, wohl auch die Kultur der Sei-

Römerbrücke und Straße bei Eski Kahta in Südost-Anatolien

Speichenradwagen

Scheibenradwagen

denraupe (Hütteroth 1982, S. 184). Es gab Schafrassen, die besonders feine Wolle lieferten. Die Angoraziege wird jedoch noch nicht erwähnt und Schweinehaltung spielte keine größere Rolle. Landgüter mit großflächigen Monokulturen und Arbeitssklaven wie in Italien hat es in Anatolien offenbar nicht gegeben, auch kaum Ansiedlungen von römischen Veteranen in Kolonien.
Die agrarisch genutzte Landschaft blieb kleinteilig. Der altanatolische Scheibenradkarren war das ländliche Gefährt, besonders im Inneren Anatoliens - und blieb es bis in die Neuzeit. Wagen mit hohen Speichenrädern gab es vorwiegend in den stärker hellenisierten Regionen.
Die Umgangssprache in Anatolien unter den Römern war Griechisch, nur die Armenier im Osten widerstanden der Gräcisierung (s. Seite 286). Im Südosten hielten sich semitische Sprachen.

Byzanz

Anatolien als Teil des Byzantinischen Reiches

Die Homogenisierung Zentral- und West-Anatoliens auf der Basis römischer Staatstradition und der griechischen Sprache wurde durch die Übernahme des Christentums als Staatsreligion durch den oströmischen Kaiser Kon-

Byzantinische Stadtmauer von Diyarbakır

stantin beschleunigt. Bis zum Euphrat wurde Anatolien byzantinisch. Nordöstlich davon hatten sich die Armenier noch vor Konstantin für das Christentum entschieden, die Georgier etwa gleichzeitig mit Konstantin.
Ganz in den Osten Anatoliens konnten die Nestorianer ausweichen - das waren Christen, deren Glauben von der orthodoxen byzantinischen Staatsreligion abwich. Sie hielten sich dort über viele Jahrhunderte und wurden loyale osmanische Untertanen. Erst als sie am ersten Weltkrieg auf Seiten der Russen kämpften, mußten sie 1916 aus ihren Dörfern flüchten, um der Rache der osmanischen Staatsmacht zu entgehen (Hütteroth/Höhfeld 2002, S. 186).

Die Euphratgrenze konnte Byzanz zwar gegen die persischen nach Anatolien drängenden Sassaniden halten, doch dann entstand jenseits des Euphrat eine neue und gefährlichere Macht:

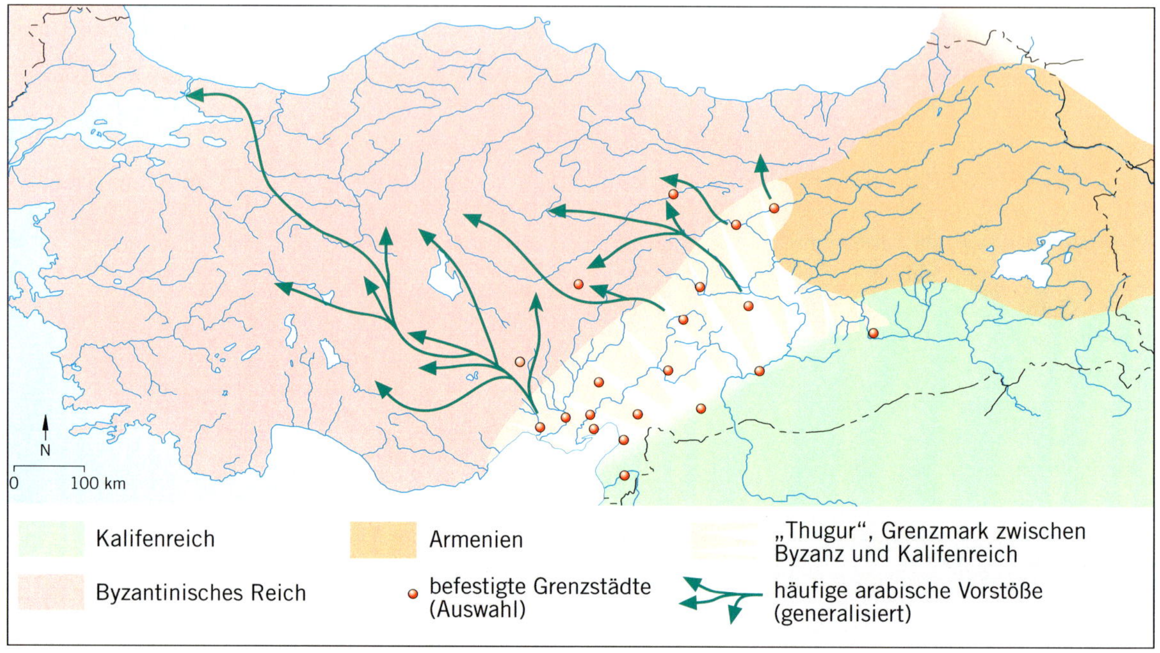

Arabereinfälle ins byzantinische Reich (Karte: WBG, Zug nach Konstantinopel, ergänzt durch den Autor)

Der Islam

Der junge von arabischen Stämmen getragene Islam breitete sich seit dem 7. Jahrhundert n. Chr. rapide aus, überrannte Persien, gelangte nach Zentralasien, eroberte Nordafrika und kam schließlich auf die iberische Halbinsel und damit nach Europa. Byzanz konnte mit einigen Festungen die Euphratgrenze zwar formal halten, aber das flache Land und die kleinen Städte waren den ständigen Arabereinfällen auf schnellen Pferden - und auch schon auf Kamelen (Dromedaren) - ausgeliefert und nicht gewachsen. Die Araber kamen 678 und 718 sogar bis vor die Tore Konstantinopels, aber sie eroberten Anatolien nicht und besetzten es nicht dauerhaft.

Es gab keine arabische Landnahme. Die Araber zogen sich nach den blitzartigen Einfällen immer wieder zurück. Anatolien wurde dabei entvölkert, die Dörfer zerstört. In Kappadokien zogen sich die Bewohner von Dörfern und ganzen Kleinstädten in unterirdische Behausungen zurück. Manche erstreckten sich bis zu 8 Stockwerke in die Tiefe und hatten eine Kapazität für 10.000 Menschen, dazu auch Viehställe und Werkstätten. Ausgeklügelte Einrichtungen wie Luftschächte und Brunnen garantierten ein längeres Überleben.

Die Städte in Anatolien schrumpften auf die befestigten und verteidigungsfähigen Stadtkerne zusammen (Haldon 2002, S. 116). In Nordsyrien und in der türkischen Provinz Hatay sind die unbefestigten sogenannten „Toten Städte"

Simeonskloster in den „Toten Städten"

Unterirdische Stadt in Kappadokien (aus einem Tourismus-Prospekt)

heute noch ein beeindruckendes architektonisches Zeugnis für die hohe christliche Kultur, die den Arabern zum Opfer fiel. Die Kirchen und Klöster blieben als Ruinen zurück, als die Gärten und Baumkulturen zerstört und die Einwohner entweder getötet oder in die Sklaverei abgeführt worden waren.

Nur in den Gebirgen Anatoliens konnte sich ein Teil der mehr oder weniger gräzisierten Landbevölkerung halten.

Armenien blieb von diesen Arabereinfällen weitgehend verschont. Es hatte sich schon früh dem Kalifenreich unterworfen und so zumindest eine kulturelle Unabhängigkeit bewahren können.

Anatolien war durch die Arabereinfälle ein offenes, weitgehend leeres Land geworden mit nur wenigen größeren befestigten Städten aus vorhellenistischer Zeit.

Das war der Zustand beim Einbruch der nächsten Eroberer im 10. Jahrhundert.

Türken in Anatolien

Die Seldschuken

„Mit der Schlacht von Manzikert (heute Malazgirt) 1071 in Ostanatolien, die der Turkmenenhäuptling Alp Arslan gegen den byzantinischen Kaiser (Romanos IV.) gewann, brachen die entscheidenden Dämme des byzantinischen Staates. Das Land war so geschwächt und so dünn besiedelt, daß diese eine Schlacht für die Geschichte der Türken wie der Byzantiner entscheidend wurde. Die oghuzischen Türkstämme brauchten keinen langwierigen Grenzerkrieg mehr zu führen, sondern konnten in wenigen Jahren von Osten her Anatolien bis zum Marmarameer durchstoßen.“ (Hütteroth 1982, S. 190)

Türkischer Bogenschütze, Miniatur, 16. Jahrhundert

Altes Kulturland wurde durch die eindringenden Turkmenen zu Nomadenland. Auf den Bergweiden (Yaylas) im Taurus bezeugen noch heute reich dekorierte Sarkophage, daß dort zu hellenistischer und römischer Zeit Menschen in einem gewissen – wohl kleinstädtischen – Wohlstand lebten, der es ihnen erlaubte, fähige Steinmetze zu beschäftigen.

Diese Turkmenen waren geschickte Reiter und Bogenschützen, sie konnten bis zu 500 m weit schießen. Der türkische Bogen blieb mit seiner Reichweite noch bis zum 17. Jahrhundert allen Handfeuerwaffen überlegen (Neumann-Adrian/Neumann 1990, S. 151).

Antiker Sarkophag auf einer Yayla in Südwest-Anatolien

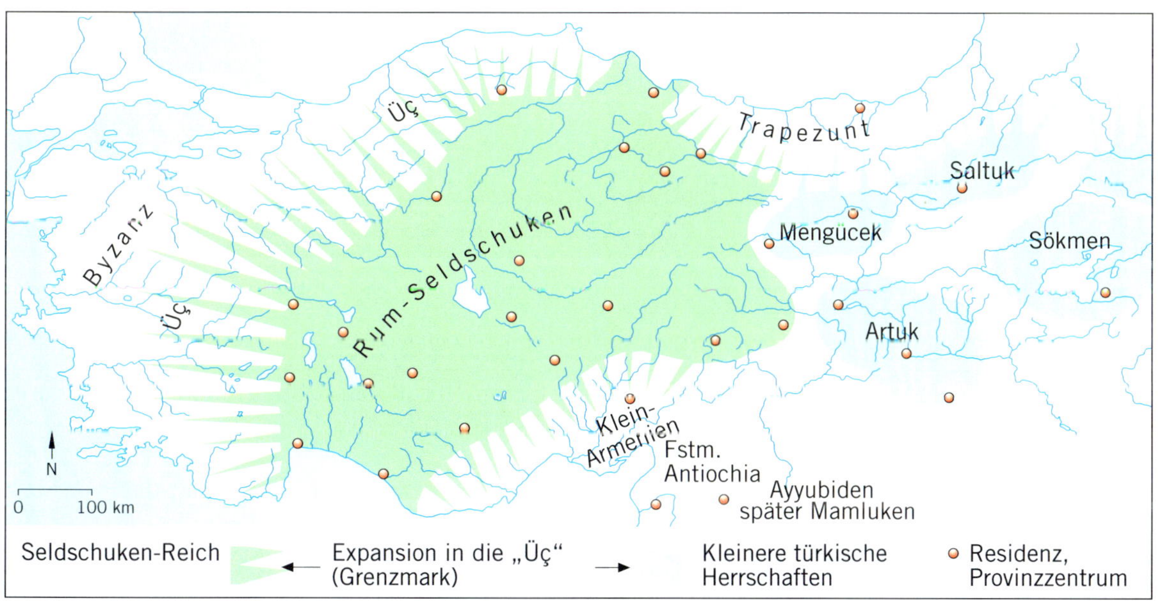

Das Reich der Seldschuken und kleinere türkische Herrschaften im 12. Jahrundert (Karte: WBG)

Woher diese Türkstämme kamen

(Nach Matuz 1990 und Haussig 1983, s. Karte Seite 42)

Sie waren in ihrer „Urheimat“ südlich des Baikal-Sees als Nomadenstämme jahrhundertelang unmittelbare Nachbarn Chinas. Die Chinesen bauten die große Mauer zur Abwehr der gefurchteten Überfälle und Eroberungszüge der Türken und anderer Steppenvölker. Im Jahre 552 n. Chr. entstand – chinesischen Annalen zu Folge – das erste türkische Staatswesen, ein lockerer Verband von Nomadenstämmen. Dieser erste „Staat“ zerfiel bald in einen östlichen und einen westlichen Teil, beide pflegten den Seidenhandel entlang der Seidenstraße von China bis Byzanz. Im 7. Jahrhundert gerieten beide Teilstaaten unter chinesische Oberhoheit. 682 errichteten die östlichen Türken erneut ein Reich, das der Göktürken. Sie besaßen eine voll entwickelte Runenschrift. Ursprünglich hingen die „Urtürken“ schamanistischen Glaubensvorstellungen an, einige Stämme ließen sich aber im 6. Jahrhundert zum Buddhismus bekehren.

Die Vorgänger der Türken im Gebiet der heutigen Türkei stammen von den Oghusen ab, die noch im 10. Jahrhundert in der Kasachensteppe als Nomaden herumzogen und dann gen Westen aufbrachen. Sie eroberten mit den nomadischen Reitertruppen blitzartig riesige Gebiete. An der Spitze des Stammes der Kinik stand ein Häuptling namens Seldschuk, der um 970 samt seinen Untertanen den sunnitischen Islam annahm. Nach ihm ist die Dynastie der Seldschuken benannt.

Baktrisches Kamel, chinesische Terrakotta

Auf dem Wege nach Westen wurden die Oghusen stark von der persischen Kultur beeinflußt – die Oberschicht sprach bald persisch. Sie kamen mit riesigen Schaf- und

Ziegenherden und den kältegewöhnten, zweihöckrigen baktrischen Kamelen nach Anatolien, aber keineswegs nur als wilde kriegerische Nomadenstämme, sondern bereits herrschaftlich organisiert mit einer persisch geprägten Oberschicht.

Seldschukische Herrschaft und Landnahme

Die besetzten Territorien benannten die Seldschuken nach den „Bey" (Fürsten)-Familien, nicht mit den Namen der Stämme. Ehemals byzantinische Städte wurden ihre Residenzen, so z. B. Konya die Haupstadt der Seldschuken. Die christliche, griechisch sprechende Bevölkerung konnte in den Städten bleiben, aber das weite Agrar-Land wurde durch die Flut der einströmenden Turkmenen Nomadenland und Nomadensteppe.

Vryonis schreibt: „It was a conquest with an ethnic migration of nomadic people of substantial numerical proportions" (Vryonis 1975, S. 50). Dabei ging es nicht zimperlich zu. Vrynonis zitiert einen georgischen Chronisten, der über die nomadische Eroberung des christlichen Georgien in Nordost-Anatolien schreibt: „They spread out like locusts. The Holy churches served as stables for their horses. The priests were carried off into harsh slavery. The virgins were defiled, the youths circumcised, and the infants taken away. The left inhabitants were unable to plant and to harvest" (Vryonis 1975, S. 51).

Es bildete sich in Zentral-Anatolien der Hochlandnomadismus aus (s. Seite 44): Die Stämme zogen im Sommer aus ihren Winterquartieren (Kışla), die in den geschützten Falten am Rande des anatolischen zentralen Hochlandes lagen, auf eben dieses offene Hochland, das sie als Sommerweide (Yayla) nutzten.

Die großen Schaf- und Ziegenherden dienten nicht nur zur Fleischversorgung der Städter, sondern lieferten auch Wolle und Ziegenhaar, Rohstoffe für das türkmenische Handwerk, besonders für die Teppichherstellung (Matuz 1990, S. 18).

Die Turkmenenstämme kannten zwar die Oberhoheit des Sultans in Konya an, folgten seinen Anweisungen aber nicht immer und überfielen z. B. das Heer der Kreuzfahrer unter dem Deutschen Kaiser Barbarossa, obwohl der Sultan Kılıç Arslan II. dem Kreuzfahrerheer freien Durchzug zugesagt hatte. Ein Chronist des Kreuzzuges schreibt von ständigen Scharmützeln mit 100.000 Reiterkriegern auf dem Marsch vom oberen Mäandertal nach Konya (Vryonis 1975, S. 50).

Schon im Seldschukenreich ist der Gegensatz zwischen den Interessen der in Städten residierenden Oberschicht und den umherziehenden Nomadenstämmen zu erkennen: Letztere waren zwar zuerst am Wohlergehen ihrer Herden interessiert, suchten und nutzten aber auch gerne Gelegenheiten zu Raubüberfällen und Sklavennahme. Die unbändigen Turkmenenstämme konnten ihre kriegerischen Fähigkeiten - als „Glaubenskrieger" verbrämt - stets in den byzantinischen Grenzgebieten zeigen und dabei zugleich ihre Raublust befriedigen.

Die Turkmenen-Stämme rebellierten sogar gegen den seldschukischen Sultan, der sich auf seine christlichen georgischen und fränkischen Söldner sowie auf seine aus Griechen zusammengestellte Sklavengarde verließ und schließlich auch gegen die Nomaden siegte, die mit Frauen und Kindern unter einem schiitischen Anführer, Baba Ishak, in den Krieg gezogen waren.

Die seldschukischen Sultane waren vor allem am Handel und an sicheren Handelswegen interessiert. Sie überzogen das Land deshalb mit einem Netz von festungsartigen Karawansereien in einem Abstand einer Tagesreise einer Kamelkarawane - etwa 30 km. Diese sogenannten *hane* sind bis heute eindrucksvolle Bauwerke im anatolischen Hochland und Zeugnisse der hohen seldschukischen Baukultur, die sich auch in Palästen, Moscheen und Medresseen (Koranschulen) manifestiert hat (s. Seite 304).

Karawanserei (Karatay Han, erbaut 1219 - 1241)

Von den städtischen Seldschuken ging die Islamisierung des urbanen Anatoliens aus. Wanderprediger der verschiedensten Sekten und islamische Bruderschaften taten das Ihre in den ländlichen Regionen.

„Die Einwanderung nomadischer türkischer Stämme nach Anatolien zog sich vom 11. bis zum 14. Jahrhundert hin: Immer neue Wellen sickerten ein, zum Teil auf der Flucht vor den bereits in Zentralasien und im Iran herrschenden Mongolen" (Hütteroth 1982, S. 203). Strittig ist das Verhältnis - besonders das Zahlenverhältnis - zwischen den eingewanderten Türken und der einheimischen christlichen gräcisierten Bevölkerung. Willem von Rubruk, der im 13. Jahrhundert in päpstlicher Mission zum Großkhan der Mongolen reiste und bei der Rückkehr Ost-Anatolien durchquerte, schrieb, daß in der Türkei nicht einmal jeder zehnte Bewohner Sarazene sei (Rubruk 1984, S. 231). Wilhelm von Rubruk hielt sich als Christ natürlich vorwiegend unter christlichen Armeniern und Griechen in den Städten auf und sah in völliger Verkennung der tatsächlichen Lage sogar Chancen für eine christliche Rückeroberung Anatoliens durch einen weiteren Kreuzzug (Rubruk 1984, S. 232). Byzantinische Quellen belegen aber den rapiden Rückgang der Bischofssitze - und damit des Christentums - in Anatolien. Hatte es im 1. Jahrhundert noch über vierhundert gegeben, so sind es im 15. Jahrhundert nur noch drei. Aus osmanischen Registern lassen sich für das frühe 16. Jahrhundert folgende Prozentzahlen extrahieren: 92,4 % Moslems, 7,5 % Christen, 0,1 % Juden (Vryonis 1975, S. 58). Dieser hohe Prozentsatz an Moslems bedeutet sicher nicht, daß sie alle von den türkischen nomadischen und islamischen Eroberern abstammen, sondern erklärt sich plausibler durch Übertritte von anatolischen Christen zum Islam. Denn es hat trotz des islamischen Toleranzgebotes für alle Anhänger von „Buchreligionen" (Christen, Juden) Übertritte zum Islam gegeben, sei es, um einem Druck auszuweichen, oder auch, um unter den neuen Herren Karriere zu machen. Griechisch sprechende Moslems gab es zumindest noch bis zur Mitte des 20. Jahrhunderts in Anatolien (Andrews 1987). Heiraten zwischen Moslems und Christen kamen vor, sogar auf höchster Ebene: Angehörige der seldschukischen Sultans-Dynastie heirateten in byzantinische Adelsfamilien hinein und umgekehrt. Vielerorts setzte sich die türkische Sprache in der christlichen Bevölkerung durch. Die 1923 nach Griechenland umgesiedelten Christen Kappadokiens sprachen überwiegend Türkisch.

Die Mongolen

Die vom iranischen Hochland im 13. Jahrhundert einfallenden Mongolen trieben die turkmenischen Nomaden weiter westwärts und tauchten in großer Zahl in Azerbaidjan und Ost-Anatolien auf. Lindner spricht von 200.000 Menschen und 4 bis 5 Millionen Schafen (Lindner 1983, S. 14).

Inalcık spricht von „settlement of Mongol tribal forces in eastern and central Anatolia" (Inalcık 1983). Der Mongoleneinfall brach bald die Macht der seldschukischen Sultane: Sie verloren die Schlacht am Köşe Dağh 1243 und wurden den Mongolen tributpflichtig. Ihre Macht schwand dahin. Anatolien zerfiel in ein Mosaik von Beyliks, islamischen Gebieten mit einem lokalen Machthaber (Fürst oder Emir) an der Spitze. Die Grenzen der Beyliks waren fließend, Scharmützel und Kriege an der Tagesordnung.

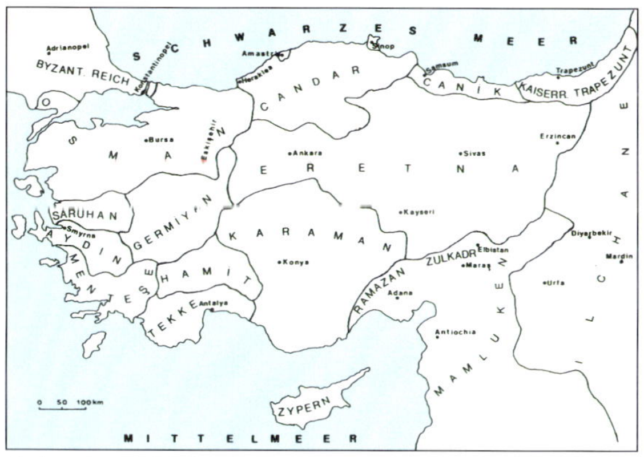

Emirate im 14. Jahrhundert (Karte nach Matuz 1990)

Die Osmanen

Die Beys aus einer kleinen Grenzmark im Westen Anatoliens mit dem Ort Söğüt als Mittelpunkt sollten als Osmanen bald Weltgeschichte machen. Sie nannten sich so nach ihrem ersten Führer Osman. In Erinnerung an den Ursprung der Osmanen findet in Söğüt alljährlich ein „Yürüken-Festival" statt mit Umzügen und vielen Teilnehmern aus den umliegenden Dörfern, in denen sich Karakeçili-Yürüken angesiedelt haben. Sie halten sich für die Ur-Osmanen.

Osmans Nachfolger setzten den Byzantinern heftig zu, sie machten zuerst nacheinander die westanatolischen Städte Iznik und Bursa zu ihrer Hauptstadt, dann Edirne jenseits des Marmarameeres. Schließlich löschten sie mit der Eroberung von Konstantinopel am 29. Mai 1453 unter Sultan Mehmet II., der seitdem Mehmet der Eroberer genannt wird, das byzantinische Restreich aus.

Das osmanische Heer mit den aus der christlichen „Knabenlese" rekrutierten islamisierten und türkisierten Janitscharen als Elitetruppe im Kern, einer Masse disziplinierter Reiter und den aus Anatolien nachströmenden freibeuterischen nomadischen Turkmenen – später verstärkt durch die Reiter der Krimtartaren – eroberte bald den ganzen Balkan und stand zweimal vor Wien: 1529 und 1683. Europa lebte für Jahrhunderte in der Türkenfurcht – und ist heute noch nicht frei davon.

Yürüken-Fest in Söğüt, West-Anatolien (1975)

Kapelle der Janitscharen, Miniatur aus dem 15. Jahrhundert (Topkapı-Museum Istanbul)

Nomadenstämme zogen freiwillig – oder vom Sultan gezwungen – von Anatolien in den Balkan, und seßhafte Türken aus anatolischen Dörfern wurden umgesiedelt in ursprünglich rein christliche Landstriche zur Festigung osmanischer muslimischer Herrschaft (Neumann 1990, S. 194).

Auch im anatolischen Kernland des osmanischen Reiches machte der Anteil der Nomaden (Yürüken) an der Gesamtbevölkerung inzwischen einen hohen Anteil aus, was bezeugt, daß die nach Anatolien ab dem 11. Jahrhundert eingefallenen Türken sich erheblich vermehrt hatten, sei es durch weiteren Zustrom aus dem Osten auf der Flucht vor den nachdrängenden Mongolen oder auch durch großen Kinderreichtum. Halil Inalcık entnimmt osmanischen Dokumenten, daß um 1450 in der westanatolischen Provinz Aydin der türkische Bevölkerungsanteil 90 % ausmachte (Inalcık 1986, S. 16).

Feridun Emegen hat osmanische Quellen des 16. Jahrhunderts aus Manisa, der Stadt in West-Anatolien, in der zeitweise die osmanischen Prinzen erzogen wurden, sorgfältig ausgewertet und kommt zu dem Schluß, daß 1531 im osmanischen Verwaltungsbezirk Saruhan der Anteil der nomadischen Yürük 44 % der Gesamtbevölkerung ausmachte. 38 % der Dörfer wurden von Yürüken (Nomaden) bewohnt, die neben der Yayla-Viehwirtschaft auch Landwirtschaft betrieben und dafür Steuern zahlten. 62 % der Dörfer hatten auch nichtmuslimische Einwohner: Griechen und aus dem christlichen Spanien geflohene Juden (Emegen 1989, S. 303).

Timur in Anatolien – ein Intermezzo

In Anatolien breitete sich die osmanische Herrschaft anfangs weniger rasant aus. Hier gab es 1402 einen harten Rückschlag: Timur, der von Samarkand als erfolgreicher turkischstämmiger – aber sich auf den Mongolen Tschingis Khan berufender – Eroberer aufgebrochen war, schlug das osmanische Heer unter dem Sultan Beyazid II. bei Ankara vernichtend und nahm den Sultan gefangen. Anatolien unter timuridischer Herrschaft blieb aber nur eine Episode. Schon drei Jahre später (1405) starb Timur und seine Nachfolger – die Timuriden – beschränkten sich auf ihr Kerngebiet in Zentralasien um Samarkand he-

rum, in dem sie Kunst und Kultur zu hoher Blüte brachten mit den dorthin deportierten Künstlern aus den vorher von Timur eroberten Reichen und Provinzen. Timuridische Miniaturen sind ein reiches und bis heute noch nicht ausgeschöpftes Bilderbuch - auch für Teppichmuster und andere Textilien.
Das Gebiet des ehemaligen Seldschukenreichs mit Konya als Hauptstadt, das seine Selbständigkeit in der Schlacht am Köşe Dağh 1243 an die Mongolen verloren hatte, wurde von den Karamaniden übernommen. Sie machten 1277 dort das Türkische an Stelle des Persischen zur offiziellen Staatssprache. 1393 eroberten die Osmanen Karaman, die Haupstadt der Karamaniden und übernahmen damit das letzte und mächtigste Beylik in Anatolien. Andere wie Saruhan, Menteşe und Germiyan waren schon vorher annektiert worden.

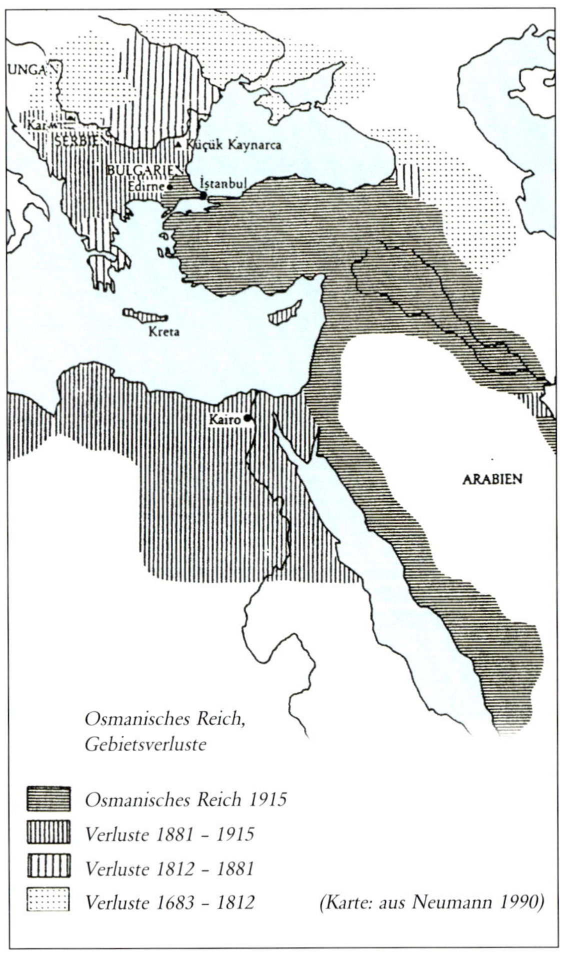

Osmanisches Reich, Gebietsverluste *(Karte: aus Neumann 1990)*

Nomadenkonföderationen: Akkoyunlu und Karakoyunlu
In Ost-Anatolien und im westlichen Iran hatten sich im 14. Jahrhundert Stämme der Turkmenen zu Konföderationen zusammengeschlossen, zu staatsähnlichen Gebilden mit fließenden Grenzen und ohne feste Hauptstädte. Bei kriegerischen Auseinandersetzungen stießen auch kurdische und arabische Stämme zur stärksten dieser beiden

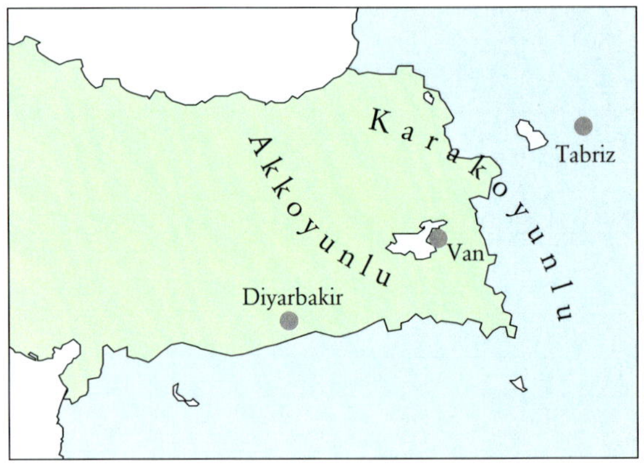

Konföderationen, den Akkoyunlus (Woods 1976, S. 8). Die Konföderationen übernahmen das mongolische Erbe der Staatsorganisation - bis hin zu Bezeichnungen für Ämter - und das Hofzeremoniell. Es waren Symbiosen aus dominierenden, wandernden Nomadenstämmen unter einem Sultan und einer Feudalkaste und der seßhaften bäuerlichen Bevölkerung, die beschützt aber auch besteuert wurde. Das geht aus fiskalischen Anweisungen eines ihrer bedeutendsten Fürsten, Uzun Hassan (der lange Hassan), hervor (Hinz 1950). Er war der Sultan der Akkoyunlu. Unter der Führung von Uzun Hassan wurde die konkurrierende Konföderation der Karakoyunlu besiegt und ging teilweise in die der Akkoyunlu auf. Diese Konföderationen können als ein System der äußersten Rationalisierung nomadischer Lebensform betrachtet werden. „Das Stadium der großen Konföderationen erscheint als die letzte, perfekteste Phase der Koexistenz von Nomaden und Seßhaften in einem Gleichgewichtszustand" (Planhol 1975, S. 259).
Nachkommen dieser Stämme, die sich selbst stolz als Karakoyunlu oder Akkoyunlu bezeichnen, gibt es heute noch in Anatolien (s. Seiten 92 ff und Seiten 108 ff).
In Persien hat es im 18. und 19. Jahrhundert ähnliche von Nomaden dominierte staatsähnliche Strukturen gegeben, z. B. die der türkischen Kaschgais.

Der Osmanensultan Mehmet II. brachte dem Reiterheer der Akkoyunlus unter Uzun Hassan 1473 eine schwere Niederlage unter Ausnutzung seiner überlegenen Bewaffnung mit Artillerie. Die Kanonen waren im Auftrage des Sultans von christlichen Kanonengießern gegossen worden und spielten eine schlachtentscheidende Rolle - wie schon bei der Eroberung Konstantinopels 1453. Als Uzun Hassan 1478 starb, zerfiel seine Konföderation und der anatolische Teil ging an die Osmanen.
Mit dem Sieg über die Akkoyunlu hatten die Osmanen gewissermaßen auch ihre „eigene Vergangenheit" besiegt. Denn diese ostanatolischen Nomaden ähnelten in vielem den Türken, die 1071 die Byzantiner entscheidend schlugen und danach Anatolien eroberten.

Die osmanische Großmacht
Im 16. Jahrhundert war das Osmanische Reich eine Großmacht, die sich über drei Kontinente erstreckte und immer noch expandierte, wozu sie als islamisches Staatswesen religionsgesetzlich auch verpflichtet war. Dadurch füllten sich auch stetig die Staatskassen (Matuz 1990, S. 84). Eine zwangsweise Islamisierung fand in den eroberten Ländern nicht statt. Die Anhänger von monotheistischen Buchreligionen wurden in der Regel nicht drangsaliert, waren willkommen als Steuer- und Tributzahler. Das to-

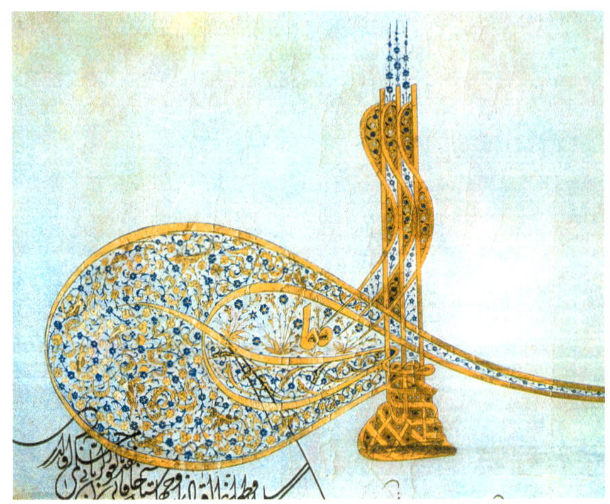
Tuğhra, Sultanssiegel von Süleyman I. (aus Babinger 1975)

lerante osmanische Reich animierte sogar zur Einwanderung: Es kamen z. B. die spanischen Juden, die nach der christlichen Rückeroberung des Maurenstaates sich dort entweder taufen lassen oder das Land verlassen mußten. Der osmanische Staat ist nach damaligen Maßstäben ein

Rechtsstaat: Jeder Untertan - ob Moslem, Christ oder Jude - konnte sich, wenn er sich in seinen Rechten verletzt fühlte, an den Reichsrat, den „Großherrlichen Diwan" wenden, und er tat es auch (Matuz 1990, S. 85 f). Es gab eine feste islamische gesetzliche Ordnung, der sich jedermann - auch der Sultan - zu unterwerfen hatte. Aber der Sultan war auch ein absoluter Herrscher, der nach Maßgabe der Rechtsordnung über Leben und Tod entschied. Er brauchte auf keine Feudalaristokratie Rücksicht zu nehmen, denn die gab es nicht. Das Land außerhalb der größeren Städte gehörte dem Sultan, war Staatsland. Es wurde im sogenannten Timar-System als Lehen vergeben. Die Lehensnehmer waren berechtigt, Steuern zu erheben, brauchten diese aber gegen die Verpflichtung zum Militärdienst als Reiter (sipahi) nicht an den Staat abzuführen. Der Staat verzichtete also auf einige Steueransprüche und finanzierte so einen Teil des Militärs (Hütteroth 1982, S. 223). Das Lehen konnte aber nicht vererbt werden. Es wurde nach dem Tode des Lehensnehmers neu vergeben. So entstand kein wohlhabender Landadel, keine Feudalschicht, die langfristig an einer wirtschaftlichen Entwicklung des Lehens zum Wohle der Erben interessiert gewesen wäre. Der Sultan verließ sich in seinen Aktionen auf die von ihm total abhängigen entwurzelten, islamisierten und türkisierten Männer aus der christlichen „Knabenlese", die durch ihn zu höchsten Staatsämtern aufsteigen konnten. Die Verwaltung war effizient, das Steuersystem durchschaubar und hinreichend gerecht, „ein Meisterstück osmanischer Organisation" (Neumann 1990, S. 215). Auch Nomaden wurden besteuert. Zuerst nach der Zahl der Männer, die sie im Kriegsfall als Reiter für die osmanische Armee zu stellen hatten, später nach der Kopfzahl ihrer Schafherden (Lindner 1983, S. 56). Die Tendenz dieser Steuer war aber schon „antinomadisch": Sie wurde schließlich nur noch im für den Staat günstigsten Monat April erhoben, wenn die Kopfzahl durch die vorher geborenen Lämmer am höchsten war, noch keine Lämmer des Jahres verkauft worden waren und die große Wanderung auf die Yayla mit fast unvermeidlichen Verlusten noch bevorstand. Es gab auch keine Nachlässe oder gar Steuerverzichte bei kleinen Herden. Wer wenige Schafe hatte, mußte Schafe verkaufen, um die Steuer zu bezahlen, dezimierte seine Herde dadurch weiter, geriet unter das Existenzminimum bei weiteren Verlusten durch Krankheiten oder Wetterunbilden und mußte schließlich seßhaft werden, um als Bauer zu überleben. Eine solche Entwicklung war im Interesse des osmanischen Staates. Seßhafte sind leichter zu kontrollieren, zu besteuern und für die Armee zu rekrutieren. Die Steuereintreiber mußten nicht mehr die wechselnden Plätze der Nomaden aufsuchen (Lindner 1983, S. 59).

Aus den penibel geführten osmanischen Steuerlisten des 15. und auch noch 16. Jahrhunderts taucht zum ersten mal die Bezeichnung *yürük* für Nomaden auf. Den Listen sind viele Namen von Yürüken-Nomadenstämmen und viel kleineren nomadischen Einheiten (oba) zu entnehmen (Refik 1930). Viele dieser Namen werden auch heute noch genannt, wenn man Menschen in anatolischen Dörfern oder auf den Yaylas nach ihrem *aşiret*, ihrer Stammeszugehörigkeit, fragt.

Yürüken betreiben bis heute Bergnomadismus in Süd-Anatolien (s. Seite 44, Türkischer Nomadismus in Anatolien).

Der große Celali-Aufstand

Während das Osmanische Reich äußerlich auf dem Höhepunkt seiner Macht stand, brachen in Anatolien Aufstände los. Das begann schon gegen Ende der 46 Jahre währenden Regierungszeit von Süleyman, dem Prächtigen (1520 -1566). Die Gründe für diesen großen Aufstand in Anatolien gegen die osmanische Zentralmacht waren vielfältig. Die Bürden, die auf der anatolischen Landbevölkerung lasteten, wurden immer drückender durch die ständigen Kriege, besonders aber durch die weitgehende Einführung der Steuerpacht, die eine völlige Ausbeutung der Bauern durch den Steuerpächter ermöglichte, und durch ständig erhobene Sondersteuern. Viele Bauern verließen ihre Äcker und schlossen sich den schon seit Mitte des 16. Jahrhunderts existierenden Banden an, die plündernd in Anatolien umherstreiften. Zu diesen stießen entlassene oder desertierte Soldaten. Ein geschickter Anführer, Kara Yazıcı, der „schwarze Schreiber", schloß 1598 die in Südost-Anatolien umherschwärmenden Freischärler zusammen und die nomadischen Turkmenenstämme dieses Gebietes schlossen sich an. Von der osmanischen Zentralverwaltung wurden die Aufständischen Celali genannt. Sie wurden verdächtigt, Schiiten zu sein und mit der persischen schiitischen Dynastie der Safawiden - Erzfeinden der Osmanen - zu sympathisieren und insgeheim zusammenzuarbeiten. Die osmanische Zentralregierung führte an verschiedenen Grenzen des Reiches Krieg und hatte zunächst nicht die Kräfte, den Aufstand niederzuschlagen. Als sie es zaghaft versuchte, plünderten und marodierten Truppen des Sultans genauso wie die Celali-Banden und verschlimmerten damit die Situation noch. Das Land erlebte eine Schreckenszeit. Die Wohlhabenden flohen in ferne osmanische Reichsteile - bis nach Arabien und Ägypten. Es setzte die große Flucht ein. Nomadenstämme, wie z. B. Teile der Afscharen, setzten sich nach Persien ab. Anatolien entvölkerte sich, die Landwirtschaft in den zentralen Ebenen verfiel. Die Karawanenrouten waren unsicher und wurden nicht mehr benutzt, die Karawansereien verfielen. Die Verbliebenen flüchteten in schwer zugängliche Bergregionen. Dort entstanden winzige Dörfer mit einer begrenzten Landwirtschaft drumherum. Es gelang der osmanischen Staatsgewalt erst 1609, der Celali-Revolte ein Ende zu setzen.

Ein Nutznießer der Celali-Revolte war am Ende der Hochlandnomadismus (Neumann 1990, S. 244), obwohl ein Teil der am Aufstand beteiligten Turkmenenstämme nach Persien abgewandert war. Jetzt gab es wieder genügend Weideland und Brachland, nachdem die bäuerliche Bevölkerung - darunter auch die in den vorherigen Jahrhunderten seßhaft gewordenen Nomaden - die Dörfer und damit auch das kultivierte Land verlassen hatte. Die Situation war in Anatolien nun wieder so ähnlich wie bei der Ankunft der ersten Türken im zehnten Jahrhundert nach den verheerenden Arabereinfällen ins byzantinische Reich. Es fand eine Re-Nomadisierung durch die in Anatolien verbliebenen Turkmenen statt (Barkey 1994, S. 115). Der Bergnomadismus war nicht durch die Abwanderung von Stämmen geschwächt, überlebte und wurde gestärkt.

Eine Anmerkung: Radiocarbondatierte anatolische Kelims sind ein Beweis für die offensichtlich hochstehende nomadische Kelimkultur gerade in dieser Zeit der Re-Nomadisierung (Rageth 1999, S. 36, 68, 74, 92, 96). Aus osmanischen Verschiffungslisten geht zudem hervor, daß im 15. und 16. Jahrhundert Kelims in großer Zahl vom südanatolischen Hafen Antalya nach Ägypten exportiert wurden (Inalcık 1983).

Der Niedergang des Osmanischen Reiches

Im 17. Jahrhundert begann schon das Schrumpfen des Osmanischen Reiches. Es fiel zudem in seiner Entwicklung in mehreren Bereichen immer weiter hinter Europa zurück. Es gab kein kritisches philosophisches, zur Naturwissenschaft und Technik führendes Denken; das hätte eine Lösung aus engen religiösen Bindungen und Vorstellungen vorausgesetzt. Auch aus der Vielzahl islamischer Sekten führte kein Weg ins vorurteilsfreie Denken. Die Alewi-Richtung - allem Neuen gegenüber am ehesten aufgeschlossen und weit entfernt von einer nur ritualen Auslegung des Islam - wäre am ehesten in der Lage gewesen, die Erstarrung zu lösen und anzuknüpfen an den ganz frühen Islam, dem es zu verdanken ist, daß die Schriften der griechischen Philosophen, Mathematiker und Astronomen ins Arabische übersetzt wurden und so für die Nachwelt erhalten blieben. Es gab keine Strömung im späteren Islam, die der europäischen Renaissance und später der Aufklärung auch nur in Ansätzen entsprochen hätte. Es entwickelte sich keine höhere Technik und keine Industrie. Der technologische Fortschritt in Europa ließ die osmanische Wirtschaft in einen hoffnungslosen Rückstand geraten. Der Staat kannte nur das Konzept der Abschöpfung, nicht aber das der Förderung von Handel und Handwerk (Matuz 1990, S. 207). Wirtschaftliche Entwicklung setzt die Möglichkeit der Kapitalbildung voraus und das Vorhandensein einer Schicht, die vom Staat unabhängig ist, sich wirtschaftlich hinreichend sicher fühlt und deren Vermögen nicht jederzeit von einer despotischen Obrigkeit beschlagnahmt werden kann. Der traditionelle Islam ist Geldgeschäften gegenüber skeptisch, verbietet aus plausiblen Gründen Wucher, aber darüberhinaus auch grundsätzlich den Zins. Auch deshalb konnte sich bis ins 19. Jahrhundert hinein kein osmanisches Bankwesen entwickeln.

Um teilzuhaben an den neuen Produkten Europas, räumte der Staat den europäischen Mächten immer mehr Handelsrechte ein. Es begann damit die Zeit der sogenannten Kapitulationen. Die Handelsbeziehungen lagen auf osmanischer Seite in den Händen von Nichtmoslems: Griechen, Armeniern und Juden. Im Zuge der Kapitulationen richteten die europäischen Mächte in Anatolien auch Konsulate und Missionen ein und machten die im Lande lebenden christlichen Minderheiten zu ihren Schutzbefohlenen. 1840 wurde Frankreich zur Schutzmacht der Katholiken. Durch Mission unter den Armeniern gelang es Frankreich, sich eine innerosmanische Anhängerschaft zu schaffen. Rußland wurde zur Schutzmacht für die Griechisch-Orthodoxen, England zur Schutzmacht der Protestanten, und Amerika unterhielt Missionen verschiedener christlicher Richtungen. Der Sultan mußte durch diese Kapitulationen Souveränitätsrechte an ausländische Mächte abtreten.

Einwanderungen im 19. und 20. Jahrhundert

Seit der Celali-Revolte im 16. Jahrhundert waren weite Gebiete Anatoliens fast menschenleer. Sie füllten sich erst im 19. und auch 20. Jahrhundert wieder auf mit moslemischen Rückwanderern aus den verlorenen osmanischen Gebieten auf dem Balkan und mit Moslems, die vor dem expandierenden Zarenreich und der späteren Sowjetunion aus dem Kaukasus und Zentralasien flohen. Eine Zusammenstellung, die auf den von Andrews herausgegebenen Karten basiert (Andrews 1987) und ergänzt ist, kommt zu folgenden Völkerschaften und Gruppen:

Moslems

Tscherkessen aus dem Kaukasus,

Tschetschenen aus dem Kaukasus

Inguschen aus dem Kaukasus

Einwanderer aus Dagestan

Karapapachen = Türken aus Azerbaidschan

Kirgisen aus Zentralasien

Kasachen aus Zentralasien

Uzbeken aus Zentralasien

Nogaj-Tartaren aus Zentralasien

Krim-Tartaren von der Halbinsel Krim und aus Südrußland

Balkaren aus dem Kaukasus

Karatschaier aus dem Kaukasus

Georgier aus dem Kaukasus

Albaner

Muslimische Einwanderer aus Bulgarien und anderen Balkanländern (im Türkischen muhadjir oder göçmen genannt)

Christen

Griechische Einwanderer von den ägäischen Inseln

Deutsche aus Rußland, dem Wolga-Gebiet, (nur wenige Familien)

Bei der Volkszählung 1935 gaben noch 1 Million von insgesamt 16 Millionen Bewohnern der Republik Türkei einen Geburtsort außerhalb der Republik an.

Im Blickpunkt des europäischen Imperialismus

Die ersten Eisenbahnen in Anatolien bauten Engländer und Franzosen zu dem vordergründigen Zweck, Rohstoffe aus Minen oder landwirtschaftliche Produkte, z. B. Baumwolle aus der gerade kultivierten Çukurova-Ebene, an die Häfen zu schaffen. Der Bau des größten Eisenbahnprojekts fiel an das Deutsche Kaiserreich: die Bagdadbahn, die einmal von Istanbul über Bagdad bis nach Basra reichen sollte. Die europäischen Mächte betrachteten den „Kranken Mann am Bosporus" mit imperialistischen Augen - in Konkurrenz miteinander. Die deutsche Regierung betrieb mehr oder weniger geheime Siedlungs- und Kolonisationspläne in Anatolien (Neumann 1990, S. 280), sah da ein geeignetes Land für deutsche Bauern - näher als die schon bestehenden deutschen Kolonien im fernen Afrika - und außerdem ausbeutbare Bodenschätze. Das Buch des deutschen Offiziers Kannenberg, der das osmanische Anatolien bereiste, „Kleinasiens Naturschätze", enthält auch diese Gedanken (Kannenberg 1896).

Haydarpascha, der Anfangsbahnhof der Bagdadbahn

Erschütterung durch nationalistische Bestrebungen

Europa war nicht nur Lieferant von begehrenswerten Waren, sondern auch Produzent und Exporteur von Ideologien: Imperialismus, Nationalismus, Marxismus, Faschismus - Ideologien, die geeignet waren und sind, Unruhe, Verwirrung, Revolution und Krieg zu stiften, geographische Grenzen und politische Landschaften zu ändern.

Der Nationalismus hatte schon zur Entstehung - oder besser Wiedererstehung - einiger Balkanstaaten im ehemals europäischen Teil des osmanischen Reiches geführt und Griechenland 1830 die Unabhängigkeit gebracht. Er schwappte bald auch auf den Rest des osmanischen Reiches über. Schon am Ende des 19. Jahrhunderts regten sich der armenische, von Europa geschürte Nationalismus auch gewalttätig in Anatolien und in der Hauptstadt Konstantinopel selbst. Ein diffuser kurdischer Nationalismus regte sich ebenfalls.

Der osmanische, auf einer einheitlichen Religion begründete sunni-islamische Vielvölkerstaat war nicht mehr zeitgemäß. In seinem Kernland Anatolien und der Metropole Istanbul entstand der türkisch-turanische Nationalismus, getragen von jungen Offizieren, den Jungtürken, die 1908 die Macht im osmanischen Staat übernahmen, aber den Sultan noch nicht absetzten.

In den ersten Weltkrieg schlidderten die Jungtürken durch die Affäre um die Kriegsschiffe „Goeben" und Breslau" auf die deutsch-österreichische, die späteren Verliererseite. Die Araber befreiten sich mit englischer Hilfe von der 500 Jahre langen osmanischen Herrschaft, gerieten aber gleich wieder unter die imperialistischen Fittiche Englands und Frankreichs. Die Armenier in Ost-Anatolien hofften auf einen armenischen Staat, unterstützten die vom Kaukasus eindringenden Russen und gaben damit den Jungtürken den Anlaß zu dem, was man heute verharmlosend eine „ethnische Säuberung" nennt. Die Deportation der armenischen Bevölkerung im jungtürkischen Machtbereich aus Ost-Anatolien in die syrische Wüste, wo es entsprechende Auffanglager nicht gab, führte zu Verlusten, über deren Höhe immer noch widersprüchlich und leidenschaftlich gestritten wird, und zur fast vollständigen Ent-Armenisierung Ost-Anatoliens.

Das Ende des osmanischen Reiches und die von den Siegermächten des 1. Weltkrieges geplante Zerstückelung Anatoliens

Mit dem Ende des ersten Weltkrieges am 30. Oktober 1918 kam auch das Ende der Regierung der Jungtürken, deren Anführer ins Ausland flohen. Die Siegermächte legten 1920 im Vertrag von Sèvres ihre Pläne für Anatolien nieder. Der Sultan als Oberhaupt eines faktisch nicht mehr existierenden Staates blieb noch bis 1922 in seinem Amt, allerdings ohne Macht.

Die Karte zeigt den Plan der Sieger für die Aufteilung Anatoliens: Im Osten sollte es einen Staat Armenien geben – den gab es dann auch kurzzeitig. Im Schwarzmeergebiet war ein griechischer Staat Pontus geplant. Eine von Engländern und Franzosen bereits besetzte Zone mit Istanbul, dem Bosporus und den Dardanellen sollte internationalisiert werden. Im Westen war ein Gebiet für Griechenland reserviert – und auch schon militärisch von den Griechen besetzt. Große Gebiete Anatoliens sollten Einflußgebiete (Zonen) werden: für die Briten, die Franzosen und auch für die Italiener. Nur im Zentrum hätte sich eine Rest-Türkei etablieren können.

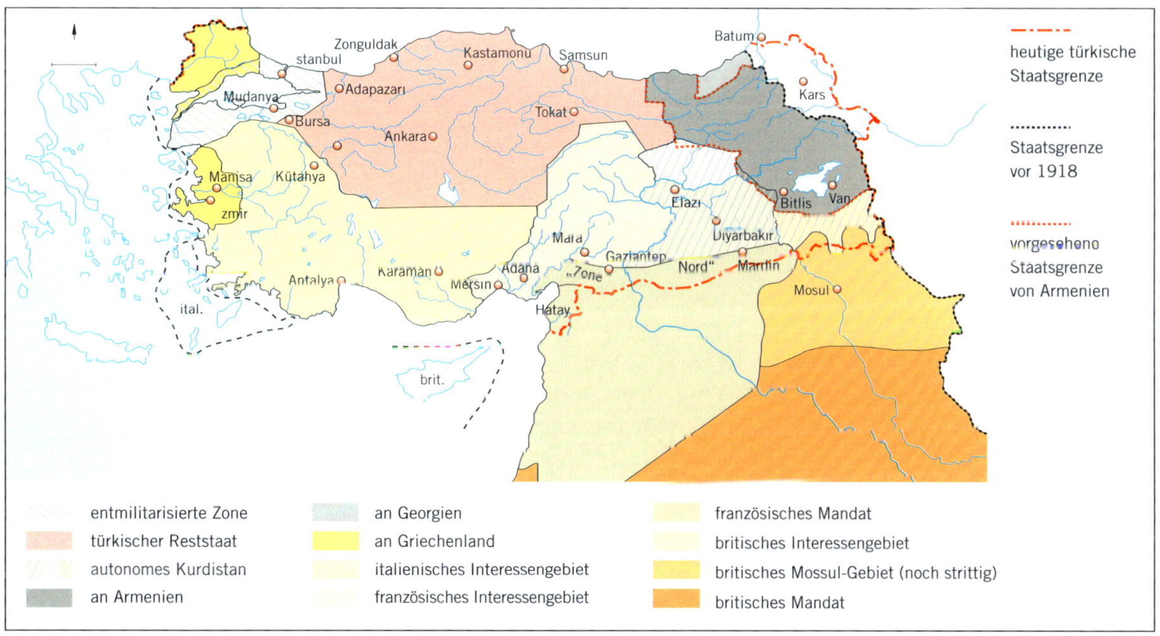

Der alliierte Aufteilungsplan von Sèvres 1920 (Karte: WBG)

Dieser Zerstückelungsplan – für jeden Türken heute noch ein Alptraum – wurde nie ratifiziert und nur in Ansätzen für einige Jahre Realität. Dann verschwand er in der Raritätenkiste der Geschichte. Das ist einer Person zu verdanken: Mustafa Kemal.

Atatürk – Vater der Türken

Mustafa Kemal – so hieß er, bevor er zum „Vater der Türken" wurde. Er trug den Titel Pascha. Er war ein energiegeladener charismatischer General, einer der Sieger in der Dardanellenschlacht (Gallipoli-Schlacht) von 1915/1916, die verhinderte, daß die britische und französische Flotte vor Konstantinopel aufkreuzen konnte, um so das Osmanische Reich zur Kapitulation zu zwingen. Diese an sich genial einfache Idee des jungen Churchill vom Flottendurchbruch scheiterte total unter riesigen Menschenverlusten. In der Erde auf der Halbinsel Gallipoli liegen die Gebeine von schätzungsweise 200.000 Türken und 40.000 Briten, Franzosen Australiern und Neuseeländern. Deutsche, die auf Seiten der Türken fielen, liegen auf einem Friedhof am Bosporus.

Mustafa Kemal war nicht gewillt, sich dem Diktat der Siegermächte von Sèvres zu beugen, sammelte Reste der osmanischen Armee in Zentral-Anatolien um sich und zog gleich wieder in den Krieg: zunächst gegen die gerade 1919 entstandene armenische Republik, dann gegen die in West-Anatolien gelandete griechische Arme, die schon bald dicht vor Ankara stand, um den urgriechischen Traum von Groß-Hellas zu verwirklichen. Dieser Traum endete 1923 in Izmir (damals noch Smyrna) mit der totalen Niederlage der Griechen. Gemäß einem Vertrag von 1925 mußten dann alle griechischen Christen - mit Ausnahme der in Istanbul wohnenden, sofern sie vor dem 30.10.1918 dort schon gemeldet waren - das Land verlassen und nach Griechenland zurückkehren. Für die meisten aus der Westtürkei Umgesiedelten war es wirklich eine Art Rückkehr, denn ihre Vorfahren waren überwiegend erst im 19. Jahrhundert von den ägäischen Inseln aufs anatolische Festland gekommen. Sie waren kaum Nachfahren der Griechen (Hütteroth/Höhfeld 2002, S. 187), die sich schon um 1000 v. Chr. in West-Anatolien angesiedelt hatten. Insgesamt verließen 2 Millionen Griechen die Türkei und mehr als 500.000 moslemische Türken zogen aus Griechenland in die Türkei. In dem bald heroisch verklärten Befreiungskampf gegen die eingedrungene griechische Armee wurde Mustafa Kemal von Italien mit Waffen unterstützt (Hütteroth/Höhfeld 2002, S. 9) und über das Schwarze Meer hinweg und bald auch auf dem Landweg diskret durch die junge Sowjetunion (Chaliand 1988, S. 105). Mit der hatte Atatürk sich bereits am 16. März 1921 über den bis heute gültigen Verlauf der türkischen Ostgrenze geeinigt (Hütteroth/Höhfeld 2002, S. 7). Die damals führenden Bolschewiken - neben Lenin auch schon Stalin - sahen in Mustafa Kemal einen potentiell gleichgesinnten Verbündeten in der baldig erwarteten Weltrevolution und im Kampf gegen den westlichen Imperialismus (Kinross 1964, S. 275 ff). Sie sahen großzügig über Verfolgung und Ermordung kommunistischer Türken in der neuen Türkei hinweg (Chaliand 1988, S. 105). Mustafa Kemal war ein Skeptiker, ein Realist und Praktiker, hatte keine weltumfassenden Erlöserideen im Kopf, sondern etwas Näherliegendes, aber auch Revolutionäres: Er wollte die Türkei in Richtung Westen schieben, in die Moderne „katapultieren". Das geschah auch in atemberaubend kurzer Zeit mit großer Tatkraft. Er führte in Anatolien eine Revolution von oben durch und konnte sich als Held von „Gallipoli" und Held des Befreiungskrieges auch unpopuläre Maßnahmen erlauben.

1923 ersetzte der Vertrag von Lausanne das nicht verwirklichte Diktat von Sèvres und legte die heute noch gültigen Grenzen der Türkei fest. Nur 1939 gab es noch eine Veränderung, eine Vergrößerung im Süden. Die Franzosen als Mandatsmacht über Syrien gaben nach einer Volksabstimmung die Provinz Hatay mit der Hafenstadt Iskenderun an die Türkei. Für das später unabhängige Syrien ist diese Abtretung bis heute ein Dorn im Auge. Auf offiziellen syrischen Landkarten ist die Provinz Hatay immer noch syrisch.

Es ist hier nicht der Ort, das Wirken von Atatürk - wie er sich seit 1935 nach der Einführung von Nachnamen nennen ließ - umfassend zu würdigen. Nur einige seiner wirklich revolutionären Taten und Verdienste sollen hier herausgestellt werden:

Die Gründung der säkularen Republik Türkei 1922

Die Abschaffung des Sultanats (1922) und Kalifats (1924)

Abschaffung der Scharia und Einführung europäischer Rechtssysteme (1926)

Die Zurückdrängung des Islam durch Abschaffung des Islam als Staatsreligion (1928)

Das Verkünden des Gebetsrufs von den Minaretten auf Türkisch (nach dieser Profanierung erklingt er seit 1950 aber wieder auf Arabisch)

Die Abschaffung des Fezes als männliche Kopfbedeckung (1926)

Die Einführung des lateinischen Alphabets (1926-1928)

Die Einführung der Zivilehe und der Einehe (1926)

Die Einführung des Wahlrechtes für Frauen (aktiv 1926, passiv 1934)

Die Einführung des Sonntags als wöchentlicher Feiertag (1934)

Liste der sechs Prinzipien des „Kemalismus" (1934):

1. Nationalismus (Dominanz des Türkischen)

2. Säkularismus (Trennung von Staat und Religion)

3. Republikanismus (als Regierungsform)

4. Populismus (Gleichheit der Bürger)

5. Etaismus (der Staat als bestimmende Macht in der Wirtschaft)

6. Reformismus (die permanente Umformung von Staat und Gesellschaft)

Ein weiterer seiner Verdienste: Die Gewährung von Lebens- und Arbeitsmöglichkeiten für die aus dem faschistischen Deutschland geflüchteten und vertriebenen Nazi-Gegner, Juden und auch Nichtjuden. Die Liste ließe sich fortsetzen.

Atatürk versuchte, das Ansehen des einfachen Dörflers zu heben. „Köylü efendidır = der Dörfler ist ein Herr" verkündete er auf seinen Kundgebungen im Lande. Atatürk predigte das „Türkentum", ließ die türkische Sprache von arabischen und persischen Worten reinigen und als Ersatz alte türkische finden und neue türkische erfinden. Einheit und Unverletzbarkeit des türkischen Staates wurden zum bis heute geltenden Grundsatz und Dogma. Das Herausstellen des wahren elementaren Türkentums wertete - zumindest verbal - auch das Ansehen türkischer Nomaden auf, hatte aber seine Grenze bei den Kurden. Die gab es in den ersten Jahren der Republik - und noch Jahrzehnte später - gar nicht: Es waren „Bergtürken". Die kurdischen Dorfnamen wurden durch türkische ersetzt, und als im Rahmen der Reformen Familiennamen eingeführt wurden, waren nur türkische erlaubt. Als diese unbändigen „Bergtürken" dann aus religiösen und nationalen Gründen sowie aus ihrer jahrhundertelangen Unbeugsamkeit jeder Zentralmacht gegenüber an die zwanzig Aufstände machten, 1938 den letzten, zögerte Atatürk nicht, diese unbotmäßigen türkischen Staatsbürger im Osten Anatoliens schließlich unter dem Einsatz der Armee und der Luftwaffe zur - vorläufigen - Ruhe zubringen (Kinross 64, S. 451).

Auf das fortdauernde sogenannte Kurdenproblem ist schon im Kapitel „Kurden und kurdischer Nomadismus" eingegangen worden (s. Seiten 38 ff).

Atatürks Nachfolger

Nach Atatürks frühem Tod (1938) führte Izmet Inönü dessen Politik weiter. Im Zuge der fortlaufenden Türkisierung belegte seine Regierung 1942 die Armenier, Griechen, Juden und Ausländer im Lande mit einer hohen Vermögens-Sondersteuer *(varlik vergisi)*. Diese führte praktisch zu einer Enteignung der nicht moslemischen Schicht von Händlern und Gewerbetreibenden und eröffnete Türken einen leichteren Zugang in den Handel und verhalf Moslems schließlich zu einem Übergewicht auch in diesem Bereich.

Unter Inönü sollte etwas Fundamentales für das anatolische Dorf getan werden, um es aus der anhaltenden

Rückständigkeit herauszubringen. Seine Regierung gründete deshalb 1940 die Dorfinstitute, die eine Art „Barfußlehrer" ausbilden sollten - und das auch taten. Die unter begabten Dorfjungen und Dorfmädchen ausgesuchten Schüler und Schülerinnen hatten sich zunächst die Institute, die als Internate geleitet wurden, selbst bauen müssen. Hier erhielten sie dann eine Ausbildung als Grundschullehrer, erlernten ein Handwerk und dazu moderne Methoden der Landwirtschaft. Anschließend wurden sie Dorflehrer, berieten die Bauern, bekamen ein geringes Gehalt und mußten sich im übrigen von zugeteiltem Boden ernähren. Nach vierzehn Jahren scheiterte dieses sozialrevolutionäre Experiment vorwiegend am Widerstand der islamischen Geistlichkeit, aber auch politisch. Die Reformbemühungen für das ländliche Leben wurden leider mit Erfolg des Kommunismus verdächtigt. Die politisch Verantwortlichen konnten diesem Druck nicht widerstehen und schlossen 1954 die Dorfinstitute. Sie wurden zu Ausbildungsstätten für Grundschullehrer (Neumann 1990, S. 315; Özel 1997, S. 5).

Ein hehres Ziel: Umfassende Ausbildung für das Land

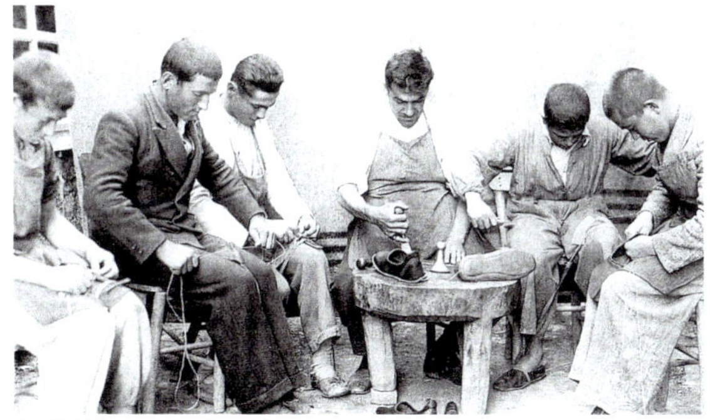

Auch Schustern gehört dazu

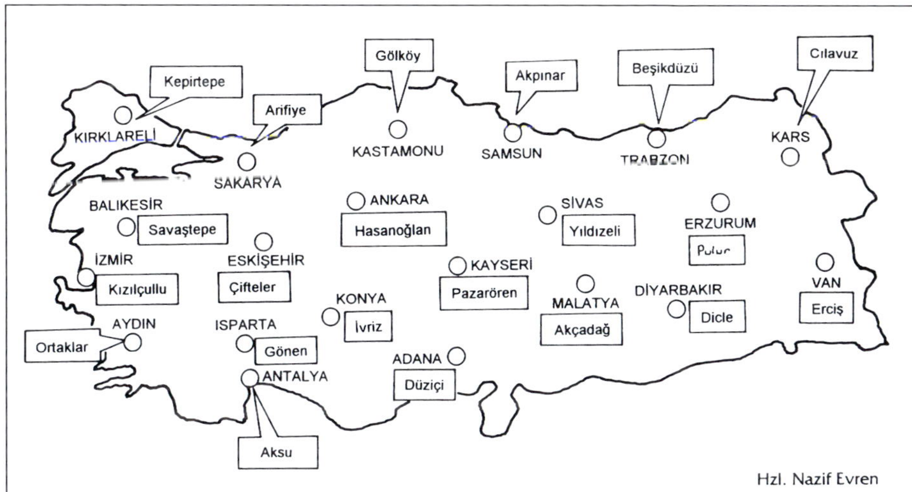

Die Verteilung der Dorfinstitute über die ganze Türkei

Die Geschichte der modernen Türkei seit 1950 mit ihren umfassenden - oft auch von Krisen begleiteten - Veränderungen in Gesellschaft, Wirtschaft und Politik würden Rahmen dieses geschichtlichen Überblickes sprengen und den vielen Aspekten nicht gerecht werden können.

Ein kurzer Blick auf die Türkei am Beginn des 3. Jahrtausends sei mir jedoch erlaubt:

Die heutige Republik Türkei

Die Türkei mit nahezu 70 Millionen Einwohnern auf dem Boden Anatoliens ist der einzige islamische und dabei weitgehend demokratische moderne Staat im Vorderen Orient.

Ein Vergleich mit der Umgebung läßt die Türkei leuchtend erscheinen: Sie ist in Asien umgeben von religiösen und säkularen gemäßigten Despotien (Iran, Syrien) und Ländern, die sich mit der neu errichteten Demokratie schwer tun (Georgien, Armenien) oder mit der noch zu errichtenden wie im Irak.

Das moderne, aufgeklärte Europa ist in den Metropolen schon gegenwärtig: türkisches Großstadtleben braucht den Vergleich mit unseren Städten in Vitalität und Kultur nicht zu scheuen.

Bestens gelaunte junge Türkinnen in einem Restaurant (2004)

Von Orient nicht viel zu sehen: Einkaufsstraße in Istanbul (2004)

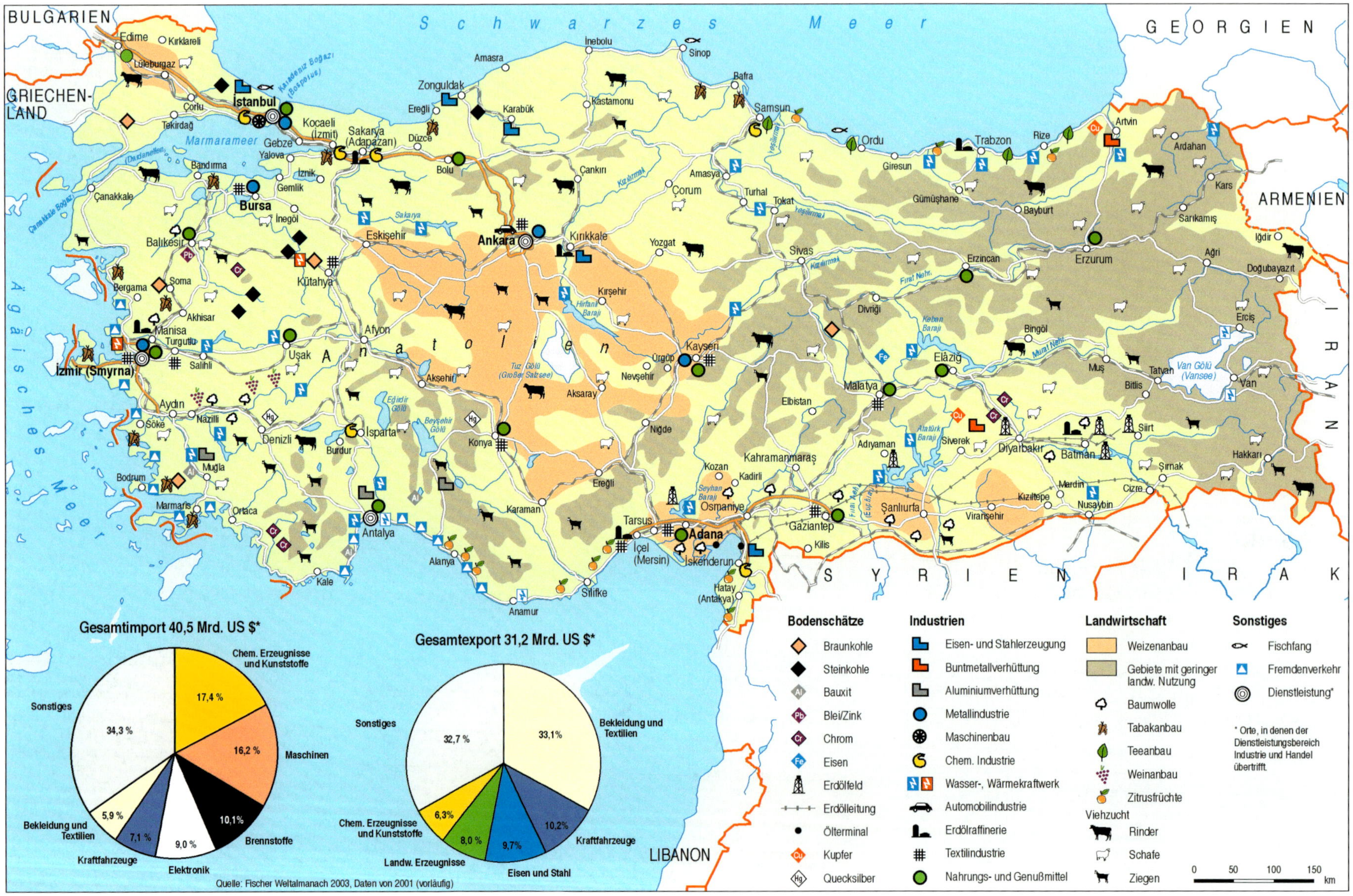

Bodenschätze und Wirtschaft in der Türkei (Karte: Ingenieurbüro f. Kartographie J. Zwick, Gießen, nach Daten von 2001; mit Ergänzungen in der Weidewirtschaft durch den Autor)

Die Türkei ist heute kein reiner Agrarstaat mehr, wie schon ein erster Blick auf die nebenstehende Karte, besonders aber auf die Import- und Export-Diagramme erkennen läßt. So werden z. B. mehr neue Kraftfahrzeuge exportiert als importiert, da viele internationale Automobilkonzerne Zweigwerke in der Türkei gegründet haben. Dort wird in erster Linie mit Teilen türkischer Zulieferer produziert und nicht nur aus importierten Teilen montiert.
Eisen und Stahl haben mit 8,7 % bereits einen leicht höheren Anteil am Export als landwirtschaftliche Erzeugnisse mit 8 %. Ein Drittel des Exportes entfällt auf Textilien, die überwiegend mit modernsten Maschinen aus landeseigener Baumwolle gefertigt werden.
Auf der Karte fallen aber neben den spärlich verteilten Symbolen für Baumwolle die zahlreichen „schwarzen Ziegen" und „weißen Schafe" auf, die zeigen, daß in großen Gebieten Anatoliens noch Weide-Viehwirtschaft - wenn auch extensiv - mit diesen Paarhufern betrieben wird.
Auf Produkte aus Schafwolle und Ziegenhaar - wie Teppiche und Flachgewebe - entfallen vom Textilexport nur ungefähr 10 %.
Ziegen und Schafe sind besonders über die grau grundierten Landesteile, das sind Gebiete mit geringer landwirtschaftlicher Nutzung, verteilt. Es sind zugleich aber auch die steinigen und sommertrockenen Regionen in Anatolien, in denen Nomaden - überwiegend als Halbnomaden - noch gute Chancen haben, an ihrer traditionellen Lebensweise festzuhalten und diese vielleicht noch einige Jahrzehnte bis weit in unserem Jahrhundert zu bewahren.

Modernes Großstadtleben vor geschichtlicher Kulisse, dem Bahnhof der Bagdad-Bahn in Istanbul

Nachwort

In diesem Buch habe ich mit Texten und Fotos festgehalten, was in Anatolien bis vor kurzem *noch war*, was *noch ist* und was doch *unwiederbringlich verschwinden wird*. Was bleiben wird, wenn auch die letzten Nomaden in Anatolien ihre Zelte endgültig abgebrochen haben werden, sind ihre außergewöhnlichen Textilien.

Diesen Textilien der Nomaden Anatoliens - insbesondere ihren Kelims - räume ich in diesem Buch einen bevorzugten Platz ein. Ich zeige, woraus sie gemacht werden, wie sie gemacht werden und wie sie gebraucht werden. Der anatolische Kelim ist hier nicht herausgelöst aus seinem Ambiente, nicht isoliert und erhöht, sondern er steht in der ihm gemäßen und allein zuträglichen Umwelt. Er soll so besser verstanden und gewürdigt werden.
Dies ist ein Ziel, das auch von **Josephine Powell** und **Şerife Atlıhan** geteilt wird, denen ich hier für ihre Mitarbeit an diesem Buch, aber auch für die intensive und freundschaftliche Zusammenarbeit über Jahrzehnte hinweg besonders danken möchte.
Ausgehend von dem, was noch zu sehen und zu erleben war, nehme ich an, daß es in den früheren Jahrhunderten in Anatolien nicht wesentlich anders gewesen sei. Die anatolischen Kelims und anderen Flachgewebe sind die Erzeugnisse der Nomadenfrauen Anatoliens. Es sind *ihre* Webarbeiten - individuelle Schöpfungen, gemeinschaftliche Schöpfungen oder auch geniale Umformungen von Vorhandenem - keine Textilien aus osmanischen Werkstätten oder Arbeiten nach bindenden Vorgaben.
Anatolische Kelims, sofern sie hinreichend alt und mit Naturfarben gefärbt sind, stehen wegen der Vitalität ihrer Farben, Kühnheit, Rhythmik und Vielfalt ihrer Formen einzigartig da in der Welt: Kelims im Kaukasus, in Persien oder in Zentralasien können sie in ästhetischer Hinsicht nicht übertreffen. Anatolische Kelims könnten dem Weltkulturerbe zugerechnet werden, wenn dieses sich nicht auf unbewegliche, stationäre Objekte beschränken würde; Textilien erfüllen bisher leider nicht die Kriterien der UNESCO für ein Weltkulturerbe. Das wird ihrer Wertschätzung in der Türkei und weltweit jedoch keinen Abbruch tun.

In der Türkei ist es zuallererst **Belkis Balpınar** zu verdanken, daß sie die Einmaligkeit anatolischer Kelims erkannte und folgerichtig 1981 das erste Kelimmuseum der Welt einrichtete. In ihrer Position als Direktorin des Vakif-Museums in Istanbul hatte sie Zugriff auf Kelims in Moscheen des Landes, sammelte Kelims in allen Landesteilen ein, stellte sie in einem Untergeschoß der Blauen Moschee in Istanbul aus und gab 1982 zusammen mit Udo Hirsch dazu einen Katalog heraus (Balpinar/Hirsch 1982). Leider sind die feuchten Gewölbe im Unterbau der Moschee nicht der ideale permanente Ausstellungsort für Kelims. Das ist einer der Gründe, daß dieses Museum schon 1982 - kurz nach der Emeritierung von Belkis Balpınar - geschlossen wurde und in den folgenden Jahren bis heute nur noch sehr sporadisch seine Tore öffnete.
In Europa wurde die besondere Ästhetik anatolischer Kelims 1977 durch David Blacks epochemachendes Buch „The Undiscovered Kilim“ bekannt und erkannt (Black 1977). Es stellte sich dann heraus, daß schon im 19. Jahrhundert viele Kelims aus der Türkei - vielfach als Verpackungsmaterial der für viel wertvoller gehaltenen Orientteppiche - in die europäischen Länder und die USA gekommen waren und dort einen Dornröschenschlaf führten. Daraus haben David Black und seine damaligen Mitstreiter die Kelims erweckt. In Europa und den USA entstanden private Kelimsammlungen und 1980 erschien das erste umfassende Werk über Kelims von Yanni Petsopoulos: „Der Kelim“ (Petsopoulos 1980).

Mit steigender Wertschätzung wurden in der Folge die Sammlungen in Europa und den USA bald durch Stücke aus dem Ursprungsland selbst bereichert. Private Sammler und Museen scheuten und scheuen keine Mühen und Kosten, diese Kulturgüter zu erwerben und aufwendig zu erhalten.
Viele Veröffentlichungen zum Thema Kelim speziell und Flachgewebe allgemein folgten in den letzten zweieinhalb Jahrzehnten. Eine Aufzählung und persönliche Wertung nehme ich hier nicht vor. Das Interesse am anatolischen Kelim hält an, das hier jetzt vorliegende Buch wird nicht das letzte zu diesem Thema sein.

Den Familien der *Sarıkeçili*, der *Karakoyunlu*, der *Akkoyunlu* und anderer nomadischer oder halbnomadischer Stämme in Anatolien gilt mein Dank für ihre Gastfreundschaft; besonders auch dafür, daß sie mich teilhaben ließen an ihrem normalen Alltagsleben und ihr Verständnis zeigten für mein Vorhaben, das Leben der Nomaden in Anatolien mit Fotos und Videos zu dokumentieren und so der Nachwelt zu erhalten. Ich nenne hier einen für alle mit Namen: den viel zu früh verstorbenen *Ali Göbüt*, den charismatischen Anführer einer Sarıkeçili-Gruppe.

Josephine Powell begann 1975, als sie ihren Wohnsitz in Istanbul nahm, Anatolien intensiv zu bereisen. Die touristischen Sehenswürdigkeiten und zahllosen antiken Ruinen waren nicht ihr Ziel, aber die Menschen waren es - besonders die Frauen in Dörfern und Zelten und deren Webarbeiten.

Andrew Finkel schreibt in dem Türkei-Magazin CORNUCOPIA (Issue 30, Volume 5 2003/2004, Seiten 98 ff):

Josephine Powell, an American Nomad.
There was no road map in the life of Josephine Powell. As restless as the nomadic tribes she followed, she has simply let things happen. But along the way, she has become a photographer and an expert on the nomads of Turkey and their textiles, and now she dreams of a permanent home for her exceptional kilims and photographs.

Ein permanent home hat sie gefunden: *The History Foundation of Turkey*, eine bedeutende, private Stiftung in Istanbul, also eine Nicht-Regierungsorganisation. Dieser Stiftung hat Josephine Powell ihre Sammlung von ca. 250 Textilien - vorwiegend Kelims und dekorierte Vorratssäcke - vermacht, dazu ihre Bibliothek, ihre ethnographische Gerätesammlung und ihre ethnographische Fotosammlung von etwa 30.000 Dias. Die Dias sind eingescannt und werden jetzt mit den Feldforschungsnotizen verbunden. Sobald diese Arbeit abgeschlossen ist, geht alles an das Britische Museum, das auch die Aufarbeitung des Fotoarchivs durch Zuwendungen unterstützte. Von den frühen Schwarzweiß-Foto-Dokumentationen zur Kunst und Architektur des Mittleren und Nahen Osten, des indischen Subkontinents und Nordafrikas gingen die Originalnegative an die Harvard College Library in Boston.
Frau Powells Traum geht aber über das permanent home hinaus: Sie möchte ein Studienzentrum schaffen, das

Anatolian Cultural Heritage Center Istanbul.

Ein Ziel, das auch das Engagement von Förderern braucht.

Eine unentbehrliche Helferin und Mitarbeiterin für Josephine Powell bei der Aufarbeitung ihres Fotoarchivs war und ist Birgitte Jensen, die mich auf manchen frühen Reisen zu den Nomaden Anatoliens begleitete und dadurch mit ihnen vertraut wurde. Einige ihrer Fotos durfte ich in diesem Buch dankenswerterweise verwenden.

Josephine Powell (2003)
Abdruck mit freundlicher Genehmigung des Magazins CORNUCOPIA

Ein Willkommenstrunk auf der Akkışla-Yayla für Birgitte Jensen

Mit **Dr. Şerife Atlıhan** verbindet mich seit Gründung des DOBAG-Projektes (1981) eine Freundschaft und ein sehr kollegiales Verhältnis an der Fakultät für Bildende Künste an der Marmara Universität Istanbul. Sie kommt aus einer Familie mit nomadischer Vergangenheit, ihre Kenntnisse und Erfahrungen sind in dieses Buch eingeflossen.

Sein Zeichentalent setzte **Gerd Schneider** - wie schon für *Kökboya* - auch für dieses Buch ein, was umso schwieriger war, weil er die Zelte, deren Zeichnungen ich wünschte, während seines Türkeiaufenthaltes als Lehrer am Deutschen Gymnasium Istanbul kaum gesehen hatte.
Seine Zelt-Zeichnungen in Aufsicht und Durchsicht - basierend auf meinen Fotos und Publikationen von Andrews (Andrews 1997) - vermitteln ein lebendiges Bild von den Behausungen der Nomaden.
Das besondere Interesse von Gerd Schneider galt und gilt der seldschukischen Bauornamentik, die er nicht nur zeichnerisch darstellte, sondern auch zeichnerisch analysierte (Schneider 1980, Schneider 1989). Für sein umfangreiches Werk zur seldschukischen Bauornamentik erhielt er 1994 die Ehrendoktorwürde der Mimar Sinan Universität Istanbul.
Mein Dank an ihn ist auch ein Dank für seine Geduld und Nachsicht, mit der er immer wieder auf Änderungswünsche einging.

Und natürlich gilt mein ganz besonderer Dank denen, die seit Jahrzehnten meine Leidenschaft unterstützen und teilen: meiner Frau Renate und unseren Kindern Jochen, Ulrike und Annette. Sie machten *mein* Interesse an den Nomaden und Textilien Anatoliens zu *unserem*. Manche der vielen Exkursionen und kleinen Expeditionen in Anatolien und im vorderen Orient waren geradezu Familienunternehmen. Unser Sohn Jochen findet sich in diesem Buch auch als Autor (Reisebeschreibung Seiten 174 ff).

Abschließend noch ein Dankeschön an einige Helfer beim Entstehen dieses Buches: Mit Ulrich Türck habe ich oft per Telefon oder im persönlichen Gespräch diskutiert, durchaus auch kontrovers. Seine Rolle als korrektiver Partner bei den Vorbereitungen zu diesem Werk war für mich hilfreich und anregend.
Die Faszination Nomaden beflügelte auch Bernhard Eckstein, der in seinem Graphikstudio in Würzburg das Layout entwickelte und dieses Buch im Computer entstehen ließ. Aus einer Flut von Bildern traf er mit mir zusammen eine Auswahl, las die Texte, fragte nach und brachte während der wochenlangen gemeinsamen Arbeit am Bildschirm immer wieder Vorschläge für Umstellungen und passendere Formulierungen ein - auch unter Mitwirkung seiner Frau Ilka, meiner Würzburger Gastgeberin.

Dr. Şerife Atlıhan

Gerd Schneider (Mitte) mit seiner Frau Reni zur Rechten und Renate und Harald Böhmer zur Linken beim Festessen in der Mimar Sinan Universität Istanbul anläßlich der Verleihung der Ehrendoktorwürde (1994).

Ulrike und Annette Böhmer bei einer Rast und Erholungspause mit Bad im Fluß Aksu nach einer langen Reise zu den Yürüken im Taurus und den Tunnelzelten bei Mut (1987). Bei solchen Gelegenheiten durfte dann die „Kleiderordnung" auch wieder etwas lockerer sein.

Biographien des Autors und der Mitwirkenden

Harald Böhmer

Geboren 1931 in Delmenhorst.

1951 - 1957 Studium der Naturwissenschaften Biologie, Chemie und Physik in Freiburg im Breisgau, Abschluß mit dem Staatsexamen und der Promotion zum Dr. rer. nat.

1957 - 1980 Unterricht an verschiedenen Gymnasien in Deutschland und am Deutschen Gymnasium in Istanbul (1960 bis 1967, 1974 bis 1979)

Ab 1980 bis heute Lehrbeauftragter an der Marmara Universität Istanbul, von 1981 bis 1988 im Rahmen der staatlichen Deutschen Entwicklungszusammenarbeit mit der Türkei als integrierter Experte der GTZ (Gesellschaft für Technische Zusammenarbeit)
Förderung der Forschung über Naturfarbstoffe durch die Deutsche Forschungsgemeinschaft (DFG) von 1978 bis 1985 und von 1995 bis 1997

1981 Gründung des Naturfarben-Teppich-Projektes DOBAG in der Türkei

1996 Berater in einem Naturfarben-Projekt in Marokko

2000 Berater in einem Naturfarben-Projekt in Nagaland (Indien)

Buchpublikationen:

1982 Teppiche der Bauern und Nomaden in Anatolien Mitautor: Werner Brüggemann.

1983 Rugs of the Peasants and Nomads in Anatolia Co-author: Werner Brüggemann.

2002 KÖKBOYA Naturfarben und Textilien - Eine Farbenreise von der Türkei nach Indien und weiter. KOEKBOYA Natural Dyes and Textiles A Colour Journey from Turkey to India and Beyond

Über fünfzig Publikationen - z. T. in Zusammenarbeit mit anderen Autoren - über Naturfarben und ethnologische Themen. Vorträge zu den selben Themen in mehr als zwanzig Ländern.

Seit 1961 intensive Reisen in der Türkei und in den Ländern des Vorderen Orients, Zentalasiens, des Kaukasus, des Indischen Subkontinets, des Nahen und Fernen Ostens, Nordafrikas und in Mexico.
Seit 1996 Videoarbeiten über Naturfärberei in Indien, Pakistan, Laos, Malaysia, Indonesien und Mexico sowie über Nomaden und ihre Textilarbeiten in Anatolien.

Josephine Powell

Geboren 1919 in New York.

1936 - 1941 Cornel University, Studium Zoologie und Sozialwissenschaften, BA

1943 - 1945 Columbia University, MA, New York Hochschule für Sozialarbeit

1946 - 1952 Arbeit mit Flüchtlingen in New York, Tanzania und München

Seit 1953 Freie Fotografin, spezialisiert auf Kunst, Baudenkmäler und Ethnologie. 1955 Eröffnung eines Büros und Fotoarchivs in Rom. Ausgedehnte Reisen in Griechenland, der Türkei, dem Mittleren Osten, Afghanistan, Indien, Pakistan und Nordafrika.

1975 Übersiedlung nach Istanbul, dreißig Reisen in Anatolien, fotografische Dokumentationen zum Nomaden- und Dorfleben mit besonderem Augenmerk auf die Arbeit der Frauen und auf Kelims. Ihre Fotos fanden Verwendung in mehr als vierhundertfünzig Büchern und wissenschaftlichen Publikationen; sie sind 2003 der Harvard College Bibliothek vermacht worden.
Josephine Powell stellte ethnologische Sammlungen und Fotos zusammen für Museums-Ausstellungen in Istanbul, Amsterdam, Rotterdam und Köln; u. a. ein Pakistanisches Dorf, Marokkanisches Kunsthandwerk, die Firuskohi (eine halbnomadische Gruppe in Zentral-Afghanisten), Anatolische Nomaden- und Dorfarbeiten und Gegenstände.

2003 Organisation einer ethnographischen Ausstellung in Istanbul mit 42 Kelims, drei verschiedenen Zelten und zahlreichen Gebrauchsgegenständen, darunter drei Webstühlen

Das Archiv mit Fotos aus Anatolien, den dazugehörigen Notizen, die Bücherei und die ethnologische Sammlung - mit u. a. mehr als 200 Textilien - gingen 2003 als Spende an die History Foundation in Istanbul verbunden mit der Erwartung auf Gründung eines Cultural Heritage Centers im Rahmen dieser Stiftung.

Zahlreiche Vorträge auf internationalen Konferenzen und Publikationen in Fachzeitschriften.

Şerife Atlıhan

Geboren 1951 im Dorf Atlidere in der Südwest-Türkei.

1963 - 1969 Ausbildung zur Grundschullehrerin an einer Staatlichen Ausbildungsstätte in der Stadt Aydin

1969 - 1971 Lehrerin an verschiedenen Dorfschulen in der Südwest-Türkei

1971 - 1975 Studium in der Textilabteilung der Hochschule für Angewandte Kunst in Istanbul, Abschluß mit einem Diplom

1975 - 1982 Arbeit als Musterentwerferin in der Sezak Textil Firma in Izmir

1983 Gegenwart: Beaufsichtigung, Beratung, Koordination - und ab 2000 Leitung - der dörflichen Teppich-Herstellung in Ayvacık und im Yuntdağ-Gebiet in der West-Türkei im Rahmen des DOBAG-Projektes der Marmara Universität Istanbul

1984 Ernennung zur Forschungsassistentin in der Abteilung für Traditionelles Türkisches Kunsthandwerk an der Marmara Universität Istanbul, Fakultät für Bildende Künste

1986 Ernennung zur Dozentin

1991 Verleihung der Doktorwürde

1994 Associate Professor

2000 Ernennung zur Ordentlichen Professorin an der Fakultät für Bildende Künste der Marmara Universität

2002 Leitung der Abteilung für Traditionelles Türkisches Kunsthandwerk

Zahlreiche Vorträge auf nationalen und internationalen Konferenzen und Publikationen in nationalen und internationalen Fachzeitschriften. Organisation und Teilnahme an nationalen und internationalen Ausstellungen.

Bibliographie

Andreae 2003
Andreae, Bernard:
Antike Bildmosaiken.
Mainz, 2003.

Andrews 1987
Andrews, Peter, Alford:
Republik Türkei - Ethnische Minderheiten im ländlichen Raum (eine Karte).
Reichert Verlag, Wiesbaden, 1987.

Andrews 1989
Andrews, Peter, Alford:
Tent Screens to Kilims.
In: Oriental Carpet and Textile Studies,
Volume 3, Number 2, pp. 61-64.
London, 1989.

Andrews 1990
Andrews, Peter, Alford:
Vorderer Orient - Nomadenzeltformen.
Tübinger Atlas des Vorderen Orient.
Herausgegeben vom Sonderforschungsbereich 19 der Deutschen Forschungsgemeinschaft (DFG).
Ludwig Reichert, Wiesbaden, 1990.

Andrews 1993
Andrews, Peter, Alford:
Wall, Floor and Baggage Pile:
the different Context of Flatweaves in Anatolia.
In: Oriental Carpet and Textile Studies,
Volume IV, pp. 99-112.
Berkeley, 1993.

Andrews 1996
Andrews, Peter, Alford:
The Türkmen Wedding Tent in Historical Context.
In: Papers & Presentations, 7th International Conference on Oriental Carpets, Hamburg 1993, S. 7-22.
Düsseldorf, 1996.

Andrews 1997
Andrews, Peter, Alford:
Nomad Tent Types in the Middle East.
Part I: Framed Tents, Vol. 1: Text.
Beihefte zum Tübinger Atlas des Vorderen Orient,
Reihe B (Geisteswissenschaften) Nr. 74/1/1.
Ludwig Reichert, Wiesbaden, 1997.

Andrews 1997
Andrews, Peter, Alford:
Nomad Tent Types in the Middle East.
Part I: Framed Tents, Vol. 2: Illustrations.
Beihefte zum Tübinger Atlas des Vorderen Orient,
Reihe B (Geisteswissenschaften) Nr. 74/1/2.
Ludwig Reichert, Wiesbaden, 1997.

Anschütz 92
Anschütz, Helge:
Die Schüsse von Midyat - Im Südosten der Türkei haben die Kurden ihr Siedlungsgebiet erweitert.
In: Die Zeit, 1.7.1992.
Hamburg, 1992.

Atlıhan 1990
Atlıhan, Şerife:
Ayvacık Bölgesinde Alaçuvallar.
In: Kültür ve Sanat, Türkiye Iş Bankasi,
Yıl 2, SAYI 5, Mart 1990.
Ankara, 1990.

Atlıhan 1992
Atlıhan, Şerife:
Fethiye Yörüklerinde Yaşayan KEÇELER.
In Türkiyemiz, Yıl 22, Sayi: 67 Hazıran 1992, pp. 52-61.
Fındıklı-Istanbul, 1992.

Atlıhan 1992
Atlıhan, Şerife:
Güney-Batı Anadolu'da Karaçadır.
In: Kültür ve Sanat Dergisi. Yıl 4, Sayi 15, September 1992.
Ankara, 1992.

Atlıhan 1993
Atlıhan, Şerife:
Traditional Weavings in one Village of Settled Nomads in Northwest Anatolia.
Oriental Carpet and Textile Studies, Volume IV, pp. 77-88.
Berkeley, 1993.

Atlıhan 1993
Atlıhan, Şerife:
The Camel Kilims of Fethiye.
In: SANAT, Turkish Ministry of Culture.
Issue 3, November 1993, pp. 113-119.
Ankara, 1993.

Atlıhan 1996
Atlıhan, Şerife:
The Weavings of the Yürüks of the Fethiye Region in Southwestern Anatolia.
In: Papers & Presentations, 7th International Conference on Oriental Carpets, Hamburg 1993, S. 23-30.
Düsseldorf, 1996.

Atlıhan 1997
Atlıhan, Şerife:
Havsiz Kirkitli Dokumalar.
In: Kültür ve Sanat, Türkiye Is Bankasi, 1997,
Sayi 34, pp.52-56.
Ankara, 1997.

Atlıhan 1999
Atlıhan, Şerife:
Batı Anadolu'da Yaşayan Yörüklerindan Heybe ve Torba Dokumaları.
In: ERDEM, Atatürk Kültür, Dil ve Tarih Yüksek Kurumu
Atatürk Kültür Merkesi, Cilt 10, Sayi 28, pp. 28-35.
Ankara, 1999.

Atlıhan 1999
Atlıhan, Şerife:
Nomad Band Weavings in Western Turkey.
In: Oriental Carpet and Textile Studies,
Volume V, Part 1, pp. 149-152.
Danville, California, 1999.

Atlıhan 2003
Atlıhan, Şerife: The Flat Woven Camel Covers in Anatolia.
In: Oriental Carpet and Textile Studies VI. Papers from the ICOC Conference Milan 1999, pp. 119-123.
Danville, California, 2003.

Azadi /Andrews 1985
Azadi, Siawosch & Andrews, Peter, Alford:
Mafrash, gewebte Transporttaschen als textile Bilder des Orients - Arbeiten der Schahsavan und anderer Stämme Persiens.
Dietrich Reimer Verlag. Weltkunst Verlag.
Hamburg, 1985.

Babinger 1975
Babinger, Franz:
Die Großherrliche Tuğhra.
Istanbul, 1975.

Balpınar 1982
Balpınar, Belkis & Hirsch, Udo:
Flachgewebe des Vakıflar-Museums Istanbul.
Verlag Hülsey, Wesel, 1982.

Balpınar 1989
Balpınar, Belkis:
A Discussion on Central Asian Türkmen Influences on Anatolian Kilims.
In: Oriental Carpet and Textile Studies,
Volume 3, Number 2, pp. 7-16.
London, 1989.

Bandsma/Brandt 1992
Bandsma, Arend & Brandt, Robin:
Flatweaves of Turkey.
Bathhurst, Australia, 1992.

Barkey 1994
Barkey, Karen:
Bandits and Bureaucrats - The Ottoman Route to State Centralisation.
Cornel University Press, Ithaca & London, 1994.

Bauer/Dümotz 1998
Bauer, Wolfgang & Dümotz, Irmtraud:
Lexikon der Symbole.
Fourier-Verlag, Wiesbaden, 1998.

Beichle/Petermann 1999
Beichle, Ulf & Petermann, Sabine:
Haustiere: Das größte Experiment der Menschheit.
Isensee-Verlag, Oldenburg, 1999.

Bellinger 1962
Bellinger, Luise:
Textiles from Gordion.
Bulletin of the Needle and Bobbin Club 46, S. 5-33, 1962.

Bent 1891
Bent, Theodore:
The Yourouks of Asia Minor.
In: The Journal of the ANTHROPOLOGICAL INSITUTE of Great Britain and Ireland, Vol, XX, S. 269-268.
London, 1891.

Belly 1997
Belly, Oktay:
Urartian Irrigation Canels in Eastern Anatolia. Arkeoloji ve Sanat Yayınları
Istanbul, 1997.

Bellinger 1997
Bellinger Gerhard J.:
Lexikon der Mythologie.
Bechtermünz Verlag.
Augsburg, 1997.

Birand 2004
Birand, Mehmet Ali:
The courageous stand of the bureaucracy.
In: Turkish Daily News, 25.5.2004.
Ankara, 2004.

Bobek 1959
Bobek, H.:
Die Hauptstufen der Gesellschafts- und Wirtschaftsentfaltung in geographischer Sicht.
Die Erde, 90, 1959, S. 259-298.
Wien, 1959.

Böhmer 1985
Böhmer, Harald:
Die Wiederentdeckung des anatolischen Kelims.
In: ARTIS, Das aktuelle Kunstmagazin, S. 22-25.
Bern/Stuttgart, 1985.

Böhmer 1993
Bohmer, Harald:
Turkish Knotted Carpets and Flatweaves with Similar Designs: Questions and Answers Concerning the Transfer of Designs from one Weaving Technique to Another.
In: Oriental Carpet and Textile Studies,
Volume IV, pp. 57-66.
Berkeley, 1993.

Böhmer 1996
Böhmer, Harald:
Anatolian Kilims in Lembeck Castle,
Impressions of the Exhibition and the Catalogue.
In: Oriental Rug Review, Number 125,
December 95/January 96, pp. 21-26.
Meridith, 1996.

Böhmer 2002
Böhmer, Harald:
Kökboya - Naturfarben und Textilien.
Eine Farbenreise von der Türkei nach Indien und noch weiter.
Remhoeb-Verlag, Ganderkesee (Deutschland), 2002.

Böhmer 2002
Böhmer, Harald:
Koekboya - Natural Dyes and Textiles.
A colour Journey from Turkey to India and Beyond.
Remhoeb-Verlag (Remhoeb Publications),
Ganderkesee (Germany), 2002.

Böhmer 2003
Böhmer, Harald:
The Karakoyunlu Yörüks and their Kilims.
In: Oriental Carpet and Textile Studies VI.
Papers from the ICOC Conference Milan 1999,
pp. 128-132.
Danville, California, 2003.

Bökker-Klaehn 1996
Bökker-Klaehn, Jutta:
Isaurische Almen (Türkei).
In: Antike Welt, 27. Jahrgang, 1996, Heft 5, S. 418-421.
Mainz, 1996.

Borchhardt 1998
Borchhardt, Jutta:
Von Nomaden zu Gemüsebauern - Auf der Suche nach Yürük-Identität bei den Saçıkaralı in der Südwest-Türkei.
Institut für Ethnologie der Universität Göttingen,
Göttinger Studien zur Ethnologie, Band 5.
Göttingen, 1998.

Boulary 2003
Boulary, Sebastian:
Wohnformen und Gebrauchsgegenstände der Nomaden in der arabischen Welt.
In: Katalog zur Ausstellung „Leben unter dem Halbmond, die Wohnkultur der arabischen Welt", S. 20 56.
Vitra Design Museum Berlin, Berlin, 2003.

Brockhaus 1986
Brockhaus-Lexikon, dtv, 1986.
Mannheim, 1986.

Brüggemann 1979
Brüggemann, Werner:
Ein broschiertes Flachgewebe aus Zentralanatolien.
In: HALI, Vol. 2, S. 206-211.
London, 1979.

Brüggemann & Böhmer 1980
Brüggemann, Werner & Böhmer, Harald:
Teppiche der Bauern und Nomaden in Anatolien.
Verlag Kunst & Antiquitäten, Hannover, 1980.

Brüggemann & Böhmer 1983
Brüggemann, Werner & Böhmer, Harald:
Carpets of the Peasants and Nomads in Anatolia.
Verlag Kunst & Antiquitäten, Hannover, 1983.

Brüggemann 1985
Brüggemann, Werner:
Kelims.
In: Alte Orientteppiche, S. 83-127.
München, 1986.

Brüggemann 1989.
Brüggemann, Werner:
Carpets and Kilims – a Contribution to the Problem of the Origin of Designs in Kilims.
In: Oriental Carpet and Textile Studies,
Volume 3, Number 2, pp. 71-83.
London, 1989.

Brüggemann 1990
Brüggemann, Werner:
Der Ursprung des Lotto-Musters - eine Stilanalyse.
In: Anatolische Kelims (Die Vorträge), S. 121-132.
Basel, 1990.

Brüggemann 1993
Brüggemann, Werner:
YAYLA - Form und Farbe in Türkischer Textilkunst.
Museum für Kunsthandwerk Frankfurt.
Frankfurt, 1993.

Bryer 1975
Bryer, Anthony:
Greeks and Türkmens: The Pontic Exception.
Dumbarton Oaks, Center for Byzantine Sudies.
Dumbarton Oaks Papers, No. 29.
Trustees for Harvard University, Washington D.C., 1975.

Burckhardt 1822
Burckhardt, J. L.:
Travels in Syria and the Holy Land.
London, 1822.

Casparek-Türkhan 1995
Casparek-Türkhan, Erika:
Kelims, Webteppiche aus dem Nahen und Mittleren Osten für Liebhaber und Sammler.
Heyne Verlag, München, 1995.

Chaliand (Hg.) 1988
Chaliand, Gerard:
Kurdistan und die Kurden.
Gesellschaft für bedrohte Völker, Göttingen und Wien.
Göttingen, 1988.

Davies 1993
Davies, Peter:
The Tribal Eye, Antique Kilims of Anatolia.
Rizzoli, New York, 1993.

Demir 2003
Demir, Ömer:
Kappadokien - Wiege der Geschichte.
Nevşehir (Türkei), 2003.

Denny 1979
Denny, Walter:
Links Between Anatolian Kilim Designs and Older Traditions.
In: Hali, Vol. II, No. 2, pp. 105-109.
London, 1979.

Denny 1989
Denny, Walter:
Saf and Sejjadeh; Origins and Meaning of the Prayer Rug.
In: Oriental Carpet & Textile Studies, Volume II, Number 2, pp. 93-104.
London, 1989.

Deren 2002
Deren, Mete:
Southeast needs an emergency rule in the economic field.
In: Turkish Daily News, 2.12.2002.
Ankara, 2002.

Dodwell 1976
Dodwell, C. R. (director):
The Qashqai of Iran.
Whitworth Art Gallery.
Manchester, 1976.

Dönmez 1963/64
Dönmez, Yusuf:
A Yörük settlement west of Karasu.
Review of the Geographical Institute of Istanbul, No. 9-10, pp. 161-179.
Istanbul, 1963/64.

Doğanalp-Votzki 1997
Doğanalp-Votzki, Heidemarie:
Der Gerber, der Kulturbringer - Politik, Ökonomie, Zivilisation im osmanischen Vorderasien.
Europäische Hochschulschriften. Reihe XIX, Bd./Vol 46.
Peter Lang Verlag, Frankfurt am Main, 1997.

Dor/Naumann 1978
Dor, Remy & Naumann, Clas M.:
Die Kirghisen des Afghanischen Pamir.
Akademische Druck- u. Verlagsanstalt Graz/Austria, 1978.

Dorn 1997
Dorn, Wolfgang:
Zentralanatolien.
DuMont Kunst-Reiseführer, Köln, 1997.

Dulkadir 1989
Dulkadir, Hilmi:
The Sarıkeçili Tribe and Their Flatweaves.
In: Oriental Carpet and Textile Studies, Volume 3, Number 2, pp. 188-196.
London, 1989.

Eagleton 1988
Eagleton, William:
An Introduction to Kurdish Rugs and other Weavings.
Scorpion Publishing.
Essex (England), 1988.

Eagleton 1996
Eagleton, William:
Kurdish Rugs of the Hartushi Tribes of Turkey.
In: Papers & Presentations, 7th International Conference on Oriental Carpets, Hamburg 1993, S. 103-115.
Düsseldorf, 1996.

Eggeling 1976
Eggeling, Willy J.:
Bevölkerungsverschiebungen in der Westtürkei seit 1920.
Geographische Rundschau 28, S. 345-349, 1976.

Eggeling 1977
Eggeling, Willy J.:
Volksgruppen der Türkei und ihr Einfluß auf die westanatolische Landschaft.
Zeitschrift der Deutschen Morgenländischen Gesellschaft.
Supplement III, pp. 345-353.

Eid 1990
Eid, Volker:
Ost-Türkei.
DuMont Kunst-Reiseführer, Köln, 1990.

Emegen 1989
Emegen, Feridun M.:
XVI. ASIRDA MANISA KAZASI.
Türk Tarihi Kurumu Yayınları, XIV. Dizi - Sa. 6.
Ankara, 1989.

Eren 1998
Eren, Attilla:
Anadolu Giysi Kültürü, Anatolian Garment Culture.
Ministry of Culture, Ankara, 1998.

Eröz 1991
Eröz, Mehmet:
Yörükler.
Türk Dünyası Araştirmaları Vakfi, Istanbul 1991.

Eskenazi 1980
Eskenazi, Jon:
Kilim.
Eskenazi Edizioni, Milano, 1980.

Eskenazi 1984
Eskenazi, Jon:
Kilim anatolici, Anatolian kilims.
Eskenazi Edizioni, Milano, 1984.

Eskenazi/Valcarenghi 1985
Eskenazi, Jon & Valcarenghi, Dario:
Kilim Anatolici, Antichi tapetti tersuti della Turchia.
Milano, 1985.

Fagan 1991
Fagan, Brian M.:
Aufbruch aus dem Paradies.
Ursprung und frühe Geschichte der Menschheit.
Beck-Verlag, München, 1991.

Feigl 1995
Feigl, Erich:
Die Kurden, Geschichte und Schicksal eine Volkes.
Universitas Verlag, München, 1995.

Ford/Pohl-Schillings 1987
Ford, P. R. Jim & Pohl-Schillings, H. E.:
Persische Flachgewebe, Bilder einer Ausstellung.
Uta Hülsey, Wesel, 1987.

Frauenknecht 1984
Frauenknecht, Bertram:
Frühe Türkische Tapisserien.
Nürnberg, 1984.

Gassel 2004
Gassel, Steffen:
Sie mußte sterben für die Ehre.
In: STERN, Nr. 23, 27.5.2004, S. 44-53.
Hamburg, 2004.

GEO 1998
Geo Special TÜRKEI, Nr. 2, April 1998.
Hamburg, 1998.

Ghirshman 1962
Ghirshman, Roman:
Iran, Parther und Sassaniden.
Beck, München, 1962.

Gombrich 1982
Gombrich, Ernst H.:
Ornament und Kunst.
Klett-Cotta, Stuttgart, 1982.

Grousset 1939 (1952)
Grousset, René.
The Empire of the Steppes
(translated from French to English by Naomi Walford).
Rutgers University Press.
New Brunswick, New Jersey, 1952.

Gürdal 1976
Gürdal, Mustafa:
Antalya Yürükleri.
In: Turkish Review of Ethnography, Number XV, pp. 65-72.
Ankara, 1976.

Gürcay 1967
Gürcay, Hikmet:
Keçe ve Keçecilik.
In: Turkish Review of Ethnography, Number IX, pp. 21-31.
Ankara, 1967.

Haldon 2002
Haldon, John:
Das Byzantinische Reich - Geschichte und Kultur
eines Jahrtausends.
Artemis & Winkler Verlag, Düsseldorf & Zürich, 2002.

Hambloch 1983
Hambloch, Hermann:
Kulturgeographische Elemente im
Ökosystem Mensch - Erde.
Wissenschaftliche Buchgesellschaft, Darmstadt, 1983.

Hauptmann 2003
Hauptmann, Harald:
Vorwort in: Anneliese Peschlow-Bindokat,
Frühe Menschenbilder, Die Prähistorischen
Felsmalereien des Latmos-Gebirges.
Philipp von Zabern, Mainz 2003.

Hauser 1990
Hauser, Hans:
Die Kurden - Stiefsöhne Allahs.
Ullstein Sachbuch, Frankfurt/Main, Berlin, 1990.

Haussig 1983
Haussig, Hans, Wilhelm:
Die Geschichte Zentralasiens
und der Seidenstraße in vorislamischer Zeit.
Wissenschaftliche Buchgesellschaft, Darmstadt, 1983.

Haussig 1988
Haussig, Hans, Wilhelm:
Die Geschichte Zentralasiens
und der Seidenstraße in islamischer Zeit.
Wissenschaftliche Buchgesellschaft, Darmstadt, 1988

Hegenbart 1982
Hegenbart, Heinz:
Seltene Webtaschen aus dem Orient -
Rare Oriental woven bags.
Verlag Kunst & Antiquitäten, München, 1982

Heller 2003
Heller, Hartmut:
Carl Osman und das Türkenmariandl.
In: DIE ZEIT, 4. September 2003.

Henze 2003
Henze, Martha:
Anatolian Kilims in Ethiopia: A First Look.
In: Oriental Carpet and Textile Studies VI.
Papers from the ICOC Conference Milan 1999, pp. 133-140.
Danville, California, 2003.

Hinz 1950
Hinz, W.:
Das Steuerwesen Ostanatoliens im 15. und
16. Jahrhundert.
In: Zeitschrift der Deutschen Morgenländischen
Gesellschaft, Band 25, S. 177-201, 1950.

Hirsch 1989
Hirsch, Udo:
The Goddes of Anatolia.
Milano, 1989.

Hirsch 1989
Hirsch, Udo:
Old Weaving Techniques in Anatolia.
In: Oriental Carpet and Textile Studies, Volume 3,
Number 2, pp. 17-30.
London, 1989.

Hirsch 1990
Hirsch, Udo:
Zum Wiedergeburtsmotiv im anatolischen Kelim.
In: Anatolische Kelims (Die Vorträge), S. 105-119.
Basel, 1990.

Hondelmann 2002
Hondelmann, Walter:
Die Kulturpflanzen der griechisch-römischen Welt.
Gebrüder Bornträger, Berlin/Stuttgart, 2002.

Horn 1995
Horn, Valentin:
Das Pferd im Alten Orient.
Olms Presse, Hildesheim, 1995

Hütteroth 1959
Hütteroth, Wolf-Dieter:
Bergnomaden und Yaylabauern im mittleren
kurdischen Taurus.
Marburger Geographische Schriften, Heft 11.
Marburg, 1959.

Hütteroth 1961
Hütteroth, Wolf-Dieter:
Beobachtungen zur Sozialstruktur kurdischer Stämme
im östlichen Taurus.
In: Zeitschrift für Ethnologie, Band 86, Heft 1, S. 23-42.
Braunschweig, 1961.

Hütteroth 1962
Hütteroth, Wolf-Dieter:
Getreidekonjunktur und jüngerer Siedlungsausbau im südlichen Innneranatolien.
In: „Erdkunde“ Band XCVI, Lfg. 4, S. 249-271.
Bonn, 1962.

Hütteroth 1968
Hütteroth, Wolf-Dieter:
Ländliche Siedlungen im südlichen Inneranatolien in den letzten vierhundert Jahren.
Göttinger Geographische Abhandlungen, Heft 46.
Göttingen, 1968.

Hütteroth 1982
Hütteroth, Wolf-Dieter:
Türkei, Wissenschaftliche Länderkunde, Band 21.
Wissenschaftliche Buchgesellschaft, Darmstadt, 1982.

Hütteroth/Höhfeld 2002
Hütteroth, Wolf-Dieter & Höhfeld, Volker:
Länderkunde Türkei - Geographie, Geschichte, Wirtschaft, Politik.
Wissenschaftliche Buchgesellschaft, Darmstadt, 2002.

Inalcık 1983
Inalcık, Halil:
The Yörüks and Carpet Trade.

Inalcık 1986
Inalcık, Halil:
The Yörüks.
In: OCTS, Vol. 2, 1986.

Information zur politischen Bildung, Türkei 2002
Informationen zur politischen Bildung,
B 6897 F, 2777, 4. Quartal 2002. Türkei.
Bundeszentrale für politische Bildung, Bonn, 2002.

Izady 1922
Izady, Mehrdad, R.:
The Kurds, A consise handbook.
Washington, 1992.

Johansen 1958
Johansen, Ulla:
Alttürkisches Leben im modernen Staat.
Zum Problem der Taurus-Nomaden.
In: Mitteilungen der Deutsch-Türkischen Gesellschaft 22, 1958, S. 1-4.
Bonn, 1958.

Johansen 1967
Johansen, Ulla:
Zur volkskundlichen Forschung in der Türkei.
In: Der Islam, Band 53, pp. 75-89.
Hamburg, 1967.

Kannenberg 1897
Kannenberg, L.:
Kleinasiens Naturschätze.
Berlin, 1897.

Kasraian, Arshi 1994
Kasraian, Nasrollah, Arshi, Z.:
Nomads of Iran.
Seke Press, Teheran, 1994.

Kellner-Heinkele 1990
Kellner-Heinkele, Barbara & Hauenschild, Ingeborg:
Türkei, Streifzüge im Osmanischen Reich nach Reiseberichten des 18. und 19. Jahrhunderts.
Societäts-Verlag, Frankfurt, 1990.

Khazanov 1984
Khazanov, A. M.:
Nomads and the Outside World.
Cambridge University Press, Cambridge, 1984.

Kinross 1964:
Lord Kinross:
ATATÜRK.
New York, 1964.

Kirzioğlu 1994
Kirzioğlu, Neriman Görgünay:
Eşme Kilimleri.
Atatürk Kültür, Dil ve Tarih Yüksek Kurumu.
Atatürk Kültür Merkezi Yayınları, Sayi: 78.
Ankara, 1994.

Klose 1994
Klose, Christine:
Yayla, Form and Color in Turkish Textile Art, a Review.
In: Oriental Rug Review, Volume 14, Number 3, pp. 26-33.
Meridith, 1994.

Klotz 1998
Klotz, Heinrich:
Die Entdeckung von Çatal Höyük.
Verlag Beck, München, 1998.

Koch 2001
Koch, Heidemarie:
Persepolis, Glänzende Hauptstadt des Perserreichs.
Mainz, 2001.

Kosswig 1965
Kosswig, Leonore:
Bei den Bergnomaden auf den Murat-Bergen in Westanatolien.
Privatdruck, Istanbul, 1965.

Kosswig 1970
Kosswig, Leonore:
Çarpanaçilik ve Istanbul Topkapı Saray Müzesinde bulunan Çarpana Dokumaları.
Turkish Review of Ethnography, Number XII, 1969.
Ankara, 1970.

Kraus 1974
Kraus, Willy:
Afghanistan - Natur, Geschichte und Kultur, Staat, Gesellschaft und Wirtschaft.
Erdmann Verlag, Tübingen/Basel, 1974.

Krause 1957
Krause, Walter, W.:
Wenn es Zwölf schlägt in Kabul.
Kindler-Verlag, München, 1957.

Kreiser 2003
Kreiser, Klaus:
Süleyman der Prächtige: Krieger, Staatsmann, Patron der Künste.
In: DAMALS, das Magazin für Geschichte und Kultur.
S. 22-27.
Leinfelden-Echterdingen, 2003.

Kreiser 2003
Kreiser, Klaus:
Sterngucker, Hofärzte und gelehrte Kapitäne.
In: DAMALS, das Magazin für Geschichte und Kultur.
S. 28-35.
Leinfelden-Echterdingen, 2003.

Kreisel 1995
Kreisel, Rainer:
Kunst als Tradition - Anatolia.
Hirmer, München, 1995.

Kreisel 1995
Kreisel, Rainer:
Himmelspforten - Anatolia.
Hirmer, München, 1995.

Kreisel 1995
Kreisel, Rainer:
Unendliche Vielfalt - Anatolia.
Hirmer, München, 1995.

Kunze 1994
Kunze, Albert:
Yörük, Nomadenleben in der Türkei.
Trickster-Verlag, München, 1994.

Kündig-Steiner 1974
Kündig-Steiner, Werner (Herausgeber):
Die Türkei - Raum und Mensch, Kultur und Wirtschaft in Gegenwart und Vergangenheit.
Erdmann Verlag, Tübingen/Basel, 1974.

Kürschner/Raus/Venter 1995
Kürschner, Harald & Raus, Thomas & Venter, Joachim:
Pflanzen der Türkei.
Quelle & Meyer Verlag, Wiesbaden, 1995.

Kutlu 1987
Kutlu, Muhtar:
Şavakli Türkmenlerde Göcer Hayvancilik.
Kültür ve Turizm Bakanlığı Milli Folklor Araştirma
Dairesi Yayınları: 84.
Gelenek-Görenek ve Inanclar Dizisi: 4.
Ankara, 1987.

Landreau/Yohé 1983
Landreau, Anthony N. & Yohé, Ralph S.:
Flowers of the Yayla.
The Textile Museum Washington, 1983.

Lang 1966
Lang, David, Marshall:
The Georgians.
Thames and Hudson, London, 1966.

Legg 1990
Legg, Stuart:
The Barbarians of Asia.
Dorset Press, New York, 1990.

Lindner 1983
Lindner, Rudi Paul:
Nomads and Ottomans in Medieval Anatolia.
Bloomington (Indiana), Indiana University, Research Institute for Inner Asian Studies, Uralic and Altaic Studies Series Vol. 144.
Bloomington, 1983.

Mallett 1990
Mallett, Marla:
A Weavers View of the Çatal Hüyük Controversy.
In: Oriental Rug Review, Volume X, Number 6, pp. 32-43
August/September 1990.
Meridith, 1990.

Mallett 1991
Mallett, Marla:
The Classification of Antaolian Brocades.
In: Oriental Rug Review, Volume XII, Number 1,
October/November 1991.
Meridith, 1991.

Mallett 1992
Mallett, Marla:
A Weaver's View of the Çatal Hüyük Controvery.
In: Oriental Rug Review, Volume XII, No. 2, pp. 32-43.
Meredith, 1992.

Mallett 1993
Mallett, Marla:
Structural Clues to Antiquity in Kilim Design.
In: Oriental Carpet and Textile Studies, Volume IV,
pp. 113-124.
Berkeley, 1993.

Mallett 1993
Mallett, Marla:
An updated View of the Çatal Hüyük Controversy.
In: Oriental Rug Review, Volume XIII, Number 2,
December 92/January 93.
Meridith, 1993.

Mallett 1994
Mallett, Marla:
Tracking the Archetype, Technique-generated Designs and their Mutant Offspring.
In: Oriental Rug Review, Volume 14, Number 2,
December 93/January 94, pp. 10-25.
Meridith, 1994.

Mandersloot/Powell 1971
Mandersloot, Go & Powell, Josephine:
Firozkohi - enn afghans reisejournal.
Museum voor Land- en Volkenkunde Rotterdam.
Rotterdam, 1971.

Mateeva/Thompson 1991
Mateeva, Stella & Thompson, Jon:
Patterned Reed Screens of the Kirghiz in the State Historical Museum, Frunze.
In: Oriental Rug Review, Volume XI, Number 6,
August/September 1991, pp. 10-15.
Meridith, 1991.

Matuz 1990
Matuz, Josef:
Das Osmanische Reich - Grundlinien seiner Geschichte.
Wissenschaftliche Buchgesellschaft, Darmstadt, 1990.

Mellaart 1989
Mellaart, James & Hirsch, Udo & Balpınar, Belkis.
The Goddess from Anatolia.
Vol. I Plates, Vol. II Neolithic Archeology,
Vol III. Near Eastern Culture, Vol IV. Anatolian Kilims.
Eskenazi. Milano, 1989.

Mellaart 1990
Mellaart, James:
The earliest Representations of the Goddess of Anatolia and her Entourage.
In: Anatolische Kelims (Die Vorträge), S. 27-48.
Basel, 1990.

Mithen 2003
Mithen, Steven:
After the Ice. A Global Human History 20.000 - 5.000 BC.
Phoenix, London, 2003.

Nature, 2004
Nature, Bd. 426, S. 435, 2004.

Neubauer 1976
Neubauer, Edith:
Altgeorgische Baukunst.
Verlag Koehler & Amelung, Leipzig, 1976.

Neumann 1990
Neumann-Adrian, Michael & Neumann, Christoph K.:
Die Türkei - Ein Land und 9000 Jahre Geschichte.
List Verlag, München, 1990.

Nissen 1995
Nissen, Hans J.:
Grundzüge einer Geschichte der Frühzeit des Vorderen Orients.
Wissenschaftliche Buchgesellschaft, Darmstadt, 1995.

Novello 1986
Novello, Adriano Alpago (Herausgeber):
Die Armenier: Brücke zwischen Abendland und Orient.
Belser Verlag, Stuttgart/Zürich, 1986.

O'Bannon 1991
O'Bannon, George:
Weftless Soumak Bags from Eastern Anatolia.
In: Oriental Rug Review, Volume XI, Number 5,
June/July 1991, pp. 10-14.
Meridith, 1991.

Öhrig 1998
Öhrig, Bruno:
Meinungen und Materialien zur Geschichte der Karakeçili Anatoliens.
Münchener ethnologische Abhandlungen 20.
Akademischer Verlag München, 1998.

Olsson 2003
Olsson, Tord & Özdalga, Elizabeth & Raudvere, Cathrina:
Alevi Identity.
Papers Read at a Conference Held at Swedish Research Institute in Istanbul, November 25-27, 1996.
Distributor: Routledge-Curzon, London, 2003.

Özel 1997
Özel, Mehmet:
Köy Enstitüleri.
Kültür Bakanlığı, Ankara, 1997.

Petsopoulos 1980
Petsopoulos, Yanni:
Der Kelim.
Fribourg-München, 1980.

Philippson 1919
Philippson, Alfred:
Zur Völkerkarte des westlichen Kleinasien.
Petermanns Geographische Mitteilungen,
Januar/Februarheft, S. 17-19. 1919.

Pinkwart/Steiner 1991
Pinkwart, Doris & Steiner, Elisabeth:
Bergama Çuvallari - Die Schmucksäcke der
Yürüken Nordwestanatoliens.
Wesel, 1991.

Plötze 2001
Plötze, Karl-Michael:
Welt der Kelims.
Barsinghausen, 2001.

Ploier 1991
Ploier, Peter:
Gewebte Poesie.
Sammlung Konzett. Graz, 1991.

Planhol 1959
Planhol, Xavier:
Geography, Politics and Nomadism in Anatolia.
In: UNESCO International Social Science Journal,
Vol. XI, No. 4. 1959, pp. 525-531.

Planhol 1975
Planhol, Xavier:
Kulturgeographische Grundlagen der Islamischen Geschichte.
Artemis Verlag Zürich/München, 1975.

Powell 1985
Powell, Josephine:
Ala Çuval.
In: Oriental Rug Review, Vol. V, No. 2.
Meridith, 1985.

Powell 1989
Powell, Josephine:
An Argument for the Origins of Anatolian Kilim Designs.
In: Oriental Carpet and Textile Studies, Volume 3,
Number 2, pp. 51-60.
London, 1989.

Powell 1989
Powell, Josephine:
A Reply to Dr. Andrew's Counter -Argument.
In: Oriental Carpet and Textile Studies, Volume 3,
Number 2, pp. 65-70.
London, 1989.

Rageth 1990
Rageth, Jürg:
Anatolische „Gebetskelims", frühe Sinnbilder des Kosmos?
In: Anatolische Kelims, Symposium Basel.
Die Vorträge, S. 135-151.
Edition Rageth, Basel, 1990.

Rageth 1993
Rageth, Jürg:
The Iconograohy of Patterns of Two so-called
„Prayer Kilims" from Obruk.
In: Textile Studies, Volume IV, pp. 125-134.
Berkeley, 1993.

Rageth 1999
Rageth, Jürg:
Anatolian Kilims & Radiocarbon Dating.
Edition Rageth, Basel, 1999.

Ramsey 1890 (1972)
Ramsey, W. M.:
The Historical Geography of Asia Minor.
Royal Society Supplementary Papers, Volume IV.
Originally published 1890.
Cooper Square Publishers, New York, 1972.

Refik 1930
Refik, A.:
Anadolu'da Türk Aşiretlerı H. 966-1200.
Istanbul, 1930.

Reinhard 1974
Reinhard, Ursula & Volker:
Notizen über türkische Webteppiche, insbesondere bei
süd- und südwesttürkischen Nomaden.
Baessler Archiv N.F. 22, pp. 165-223.

Reinhard 1980
Reinhard, Ursula:
Über Kelimtypen der Afscharen in Zentral-Anatolien.
HALI, Vol. 3 No. 2, S. 122-130.
London, 1980.

Renz 1983
Renz, Alfred:
Land um den Ararat, Ostürkei - Armenien.
Prestel, München, 1983.

Riemschneider 1959
Riemschneider, Margarete:
Die Welt der Hethiter.
Klipper Verlag, Stuttgart, 1959.

Rolle 198o
Rolle, Renate:
Die Welt der Skythen.
Verlag Bucher, Luzern & Frankfurt am Main, 1980.

Rubruk 1984
Rubruk, Wilhelm von:
Reisen zum Großkhan der Mongolen.
Neu bearbeitet und herausgegeben von Hans D. Leicht.
Wissenschaftliche Buchgesellschaft Darmstadt, 1984.

Salonen 1951
Salonen, A.:
Die Landfahrzeuge des alten Mesopotamien.
98. Annales Academiae Scientiarum Fennicae, Ser. B,
Tom. 72.3.
Helsinki, 1951.

Schneider 1980
Schneider Gerd:
Geometrische Bauornamente der Seldschuken in Kleinasien.
Wiesbaden, 1980.

Schneider 1989
Schneider, Gerd:
Pflanzliche Bauornamente der Seldschuken in Kleinasien.
Wiesbaden, 1989.

Schulz 2004
Schulz, Mathias:
Fremd und phantastisch. Märchen umranken den antiken
König Midas. Jetzt haben US-Forscher seinen zersplitterten
Eßtisch rekonstruiert.
In: Der Spiegel, Nr. 5/26.1.04, S. 134-135.
Hamburg, 2004.

Schürmann 1964
Schürmann, Ulrich:
Teppiche aus dem Kaukasus.
Braunschweig, 1964.

Schweizer 1979
Schweizer, Gerhard:
Die Janitscharen - Geheime Macht des Türkenreichs.
Salzburg, 1974.

Seyırçi 2000
Seyırçi, Musa:
The Yörük Nomads.
In: Skylife (monthly publication of Turkish Airlines)
9/2000, S. 107-119.
Istanbul, 2000.

Sommer 1996
Sommer, John L.:
The Kyrgyz and their Reed Screens.
Freemont, California, 1996.

Sperlich 2000
Sperlich, Waltraut:
Unsere Kultur stammt aus Anatolien, der älteste Tempel
der Welt, die erste Siedlung der Altsteinzeit.
In: Bild der Wissenschaft, 8/2000, S. 58-71. 2000.

Steinbach 2002
Steinbach, Udo:
Landeskundliche Gegebenheiten.
In: Informationen zur politischen Bildung,
Nr. 277, Türkei, S. 3.
Herausg. Bundeszentrale für politische Bildung, Bonn.

Steinbach 2002
Steinbach, Udo:
Geschichte Anatoliens und des Osmanischen Reiches.
In: Informationen zur politischen Bildung,
Nr. 277, Türkei. S. 4-7.
Herausg. Bundeszentrale für politische Bildung, Bonn.

Steinbach 2002
Steinbach, Udo:
Grundlagen und Anfänge der Republik.
In: Informationen zur politischen Bildung
Nr. 277, Türkei. S. 9-11.
Herausg. Bundeszentrale für politische Bildung, Bonn.

Steinbach 2002
Steinbach, Udo:
Stationen der Innenpolitik seit 1945.
In: Informationen zur politischen Bildung,
Nr. 277, Türkei. S. 11-18.
Herausg. Bundeszentrale für politische Bildung, Bonn.

Steinbach 2002
Steinbach, Udo:
Grundzüge des politischen Systems.
In: Informationen zur politischen Bildung,
Nr. 277, Türkei. S. 19-24.
Herausg. Bundeszentrale für politische Bildung, Bonn.

Steinbach 2002
Steinbach, Udo:
Islam in der Türkei.
In: Informationen zur politischen Bildung,
Nr. 277, Türkei. S. 25.
Herausg. Bundeszentrale für politische Bildung, Bonn.

Steinbach 2002
Steinbach, Udo:
Gesellschaft zwischen Tradition und Moderne.
In: Informationen zur politischen Bildung,
Nr. 277, Türkei. S. 28-37.
Herausg. Bundeszentrale für politische Bildung, Bonn.

Strohmeier 2000
Strohmeier, Martin & Yalçin-Heckmann, Lale:
Die Kurden. Geschichte, Politik, Kultur.
München, 2000.

Svanberg 1979
Svanberg, Ingvar:
A Bibliography of the Turkish-Speaking Tribal Yörüks.
In: Materialia Turcica 5, pp. 25-40, 1979.

Sykes 1904
Sykes, Mark:
Dar Ul Islam.
London, 1904.

Sykes 1908
Sykes, Mark:
The Kurdish Tribes of the Ottoman Empire.
Journ. Anthrop. Ist. Bd. 38, N.S. 11.
London, 1908.

Sykes 1915
Sykes, Mark:
The Caliphs' last Heritage.
London, 1915.

Taeschner 1961
Taeschner, Franz:
Das Reiterfest der Yürüken zu Ehren
des Gazi Ertoğrul zu Söğüt.
Vortrag, gehalten in der Ortsgruppe Münster der
Deutsch-Türkischen Gesellschaft am 23.11.1961

Tanyıldız 1990
Tanyıldız, Ali:
Honamli Yörükler.
Privatdruck.
Isparta oder Istanbul, 1990.

Tapper/Thompson/Kasraian 2002
Tapper, Richard & Thompson, Jon (Herausgeber) &
Kasraian, Nasrollah (Fotograf):
The Nomadic Peoples of Iran.
Thames & Hudson, London, 2002.

Thiel 1977
Thiel, Josef Franz:
Grundbegriffe der Ethnologie.
Anthropos-Institut, Haus Völker und Kulturen.
St. Augustin, 1977.

Tsakyroglous 1891
Tsakyroglous:
Die Yürüken.
In: DAS AUSLAND, Wochenschrift für Erd- und Völkerkunde, Jahrgang 64, Nr. 18, 4. Mai 1891, S. 361-372.
Stuttgart, 1891.

Türck 1995
Türck, Ulrich:
Anatolische Kelim im Schloß Lembeck.
Verlag Finger & Pelz, Essen, 1995.

Türck 2003
Türck, Ulrich:
Der Mauerkronen-Kelim.
In: Münsterische Beiträge zur Archäologie, Band 23/24.
Münster, 2003.

Uslu 1960
Uslu, Selman:
Untersuchungen zum anthropogenen Charakter der
zentralanatolischen Steppe.
Gießener Abhandlungen zur Agrar- und Wirtschaftsforschung des Europäischen Ostens, Band 12.
Kommisionsverlag Schmitz, Gießen, 1960.

Uyanık 1974
Uyanık, Muvaffak:
Petroglyphs of South-East Anatolia.
Akademische Druck- und Verlagsanstalt Graz,
Graz, 1974.

Valcarenghi 1993
Valcarenghi, Dario:
Anatolian Kilim Icinography.
In: Textile Studies, Volume IV, pp. 135-146.
Berkeley, 1993.

Vambery 1885
Vambery, Hermann:
Das Türkenvolk in seinen ethnologischen und
ethnographischen Beziehungen.
Brockhaus, Leipzig, 1885.

Vanly 1986
Vanly, Ismet, Cherif:
Kurdistan und die Kurden, Band 2.
Gesellschaft für bedrohte Völker, Göttingen und Wien.
Göttingen, 1986.

Vanly 1988
Vanly, Ismet, Cherif:
Kurdistan und die Kurden, Band 3
Gesellschaft für bedrohte Völker, Göttingen und Wien.
Göttingen, 1988.

Vryonis 1971
Vryonis, Speros:
The Decline of Medievel Helenism in Asia Minor and
the Process of Islamization from the Eleventh through
the 15. Century.
Los Angeles/London, 1971.

Vryonis 1975
Vryonis, Speros:
Nomadization and Islamization in Asia Minor.
Dumbarton Oaks Papers, Number 29.
Dumbarton Oaks, Center for Byzantine Studies.
Washington D.C., 1975.

Walser 1966
Walser, G.:
Die Völkerschaften auf den Reliefs von Persepolis.
Teheraner Forschungen, Band II.
Berlin, 1966.

Walter 1985
Walter, Chris:
Yayla.
In: Oriental Rug Review, Vol.V, No. 8, pp. 6-7.
Meridith, 1985.

Wartke 1993
Wartke, Ralf-Bernhard:
Urartu - Das Reich am Ararat.
Verlag Philipp von Zabern, Mainz, 1993.

Wendorf 2003
Wendorf, Michael:
Weftless Soumakh, an eight thousand year
weaving tradition?
Vortrag gehalten in ICOC X in Washington, April 2003,
wird veröffentlicht.

Wimmer 1991
Wimmer, Michaela & Spiering, Joachim;
Michalowski, Bernhard; Braun, Stefan & Willier, Dietrich &
Schwarz, Birgit:
Brennpunkt - die Kurden.
Heyne Sachbuch Nr. 19/202.
München, 1991.

Woods 1976
Woods, John E.:
The Akquyunlu-Clan, Confederation, Empire.
A Study in 15th Century Turko-Iranian Politics.
BIBLIOTHEKA ISLAMICA, Minneapolis & Chicago,
Studies in Middle Eastern History - Number Three. 1976.

Xenophon
ANABASIS, Der Zug der Zehntausend.
Übersetzung von 1959, Goldmanns Gelbe Taschenbücher,
München 1959.

Abbildungnachweis

Personen, die Fotos zur Verfügung stellten:
Andrews, Alfons
Atlıhan, Şerife
Böhmer, Jochen;
Erden, Atilla
Jensen, Birgitte
Johansen, Ulla
Klische, Hartmut
Lave, Charles
Powell, Josephine
Rabe, Georg
Reichert, Ludwig
Reinhard, Ursula

Die Bildurheber sind jeweils in den Legenden genannt.
Alle übrigen Fotos: Böhmer, Harald

Personen, Insititutionen und Verlage, die Fotos und Karten zur Verfügung stellten oder deren Abdruck erlaubten:
Abeggstiftung, CH-3132 Riggisberg
Cornucopia, Istanbul
Höhfeld, Volker
Hütteroth, Wolf-Dieter
Keskin Color, Istanbul
Topkapı-Mueum, Istanbul
Reichert-Verlag, Wiesbaden
Wissenschaftliche Buchgesellschaft, Darmstadt
Zwick, Gießen

Fotografie der Flachgewebe:
N. Guthier, Frankfurt
T. Klingner, München
H. G. Tropper, Graz

Index

Eine interessante und abwechslungsreiche Reise mit Dr. Harald Böhmer durch die weite Welt der Naturfarben und Textilien

Das türkische Wort KÖKBOYA heißt wörtlich übersetzt Wurzelfarben. Es steht im Türkischen für Naturfarben schlechthin, ob sie nun wirklich aus Wurzeln gemacht worden sind oder auch aus Blüten, Blättern, Knollen oder Samen. Selbst Insektenfarben fallen unter den Begriff KÖKBOYA.

In diesem Buch werden auf naturwissenschaftlicher Grundlage nahezu 100 Färbepflanzen aus der Türkei und aller Welt vorgestellt mit ihrer Botanik, ihren färberischen Qualitäten, ihrer kulturhistorischen Bedeutung und auch unter dem Aspekt einer Wiederverwendung in der sich abzeichnenden weltweiten Renaissance der Naturfärberei, sei diese professionell oder auch „nur" im Hobby Bereich. Viele erprobte Färbeanweisungen erleichtern den Zugang zur Praxis. Hinzu kommen spezielle Abhandlungen über die verschiedenen Färbetechniken, über Färbeinsekten, über Indigo und über Purpur.

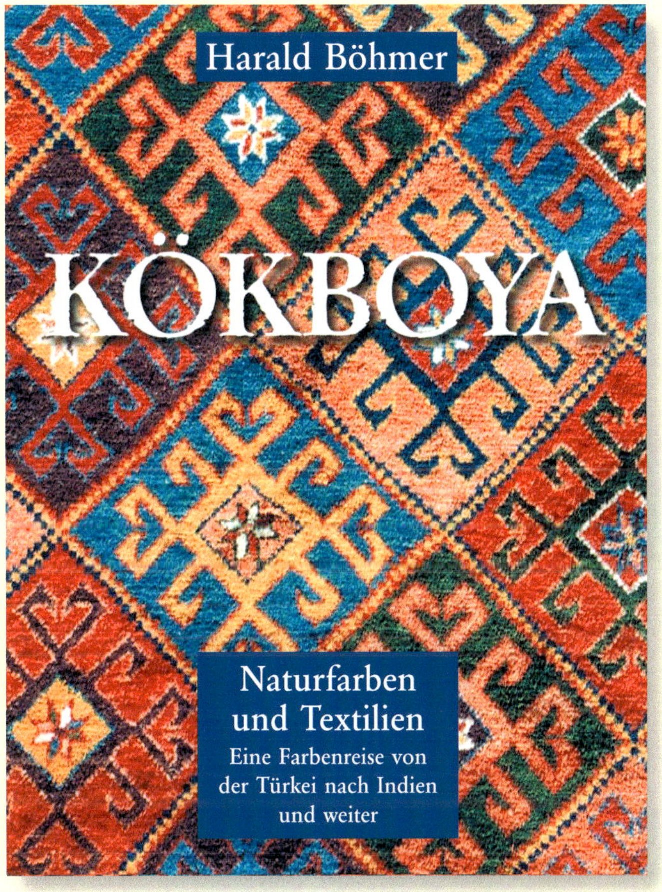

Die Ausführungen über Textil-Fasern führen von der Wolle über Wildseiden bis zum Hanf und Bast. Die grundlegenden Textiltechniken und die dazu verwenden elementaren Geräte werden mit Zeichnungen und Fotos komprimiert erklärt und die verschiedenen Möglichkeiten zur Dekoration mit Naturfarben anschaulich dargestellt.

Ein Einführung über Farben vermittelt naturwissenschaftliche Grundlagen und führt darüber hinaus zu Fragen und Erkenntnissen der Farben-Psychologie und Farben-Ästhetik; Umweltprobleme und die Auswirkungen der Globalisierung auf die kulturelle Vielfalt in der Welt der Textilien werden berührt.

300 Seiten im Format 21 x 28 cm, fester Einband, nahezu 500 Farbabbildungen, zahlreiche Zeichnungen, Grafiken und Karten führen den Leser ein in das große und interessante Reich der Naturfarben und Textilien.

Der Autor beim Färben in Süleymanköy, Türkei

KÖKBOYA ist direkt beim Verlag und im Buchhandel erhältlich:
ISBN 3-936713-00-6

(Englische Ausgabe: ISBN 3-936713-01-4)

Herausgeber: REMHÖB-Verlag
Alter Wehrgraben 36, 27777 Ganderkesee
koekboya@natural-dyes.net

Themenübersicht:

Farben in Naturwissenschaften, Psychologie und Ästhetik
Farbenvielfalt in naturgefärbten Textilien aus der Türkei und aller Welt
Naturfasern und Textilarten
Textilfarben und Textilfärbung
Färbungsanalysen
Färbepflanzen, Färbeinsekten, Indigo, Purpur
Aspekte zu Ästhetik, Umwelt, Gesundheit
Naturfärberei als Kulturgut und weiteres